G. C. B. Busch

Versuch eines Handbuchs der Erfindungen W, X, Y, Z

G. C. B. Busch

Versuch eines Handbuchs der Erfindungen W, X, Y, Z

ISBN/EAN: 9783743622425

Hergestellt in Europa, USA, Kanada, Australien, Japan

Cover: Foto ©ninafisch / pixelio.de

Weitere Bücher finden Sie auf **www.hansebooks.com**

Versuch
eines
Handbuchs
der
Erfindungen
von
G. C. B. Busch,
Pfarrer bey der neuen Kirche zu Arnstadt.

Achter Theil.
W. X. Y. Z.

Eisenach,
bey J. G. E. Wittekindt.
1798.

W.

Wachendonk s. Bibel.

Wachs. Man hat natürliches und künstliches Wachs. Unter dem natürlichen Wachs versteht man vorzüglich das Wachs der Bienen, welches aus einem mit dem säuerlichen Speichel der Bienen gekneteten Blumenstaubmehl besteht. Doch sind es nicht die Bienen allein, von denen man Wachs erhält, sondern es giebt auch noch andere Insekten, die eine Art Wachs bereiten. In den Landschaften Huquang und Quansi in China giebt es nemlich einen Baum, den man Pe-la-chu, das ist, den Baum des weißen Wachses nennt, an dessen längliche Blätter sich kleine Würmer hängen, die, wenn sie sich einige Zeit darinn eingewickelt haben, Wachszellen bilden, die jedoch kleiner, als die der Bienen, sind. Das Wachs davon ist sehr hart, glänzend und vorzüglicher, auch weißer, als das der Bienen. Die Lichter davon geben einen helleren Glanz, als die andern und verbreiten, wenn sie brennen, einen sehr angenehmen Geruch a).

Zu dem künstlichen Wachs gehört das grüne Wachs, das man aus den traubenweis wachsenden blauen Beeren der Lichtmyrthe in Nordamerika bereitet, welches aber etwas schmutzig aussieht. Man läßt die Beere in Wasser kochen, bis das Oel oben schwimmt, welches man abschöpft, worauf es durchs Erkalten hart und schmutzig grün wird; wenn man es aber noch einmal kocht, wird es heller grün. Man zieht sehr gute Lichter daraus, die beym Erlöschen einen Myrthengeruch von sich geben b). Dieses Wachs, welches aus den Beeren der Mirica Cerifera Carolinensis gewonnen wird, vertritt in Nordamerika die Stelle unsers gelben und weissen Wachses. Die Italiener erfanden die Kunst aus den klebrigten, reifen Blüthenknospen der schwarzen Pappeln ein Wachs zu bereiten, indem sie diese Knospen, die sehr viele harzige Theile enthalten, in siedendheisses Wasser einweichen und auspressen c). Herr De la Metherie hat 1786 folgende Bereitung eines künstlichen Wachses erfunden: er vermischt Olivenöl mit einer schwachen Salpetersäure und rührt diese Mischung von Zeit zu Zeit mit einer Glasröhre um. Nach Verlauf einiger Tage fängt das Oel schon an, sich zu verdichten. Indessen fährt er fort, diese Mischung umzurühren und nach zwey Monaten hat sie die Festigkeit einer harten Pomade. Hierauf wäscht er die Masse im Wasser und macht vermittelst eines Dogts von baumwollenen Faden ein Licht daraus, welches vollkommen so ruhig und ohne allen Rauch, wie ein Wachslicht, brennt. Es hat auch sogar den Wachsgeruch. Die Zubereitung muß in der Kälte geschehen d). Nachher hat auch Rozier die

Erfahrung gemacht, daß schwache Salpetersäure mit Baumöl vermischt und einem mäßigen Feuer des Sandbades ausgesetzt, eine gelbe Masse von mittlerer Zähigkeit giebt, die dem Wachs an Geruch und Farbe sehr nahe kommt e). Herr D. Trommsdorff hat neuerlich folgende Nachricht von einer sonderbaren Erzeugung einer wachsähnlichen Substanz mitgetheilt. In einer Kiste, in der viele Jahre bittere Mandeln gestanden, die zum Theil noch ihre Schalen hatten, fand man mehrere, die in eine Substanz verwandelt worden waren, die sich wie wirkliches Wachs verhielt f).

a) Amusemens Litteraires, ou Magazin de la belle Litterature par D. E. Choffin, a Brandebourg, chez le freres, Halle 1772. p. 156. Nr. LXXXVIII. Jablonskie allgem. Lex. aller Künste und Wiss. Leipz. 1767. II. S. 1683. b) Jablonskie a. a. O. I. p. 795. c) Halle Magie I. S. 328. d) Journal de Physique 1786. Janvier. Notice de l' Almanac Sous-Verre des Associés. Paris 1790. p. 576. e) Journal für Fabrik, Manufactur, Handlung und Mode. Leipz. 1794. Novemb. S 325. f) Tromsdorff Journal der Pharmacie, III. B 1796 S. 274.

Wachsbleiche ist eine Anstalt, wo man sich damit beschäftiget, das färbende Wesen aus dem Wachse zu ziehen, indem man Luft und Wasser auf dasselbe wirken läßt und damit dieses desto schneller geschehen möge, vermehrt man die Oberfläche des Wachses und macht es zu dünnen Scheibchen, welches jetzt durch Hülfe der Körnmaschine geschieht. Schon die Phönizier, Griechen und Römer kannten die Kunst, das Wachs zu bleichen. Plinius nennt das gebleichte Wachs ceram punicam. Zu des Dioscorides Zeiten blätterte man das Wachs dadurch, daß man den Boden eines Topfes erst in kaltes Wasser und hernach in das gereinigte und zerlassene Wachs eintauchte und mit dieser Arbeit fortfuhr, bis alles in dünne Scheibchen gebracht war; ein Verfahren, das noch im vorigen Jahrhundert gebräuchlich war, wiewohl man statt eines Topfs lieber eine Kugel oder einen Teller zu nehmen pflegte. Zu des Dioscorides Zeit zog man diese Wachsscheiben auf Fäden und hieng sie in der Sonne auf, so daß sie sich einander nicht berührten, und benetzte sie oft mit Wasser. Plinius gedenket aber schon der Gestelle oder Rahmen, worauf man die Scheiben hinlegte, und er sagt, man flechte sie aus Binsen; auch hat er sogar der Tücher gedacht, womit man, wenn es nöthig war, die Gestelle und das Wachs bedeckte. Die Körnmaschine ist also eine neue Erfindung, die auch noch vor wenig Jahren von denen, die sie hatten, geheim gehalten ward a). Herr von Murr fand auf einem im Herkulanum ausgegrabenen Gemälde die Abbildung einer Wachsbleiche, welches ein neuer Beweis für das Alter dieser Kunst ist. In Europa trieben die Venetianer die Kunst, Wachs zu bleichen, zuerst im großen, und im 17ten Jahrhundert kam dieselbe durch einige Venetianer nach Nürnberg. Herr von Born machte die Erfahrung, daß das gelbe Wachs sehr gut bleiche, wenn man es dem Dampfe von der dephlogistisirten Salzsäure aussetzt b).

a) Beckmanns Anleit. zur Technologie. 1787. S. 203.
b) Ephemeriden für die Naturkunde, Oekonomie ꝛc. 1796. von Schedel. 1. u. 2. Quartal. S. 201.

Wachsfiguren. s. anatomische.

Wachslichter waren zur Zeit des Dominikaners Flaminja, im Anfange des dreyzehnten Jahrhunderts noch unbekannt. Auch am Ende des 14ten Jahrhunderts war das Wachs in Frankreich noch so kostbar, daß man es für ein ansehnliches Gelübde hielt, als Philipp der Dreiste, Herzog von Burgund, der im Jahr 1361 zur Regierung kam, dem heiligen Anton von Vienne für die Gesundheit seines kranken Sohnes, so viel Wachs bot, als dieser schwer war a). Man hat in Holland ökonomische Wachslichter erfunden, die aus Wachs und Kartoffeln bestehen, einen Livre und 12 Sols kosten, und wovon 5 auf ein Pfund gehen. Ein solches Licht brennt 15 Stunden, wenn es noch frisch ist, und 16 bis 17 Stunden, wenn man es einige Zeit aufhebt und trocknen läßt. Diese Lichter geben ein sehr helles Licht, wenig Rauch und flecken nicht d).

a) Beckmanns Anleitung zur Technologie. Göttingen. 1787. S. 213. b) Gothaischer Hofkalender. 1788.

Wachsmalerey s. Encaustik.
Wachstafeln s. Schreibtafeln.
Wachstuch. Statt des Wachstuchs bedienten sich die Chinesen des groben Taffets, den sie mehrmals mit dicken Oel bestrichen, wodurch er undurchdringlich wurde a). Indessen ist auch unser jetziges Wachstuch schon vor mehreren Jahrhunderten erfunden worden. Eine uralte Vorschrift in England verordnet, daß die Leichen der Könige in England mit Wachstuch umwickelt werden sollen. Als man 1774 das Grab des 1307 verstorbenen Königs Eduard I. öfnete: fand man

man die Leiche desselben so mit seinem Wachstuch umwickelt, daß man noch die Bildung der Hände und des Gesichts erkennen konnte b).

a) Memoire sur la Chine du P. le Comte, l. p. 246.
b) Antipandora 1789. III. S. 214.

Wachstuchtapeten s. Tapeten.
Wachtel (Joh. Heinrich) s. Feuerspritze.
Wachteln, eine bekannte Gattung der Vögel, sollen zuerst auf der Insel Delos gesehen worden seyn.

Isidor. Orig. Lib. 14. cap. 6.

Wachteln sind bey der Artillerie eine Art von Geschoß oder Ladung für die Mörser, wodurch der berühmte Laudon im letzten Türkenkriege Belgrad bezwang. Nach einer mir zugesandten Nachricht gehört die Erfindung der Wachteln oder so genannten dreypfündigen Hand-Granaden den Franzosen und zwar dem Artillerie-Officier Vergueil. Die Benutzung derselben kam im Jahre 1758 zu den Oesterreichern. (Dieß stimmt ganz mit dem im zweyten Bande der deutschen Kriegs-Canzley auf das Jahr 1758 im 12ten und 13ten Theil befindlichen Diario oder mit der gründlichen Anzeige von dem gänzlichen Vorgange der Belagerung und Bombardirung der neuen Grenz-Festung Olmütz überein, unter Befehlshabung des K. K. General-Feldzeugmeisters, Freyherrn von Marschall, vom 1ten May bis den 2ten Jul. 1758. Da der Entsatz erfolgte, wo es Seite 792 heißt: desselbigen Tages, den 20sten Junii, hatte unsre Artillerie die Wachteln zum erstenmal ausfliegen lassen, man setzte 40 und mehrere Granaden in einen Korb.)

Die

Wachteln.

Die Wachteln dienen hauptsächlich, um vor Anfang eines Sturms den Feind aus dem verdeckten Wege zu treiben oder auch die ausgestellten Feuer-Posten zu vertreiben. Sie sind mit Pulver gefüllt, daher sie zerspringen und durch ihre Stücke viele Menschen auf einmal tödten oder verwunden. Man pflegt sie aus 60 und 100pfündigen Mörsern, wie auch aus Stein-Pöllern zu werfen. In einen 60pfündigen Pöller werden 40 Stück Granaden, und in einen 100pfündigen Pöller 60 Stück Granaden geladen. Die Pulverladung ist beym 60pfündigen Pöller 1 Pfund bis 1 Pfund 16 Loth, und die erreichte Schußweite 120 bis 200 Schritte. Die Richtung der Pöller ist unter einem Winkel von 45 Graden. Die Ladung des Pöllers geschieht auf folgende Art: man giebt das bestimmte Pulver in die Cammer, vergleicht es, dann kommt der Spiegel von Kuhhaaren darauf, auf diesen ein hölzerner Hebspiegel über die Cammer an das Gewölbe des Pöllers, dann werden die Pflaster der Brandröhren aufgeschnitten, die Stupinen auseinander gethan, dann kommen beym 60pfündigen Pöller in eine Lage 13, beym 100pfündigen Pöller in eine Lage 19 Granaden in eine Schicht; jede Lage wird mit Mehlpulver bestreut, um die Entzündung der Brandröhren zu befördern. In jeder Gattung oberwähnter Pöller kommen drey Lagen und an den Kampf (vermutlich ein provinzial- oder technisches Wort) beym 60pfündigen Pöller wird noch eine, aber beym 100pfündigen Pöller werden noch drey Granaden angebracht, dann wird der Pöller gerichtet und abgefeuert.

Wärme. Scheele a) bemerkte zuerst, daß sich die Wärme eigentlich auf zweyerley Art fortpflanzt, einmal durch eine allmälige langsame Mittheilung an das umgebende Medium, nach den gewöhnlichen Gesetzen; dann aber auch, wenn sie in Menge vorhanden ist, durch eine Losreissung vermöge ihrer Expansionskraft, welche sie in geraden Stralen fortführt, ohne daß sie sich mit der Luft verbinden und von ihr aufgenommen werden kann, bis sie endlich in einiger Entfernung dennoch in der Luft gleichsam zerfliesset. Die letzte Art der Fortpflanzung unterschied Scheele sehr richtig von der Mittheilung, gab ihr den Namen der Umherstralung und nannte die so bewegte Wärme stralende Hitze.

Ueber die Bindung und Entbindung des Wärmestoffs machten de Lüc, Black und Wilke Versuche. De Lüc b) ließ im Winter von 1754 bis 1755 Wasser in Trinkgläsern, worein er Thermometer gestellt hatte, gefrieren und bis unter den Eispunkt erkalten. Als er dieses Eis ans Feuer brachte, stiegen die Thermometer bis an den Eispunkt, aber nicht höher, so lang noch eine Eisrinde um ihre Kugeln vorhanden war. Alle übrige fühlbare Wärme ward vom schmelzenden Eise verschluckt und gebunden, ohne auf die Thermometer wirken zu können. Fast zu gleicher Zeit machte D. Block in Edinburg diese Entdeckung, die er schon 1757 in seinen Vorlesungen vortrug, ohne sie doch öffentlich bekannt zu machen. Er bestimmte durch eine Experimentaluntersuchung, daß eine Masse Eis von 32 Grad Temperatur nach Fahrenheit, mit einer gleichen Masse von 172 Grad vermischt, ganz schmel-

schmelze, und die Mischung doch nur die Temperatur von 32 Grad behalte, daß also 140 Grad Wärme blos aufs Schmelzen verwendet, und im flüssigen Wasser gebunden werden. Diese Entdeckungen blieben lange Zeit unbemerkt, bis Herr Wilke im Jahre 1772, ohne von seinen Vorgängern etwas zu wissen, das nemliche fand c) und es mit der richtigen Erklärung zuerst bekannt machte. Er bestimmte die Wärme, welche beym Schmelzen des Schnees fürs Thermometer verloren geht, auf 72 Grad der schwedischen Scale, (oder 129½ bis 130 Grad nach Fahrenheit) also etwas geringer, als nach Blacks Versuchen. Diese 72 Grad, sagt er, gehen nur aufs Schmelzen, darnach verhält sich geschmolzenes Eis und Schnee, wie eiskaltes Wasser, und verstattet der übrigen Wärme, sich gleichförmig durch die ganze Masse zu vertheilen.

Black in Edinburg und Irwine in Glasgow kamen zuerst auf die Vorstellung von gebundener, oder nach Blacks Ausdrucke, latenter Wärme, die als Ursache der Flüssigkeit und Dampfgestalt in den Körpern verborgen liege und sich nicht eher, als bey Veränderung dieser Form, durch ihre gewöhnlichen Wirkungen auf Gefühl und Thermometer offenbare. Crawford baute auf diese Entdeckungen seine sinnreiche Theorie der thierischen Wärme und Verbrennung.

Die ersten Spuren des Begriffs von specifischer Wärme finden sich in des Herrn de Lüc Schriften d), welcher schon 1772 erinnerte, daß man aus gleichen Thermometerständen oder aus gleichen Veränderungen derselben nicht auf gleiche Mengen von Feuer oder fühlbarer Wärme schliessen könne, auch fügte er hinzu, daß er Gleichheit der Wärme in Körpern von verschiedener Natur für nichts anders halte, als für eine gleiche Abneigung, Feuer aus sich zu lassen, oder neues anzunehmen. Herr de Lüc hat auch eine Theorie der Wärme bekannt gemacht, und Herr Prof. Voigt lieferte eine Theorie des Feuers.

Herr Wilke hat zuerst die Gesetze der Vertheilung freyer Wärme unter verschiedene Stoffe genau untersucht und daraus den bestimmten Begriff von specifischer Wärme hergeleitet. Er wurde im Jahr 1772 durch seine Versuche über die Kälte des Schnees beym Schmelzen auf diese Entdeckung geleitet e).

Crawford hatte schon die specifische Wärme bey mehreren Körpern untersucht und nach ihm beschäftigte sich Kirwan mit diesem Gegenstande; er war der erste, der eine Tabelle für die specifischen Wärmen ungleichartiger Körper lieferte, welche Magellan 1780 bekannt machte f). Eine vollständigere lieferte Bergmann und aus ihm Baader; eine neuere und mit vielen eigenen Versuchen vermehrte, gab Gadolin heraus. Durch Lavoisier und De la Place sind diese Tabellen noch mehr berichtiget worden.

Den sinnreichen Gedanken, daß alle thierische Wärme durch die Wirkung der Luft beym Athmen, mithin in den Lungen, erzeugt, und von da aus durch den Umlauf des Bluts dem ganzen übrigen Körper mitgetheilt werde, hat Stahl g) mit der Bemerkung geäussert, daß er ihm schon seit dem Jahre 1684 eigenthümlich zugehöre. Nachher zeigte Crawford in seiner Theorie der thierischen Wärme, die 1779 herauskam, daß

das

das Blut beym Processe des Athemholens Wärme aus der Luft einschlucke.

a) Scheele von Luft und Feuer. S. 57. b) De Lüc Untersuch. über die Atmosph. Th. 1. §. 433. c-g. Neue Ideen über die Meteorologie. §. 179 c) Schwedische Abhandlungen. 34 B. S. 93. Neue schwedische Abhandlungen. 1732. II. Th. d) De Lüc Untersuchungen über die Atmosph. II. Th. St. 973. 1772. e) Neue schwedische Abhandlungen. U. B. Leipzig. 1784. S. 48. f) Magellan Essai sur la nouvelle theorie du feu elementaire et de la chaleur des corps, à Londres. 1780. g) Stahlii Theoria medica. p. 218.

Wärmemesser ist eine Vorrichtung, die zur Bestimmung der specifischen Wärmen der Körper dient. Wilke und Black hatten Methoden angegeben, wie dieses durch Mengung und Beobachtung der Temperatur bewirkt werden könne; allein die Ausführung derselben ist unbequem und unsicher, auch reichen sie nicht zu, die Verhältnisse der latenten Wärme zu bestimmen, welche bey chymischen Verbindungen der Stoffe, bey Veränderungen ihrer Form u. s. w. entbunden wird. Wilke äusserte daher zuerst den Gedanken, daß man in der Menge des Schnees, welche die den Körpern entzogene Wärme zu schmelzen vermag, ein Maaß des aus den Körpern gehenden Wärmegehalts finden könne a); aber die Schwierigkeit das vom Schnee abgeschmolzene Wasser genau zu messen, die beträchtliche Zeit, welche solche Versuche erfordern, und die beständige Mittheilung von äusserer Wärme, welche der Schnee durch die Luft und die umgebenden Körper erhält, bewogen ihn, wieder zu der Methode der Mengungen zurückzukehren.

La-

Lavoisier und de la Place fanden aber Mittel, einem grossen Theile dieser Schwierigkeiten abzuhelfen; sie bedienten sich des Eises zum Wärmemaaß und gaben dem von ihnen erfundenen Eisapparat den Namen Calorimeter b). Ihr Eisapparat besteht aus einer Maschine von verzinntem Eisenblech, deren innerer Raum in drey Fächer eingetheilt ist, ein inneres, mittleres und äußeres, welche ringsum einander umschliessen. Das innere Fach wird durch ein Gitter von Eisendrat begrenzt, welches von einigen eisernen Füssen getragen wird; damit man es öfnen kann, hat es einen Deckel, der oben ganz offen ist und dessen Boden aus einem Dratnetze besteht; auch ist ein Griff darauf befestiget, damit man ihn abheben und die zu untersuchenden Körper in den Raum des innern Fachs bringen kann. Das mittlere Fach enthält das Eis, womit das innere Fach umringt werden und welches von dem zu untersuchenden Körper schmelzen soll. Dieses Eis wird von einem Roste getragen, unter dem ein Haarsieb befindlich ist; das abfliessende Wasser läuft durch dieses Sieb in eine Röhre mit einem Hahne, durch den man es in ein untergestelltes Geschirr auslassen kann, denn wie sich der Wärmestoff aus dem Körper im innern Fach entwickelt, so fängt das Eis an, zu schmelzen. Das äussere Fach, welches das mittlere umringt, ist zur Aufnahme desjenigen Eises bestimmt, das die Wärme der Luft und der umgebenden Körper abhalten soll; das Wasser, welches davon abthauet, fließt in ein besonderes mit einem Hahne versehenes Rohr. Sehr wesentlich ist es hierbey, daß zwischen dem mittleren und äusseren Fache keine Gemeinschaft

statt

statt finde, weil sonst das von der äusseren Wärme geschmolzene Wasser mit in die Röhre der mittleren Fachs würde laufen können. Die ganze Maschine ist noch mit einem Deckel bedeckt, der oben offen ist, damit man Eis über seinen Boden legen könne.

Um den Versuch anzustellen, füllt man das mittlere Fach, den Deckel des innern Fachs, das äussere Fach und den Deckel der ganzen Maschine mit zerstossenem Eise, wovon besonders das im mittlern Fache und innern Deckel wohl gestoßen und stark eingedrückt werden muß, läßt alles wohl auslaufen, öfnet die Maschine, um den zu untersuchenden Körper hineinzuthun, verschließt sie wieder und wartet, bis der Körper völlig erkaltet, und alles hinlänglich abgelaufen ist, worauf man das aus dem mittlern Fache geflossene Wasser wiegt. Versuche dieser Art währen 15 bis 20 Stunden. Die Körper liegen in einem blechernen Eimer oder gläsernen Kölbchen mit einem Korkstöpsel, durch welchen die Röhre eines kleinen Thermometers geht. Am besten ist, wenn man die Versuche bey einer äusseren Temperatur von 3 bis 4 Graden anstellt. Wedgwood hat zwar gegen die Einrichtung dieses Apparats einige sehr treffende Erinnerungen gemacht, aber sie betreffen nur die Form, daher dieses Instrument immer sicherer, als irgend ein anderes Verfahren, zu einem bestimmten Maaße für die Wärme führen wird.

a) Neue Schwedische Abhandl. B. II. 1781. b) Mem. sur la chaleur, in den Mem. de l'acad. roy. des Sc. 1780. Paris. 1783. p. 355. seq.

Wärmesammler, Feuersammler, Condensator der Wärme, ist eine Vorrichtung, durch welche man die fühlbare Wärme beträchtlich anhäufen kann, indem man Sonnenstralen, oder strahlende Hitze, durch mehrere parallele Glasscheiben hindurch gehen läßt. Daß vielfache Bedeckung mit Glasscheiben oder gläsernen Glocken, welche ein wenig aus einander stehen, und Luft zwischen sich fassen, die von den Sonnenstralen erregte Wärme sehr zusammen hält, war längst bekannt. Die doppelten oder dreyfachen Fenster der Treibhäuser, die Glasglocken, worunter man gewisse Früchte zur Reife bringt, sind Beweise davon. Dieses Phänomen gründet sich darauf, daß das Glas ein schlechter Leiter der Wärme ist, hingegen das Licht in genugsamer Menge durchläßt, um in den Körpern, die dasselbe zuletzt aufnehmen, Wärme zu erregen. Wenn sich nun diese fühlbare Wärme nicht so schnell, als sie entsteht, mittheilen und zerstreuen kann, so muß sie im Fortgange der Zeit die Temperatur des bedeckten Körpers ansehnlich erhöhen. Inzwischen hätte man doch nicht geglaubt, daß sich dieses Zusammenhalten der Wärme so weit treiben ließe, als jetzt bekannt ist.

Zuerst gelang es Herrn von Sanssüre, in einem Kasten, in welchem das Sonnenlicht durch drey einander parallele Plangläser fiel, Wasser kochen zu machen, ja sogar die Hitze noch 17 1/4 fahrenheitische Grade über den Siedpunkt zu treiben, wie in Briefen vom Jahr 1783 gemeldet wurde. Auch beschreibt er einen merkwürdigen Versuch, den er mit einem gläsernen Kistchen, das inwendig mit geschwärztem Kork ausgefüttert und mit einem Thermometer versehen war, auf der Spitze und am Fuße des Cramont angestellt hat. Er setzte dieses Kistchen den Sonnenstralen aus, so, daß sie immer den Boden trafen. In einiger Entfernung davon hatte er noch ein anderes Thermometer, das ihm die Temperatur der äusseren Luft anzeigte. Bey seinen Versuchen war auf dem Berge die Temperatur der Luft $+$ 5 Grad Reaum. Die Wirkung der Sonnenstralen in der Kiste brachte das darinn befindliche Thermometer auf 70 Grad. Am Fuße des Berges war die Temperatur der Luft $+$ 19 Grad, und in dem Kistchen stieg das Thermometer nur auf 69 Grad. Also brachten die Sonnenstralen, die auf der Spitze des Berges weniger vermindert sind, mehr Wärme in dem Apparat hervor, ob sie gleich ausser demselben 14 Grad weniger hervor brachten, welches sich aus der Durchsichtigkeit des Glases für das Licht, und seiner geringen Leitungsfähigkeit für die Wärme erklären läßt.

Herr Ducarla in Paris b) machte 1784 die Beschreibung eines Feuersammlers bekannt, den er mit einer eigenen Theorie begleitete. Dieser Wärmesammler besteht aus einer ziemlichen Anzahl gläserner Glocken oder Cylinder, die sich oben in Halbkugeln endigen, und so dünn, durchsichtig und stralenbrechend, als möglich, seyn müssen. Die Halbmesser dieser Glocken werden stufenweise immer um 3 Linien größer und in eben diesem Verhältnisse wachsen auch die Höhen des cylindrischen Theils dieser Glocken. Alle diese Glocken stehen auf einem hohlen, dünnen, schwarzen und undurchsichtigen Kegel, der in der Mitte seiner Axe
senk

senkrecht abgestumpft ist. Die kleine Grundfläche des Kegels ist im Halbmesser um 3 Linien kleiner, als die Grundfläche der kleinsten Glocke; die grössere Grundfläche hat 3 Linien mehr, als die der größten Glocke. Herr Ducarla hat ausser diesen wesentlichen Stücken den Apparat noch mit einigen zufälligen versehen, z. B. mit Kappen, Deckeln, einer massiven schwarzen Halbkugel, die auf die kleinere Grundfläche des abgestumpften Kegels zu liegen kommt, und einem Büfsonschen Planspiegelsystem. Er läßt von Norden nach Süden zu eine kleine Gallerie durch alle Glocken hindurch gehen, welche bis an die massive Halbkugel reicht, und so viel Oefnungen hat, als sie fassen kann. In dieser Gallerie haben diejenige Dinge ihren Platz, die man durch den Apparat schmelzen, calciniren oder sublimiren will, man öfnet sie aber nicht öfter, als es nöthig ist, Gebrauch davon zu machen. Wenn man diesen Apparat dem Sonnenscheine eines schönen Frühlingstages aussetzt, so sammelt sich darinn eine solche Menge fühlbarer Wärme, daß dieselbe nach Herrn Ducarla Behauptung im Stande ist, einen Kessel voll Eisen, von mehr als einer Toise im Durchmesser, in Fluß zu bringen. Diese Geräthschaft sammelt aber nicht blos die Wärme, welche die Sonnenstralen erregen, sondern auch die, welche durch die stralende Hitze brennender Materien hervor gebracht wird.

a) Voyages dans les Alpes. To. II. §. 933.
b) Journal de Paris. 1784. Nr. 81.

Waffen. Die Waffen wurden sehr frühzeitig erfunden, wozu theils Leidenschaft, besonders Rachbegierde, theils Noth, um sich gegen wilde Thiere zu vertheidigen,

gen, die Menschen antrieben. Aristoteles hielt die Fäuste für die ersten Waffen, denen der Dichter Lucretius noch die Zähne und Nägel beyfügt, womit sich die wilden Menschen gegen ihre Feinde wehrten. Nach ihnen soll man sich der Knüttel bedient haben und man hält es für eine Erfindung der Afrikaner, mit denselben zu kämpfen und sie im Streit zu gebrauchen a). Wie frühzeitig man sich der Keule gegen Menschen bediente, erhellet aus der Geschichte Kains. Gegen wilde Thiere bediente man sich langer Stücken Holz, die man vorhielt, um ein Thier von sich abzuhalten; in der Folge spitzte man diese Stange zu, um seines Siegs gewisser zu seyn, und so entstanden die Lanzen.

Einige halten die Steine, die man warf, oder schleuderte, für die ältesten Waffen (s. Schleuder). Nach Plinii Zeugniß hatten die Mohren, als sie die alten Egyptier bekriegten, keine andere Waffen, als Stangen, Spitzruthen und Steine. Die Erfindung der ehernen Waffen schreibt man der Lombe, einer Tochter des Asopus zu; nach andern aber haben sich die Einwohner der Insel Lemnos, im ägäischen Meere, zuerst auf das Schmieden der Waffen gelegt b), daher die Poëten dichteten, daß Vulkan, da er aus dem Himmel geworfen wurde, auf die Insel Lemnos gefallen sey und daselbst eine Schmiedeesse angelegt habe c). Bey den Chinesen machte Fou-hi die ersten Waffen von Holz, Chinnong machte sie von Stein und Tchi-nnou machte sie von Metall d). (Vergl. die einzelnen Namen der Waffen).

a) Hygin. Fab. 274. Plin. VII. c. 56. b) Hellanikus beym Scholiasten des Apollonius in Libr. I. v. 601.

Waffenplätze. Wage.

v. 608. und Scholiaster Homeri in Iliad. Lib. I. v. 594. c) Scholiast. Sophocl. in Philoct. v. 1000. d) Goguet vom Ursprunge der Gesetze. III. S. 270.

Waffenplätze in den Festungey sind eine Erfindung des Marechal De Vauban.

Juvenel de Carlencas Gesch. der schönen Wiss. und freyen Künste, übersetzt von Joh. Erhard Kappe. 1749. 1 Th. 2 Absch. XXI. Kap. S. 346.

Waffensalbe ist ein abergläubiges Mittel, wodurch man eine Wunde zu heilen gedachte, indem man nicht die Wunde, sondern das Gewehr, womit die Wunde gemacht worden war, damit bestrich und verband. Phil. Aureolus Theophrast. Paracelsus von Bombast in Hohenheim soll diese Salbe im XVI Jahrh. erfunden haben.

J. A. Fabricii Allg. Hist. der Gelehrs. 1754. 3 B. S. 561.

Waffenstillstand ersand Lycaon.

Plin. VII. sect. 57.

Waffentanz s. Tanzkunst.

Wage ist ein Hebel, der dazu dient, das Gewicht der Körper vermittelst eines Gegengewichts zu erfahren. Soll das Gegenwicht allemal eben so schwer seyn oder eben so viel wiegen, als der Körper selbst, so wird ein gleicharmichter Hebel erfordert und eine solche Wage ist die gemeine gleicharmichte Wage, von welcher die Kramerwage, Goldwage, Probirwage u. s. w. nur Arten sind, die sich durch ihre verschiedene Schärfe und Empfindlichkeit unterscheiden.

Ehe man den Gebrauch der Lastthiere und Fuhrwerke kannte, mußten die Menschen die Lasten auf ihren Schultern tragen, wobey sie bald die Erfahrung
machten, daß die Last am leichtesten zu tragen war,
wenn man die Mitte ihrer Länge zum Ruhepunkte
machte, weil sie sich alsdann von selbst in ihrer Lage
erhielt a). Diese Erfahrung soll dann die Veranlassung zur Erfindung des gleicharmichten Wagebalkens
gegeben haben, an dessen beyde Ende man Stricke
band, die man unten mit Wagschaalen versah, in
deren eine die zu wägende Last, in die andere aber das
Gegengewicht, gelegt wurde.

Zu Abrahams Zeit b) war schon die Wage bekannt;
auch im Buche Hiob wird der Wagschaalen und des
Abwägens mit der Wage gedacht, woraus das Alter
dieses Werkzeugs sattsam erhellet. Der eigentliche
Erfinder der Wage ist nicht bekannt. Bey den Grie-
chen wurde der Argive Phidon für den Erfinder der
Gewichte gehalten, welches doch Gellius lieber dem
Palamedes zuschreiben will c). Bey den Chinesen
brachte Hiene-Yuene den Gebrauch der Wage in
Aufnahme d).

Eine Wage mit einem besonders eingetheilten Wag-
balken, welche dazu dient, das Gewicht und den
Preis einer Waare zu erforschen, erfand Cassini;
Bion e) hat dieselbe beschrieben.

Herr W. Ludlam erfand eine Wage, die bey Wol-
lenmanufakturen wohl zu brauchen ist, indem sie nicht
nur das Garn abwägt, sondern auch die Feinheit des
Fadens in einer Sträne genau bestimmt f). Der
Engländer Cleix erfand eine Wage, mit der man

sowohl ein Sandkorn als auch Stücken von 500 Pfund wägen konnte.

Herr Fontana hat 1785 eine neue Wage bekannt gemacht, die bey einer Beschwerung von 50 Pfund in jeder Schaale, doch noch für 1/10 Gran empfindlich ist g).

Ramsden in London erfand eine künstliche Wage die, indem sie zwey Pfund auf jeder Seite trägt, nur einen Ausschlag von $\frac{1}{5,000,000}$ des Ganzen giebt k). Auch hat er noch eine sehr genaue Wage erfunden und 1788 bekannt gemacht, die ein Gewicht von 100 Pfund tragen kann und auf ein Milliontheilchen des Totalgewichts noch einen Ausschlag giebt; man kann sie leicht zum Hydrostatischen Gebrauch einrichten i). Viele Aehnlichkeit mit dieser hat die vom Herrn Hauff in Darmstadt erfundene Schaalwage *). Herr Prof. Schmidt hat diese Wage zu hydrostatischen Versuchen eingerichtet.

Herr Pfarrer Hahn im Würtenbergischen erfand eine vortheilhafte Hauswage k)

Universalwage.

Die sogenannte Universalwage hat Leupold schon beschrieben l); sie ist besonders dem Physiker nützlich und dient dazu, die meisten Sätze der Theorie des Hebels und Schwerpunkts durch Versuche zu prüfen, auch läßt sich damit die Lehre von der verschiedenen Empfindlichkeit der Wagen und der besten Stelle des Aufhängepunkts erläutern.

Gold-

Wage.

Goldwage.

Herr Johann Georg Prasse, Raths-Uhrmacher in Zittau, erfand eine sehr bequem eingerichtete Goldwage m).

Probirwage.

Die Probirwage hat Leupold n) schon beschrieben. Im Jahr 1500 erfand Hanns Lambrecht in Nürnberg subtile Probirwagen o).

Hydrostatische Wage.

Die hydrostatische Wage unterscheidet sich von der gemeinen Wage dadurch, daß sie empfindlicher, feiner und zu der Absicht, die Körper in flüssigen Materien abzuwägen, bequemer eingerichtet ist. Daher haben die Wagschaalen unten Häckchen, an die man die einzutauchenden Körper an Fäden oder Roßhaaren aufhängen kann. Eine solche Wage mit ein Paar hinlänglich weiten und tiefen Gefäßen zu den flüssigen Materien, und einem eyförmigen Glaskörper zum Einsenken, macht schon den ganzen wesentlich nöthigen Apparat zu hydrostatischen Abwägungen aus. Eine dem Angeben nach von Hawksbee erfundene und von Leupold in Leipzig verfertigte hydrostatische Wage wird von Wolff sehr umständlich beschrieben p)

Brisson beschreibt eine sehr bequeme Einrichtung der hydrostatischen Wage, mit welcher der Abt Nollet die Versuche bey seinen Vorlesungen anstellte q.)

Brander beschrieb seine hydrostatische Wage im Jahr 1771, er hat sie besonders nach Lamberts

Vorschriften zur Bestimmung des Salzgehalts der Solen eingerichtet, aber dennoch auch zum allgemeinen hydrostatischen Gebrauch geschickt gemacht r).

Seit 1747 erfanden und verkauften Bradford, Hull und Darby in London eine besondere kleine hydrostatische Goldwage, nebst einer dazu gehörigen Schrift von ihrem Gebrauche für 1 Rthl. 12 gl. Die Erfinder nannten sie ein neues Werkzeug, den Betrug im gemünzten Golde zu entdecken; sie ist so bequem, wie ein Federmesser im Futterale, und an sich sehr einfach. Sie zeigt den Werth, die Vollwichtigkeit der Münze, den Grad ihrer Verfälschung und auch die Masse an, womit sie verfälscht worden ist. Man kann damit die Goldmünzen im Wasser und in der Luft abwägen und probiren. Die ganze Erfindung dieser Wage scheint bey Gelegenheit der damaligen großen Verfälschungen der Goldmünzen in England geschehen zu seyn, um die Leute nur einigermaaßen in den Stand zu setzen, von dem innern Gehalte der Münze urtheilen zu können, denn Genauigkeit und Schärfe giebt diese Wage nicht, ob sie gleich nicht zu verwerfen ist s).

Clais, ein Mechanikus im Durlachischen, hat vor einigen Jahren eine hydrostatische Wage erfunden, die nebst dem Gewicht zugleich den innern Gehalt der Münze angezeigt. Man soll in jedem großen Handlungs-Comptoir in London eine solche Claisische Wage finden t.).

Der Nürnbergische Münzmeister Tob. Martin Kolb hat Gold- Juwelen- Probir- Ajustir- Korn- Wasser- und Salzsolen-Wagen erfunden, die sehr berühmt sind; unter den Goldwagen sind solche, durch welche man

man den innern Gehalt einer Gold- und Silbermünze berechnen kann u).

Hydrostatische Wagen nennt man auch die, welche dazu dienen, das eigenthümliche Gewicht der Liquoren zu erfahren, z. B. die Aräometer. Ramsden beschrieb 1792 eine hydrometrische Wage, welche auf der einen Scale in Tausendtheilchen die specivische Schwere der zu wägenden Flüßigkeit, auf der andern Scale in Hunderttheilchen die Menge des Weingeists angiebt, der sich in der Flüßigkeit befindet **).

Eine Wage für Flüßigkeiten erfand M. Philipp Matthäus Hahn († 1790) zu Echterdingen im Würtenbergischen v).

Herr Johann Friedrich Glaser erfand eine Blutwage und ein Blutmeßgeschirr. Er versteht unter diesen Werkzeugen nur solche, durch welche die Menge des aus dem Körper bey dem Aderlassen ausgelaufenen Blutes gemessen werden kann. Die Blutwage ist vollkommen der sogenannten Schnellwage gleich und ist ihrer Construction nach so beschaffen, daß man sie ohne viele Unbequemlichkeit bey sich tragen kann. Ihr Gebrauch ist folgender: will man an dem Fuße zur Ader lassen: so hängt man die Wage an einen zwischen zwey Stühlen aufgelegten Stab, bringt ein mit warmen Wasser gefülltes Gefäß an den kurzen Arm der Wage und stellt durch ein an den langen Arm derselben zu schiebendes Medicinalgewicht das Gleichgewicht an der Wage her. Ist die Ader geöfnet, so wird der Fuß auf ein besonderes hierzu ausgedachtes Fußgestell gesetzt und die aus der Ader in das Wasser laufende Blutmenge durch das Medicinalgewicht an

dem

dem langen Arm abgewogen. Weil aber dieses Fußgestell sich nicht gut transportiren läßt, so hat Herr D. Glaser statt deßen auch einen Fußsohlentritt, vermittelst eines Kettchens, an dem untern Theile des großen Aufhängeglobens der Wage angebracht. Auch begegnet er den Einwürfen, welche man seiner Wage aus statischen Gründen machen könnte, durch einige an diese noch angebrachte Vorrichtungen. Der ganze Apparat wiegt 3 bis 5 Pfund. Das Blutmeßgeschirr besteht aus einem Becken an deßen Seite ein um ein Knie auf und nieder beweglicher Hahn angebracht ist. In dem Becken selbst sind Einsätze zu besondern Absichten beym Aderlaßen befindlich. Bey demselben befindet sich auch noch ein Becher, welcher durch Zeichen in 24 Theile abgetheilt ist. In diesen stürzt das Wasser durch den Hahn des Beckens, so wie das Blut in diesem anläuft.

Einige rechnen auch den Heber, den Mußschenbroek x) beschreibt, mit zu den hydrostatischen Wagen. Eine artige Verbesserung dieses Werkzeugs von Scannsgatty beschreibt Lichtenberg y).

Die Wage des Roberval ist eine Art von zusammengesetzten Hebel, welche Roberval im vorigen Jahrhundert den Gelehrten als ein mechanisches Paradoxon vorlegte z), weil daran, nach seinem Ausdrucke, Kräfte, die sich einmal im Gleichgewichte befinden, immer in diesem Gleichgewichte bleiben, in welche Entfernung vom Ruhepunkte man sie auch bringen mag, ja sogar, wenn sie sich beide auf einerley Seite des Ruhepunkts befinden. Brisson hat von dem Gleichgewichte an

Ro-

Robervals Wage einen scharfen auf die Zerlegung der Kräfte gegründeten Beweis gegeben aa).

Schnellwage.

Die Schnellwage, welche ungleiche Arme hat, ist eine solche Wage, auf der man Körper von sehr verschiedener Schwere dennoch mit einerley Gegengewicht abwägen kann. Sie heißt Statera Romana, welchen Namen Wallis bb) mit Pocock aus dem Orient ableitet, wo diese Wage noch jetzt häufig gebraucht wird. Man giebt nemlich dem Gegengewicht gewöhnlich die Gestalt eines Granatapfels, welcher bey den Hebräern Rimmon und bey den Arabern Romman heißt. Auch nennen die Araber die Schnellwage noch jetzt Rommana und aller Wahrscheinlichkeit nach ist ihr Gebrauch und ihr Name durch sie ins Abendland gekommen.

Der Hebel dieser Wage ist ungleicharmicht, an den kürzern Arm wird die zu wägende Last, an den längern Arm aber das Gegengewicht gehängt, welches destomehr Moment erhält, je weiter es vom Ruhepunkte verschoben wird. Man hat auch Schnellwagen, an denen sich die Unterlage verschieben läßt, da hingegen das Gegengewicht am Ende des Armes fest ist. Von einer dritten Art, wo sich die abzuwägende Last verschieben ließe, würde der Gebrauch mit vielen Unbequemlichkeiten verbunden seyn. Schnellwagen für große Lasten anzulegen hat Leupold gelehrt cc), und beschreibt zugleich die im Jahre 1718 von ihm in Leipzig angelegte große Heuwage, welche mit drey verschiedenen

denen Gewichten und zween verschiedenen Aufhängungspunkten für die Last, von 3 bis 58 Zentner wiegt und auf 1/2 Pfund schon Ausschlag giebt. Geringere Lasten werden an dem entferntesten Zapfen mit einem Gewicht, größere Lasten an dem näheren Zapfen mit drey Gewichten gewogen.

Da die gewöhnlichen großen Schnellwagen nicht über 60 bis 70 Zentner auswiegen und eine dennoch 2 bis 3000 Gulden kostet; so hat dieses den Prinzen Georg Carl zu Hessen-Darmstadt bewogen, auf eine Wage zu denken, die mehr auswiegt und wohlfeiler ist. Durch die Versuche, die auf Kosten dieses Fürsten angestellt wurden, verfiel der Hessen-Darmstädtische Herr Major und Hof-Bau-Director J. H. Müller auf eine sehr bequeme, wohlfeile und transportable Wage, worauf die schwersten Lasten z. B. 200 Zentner gewogen werden können, für welche Last nur 4 Centner Gegengewicht nöthig ist. Diese Wage ist besonders im Kriege, bey Fourage- Munition- und Proviant-Lieferungen, nützlich zu gebrauchen dd).

Federwage.

Die gemeine Federwage besteht aus einem hohlen Cylinder, an dessen Boden eine Stahlfeder und an deren obern Theile eine eiserne Stange befestiget ist, die unten einen Hacken hat, woran man die zu wägende Last hängt, welche die Feder zusammenpreßt und die Stange bis auf eine der Last angemessene Länge aus dem Cylinder heraus zieht. Auf der Stange ist eine Scale angebracht, deren Zahlen und Einschnitte,

die

die Pfunde oder das Gewicht der Last anzeigen. An dem Deckel des Cylinders ist ein Ring angebracht, woran man die Wage hält oder aufhängt. Die gemeine Federwage hat Leupold schon beschrieben; eine größere und besser eingerichtete Stahlfederwage erfand Herr Rosenthal ee). Herr Hanin erfand eine Federwage zur Vergleichung der mehresten Gewichte in Europa und machte sie den 14ten März, 1788 bekannt. Sein Sohn verbesserte sie. Sie giebt die Verhältnisse eilf fremder Gewichte zu dem französischen Markgewichte an ff). Eine besonders sichere Federwage, in so weit sich die Genauigkeit bey dieser Art Wage treiben läßt, die zugleich sehr dauerhaft ist und auf ziemlich große Lasten eingerichtet werden kann, hat Herr Prasse erfunden gg).

Noch andere Wagen.

Eine magnetische Wage erfand Joblot. Die Wage ist von Messing- oder Silberdrat, in die eine Wagschaale legt man den Magnet, und in die andere eine eiserne Kugel, wodurch man bewirkt, daß ein mit einem Magnet beladenes Schiffchen sich nach dem Eisen hinbewegt hh). Herr Ekhard erfand eine Wage mit der man ohne Mühe beladene Schlitten und Lastwagen wägen konnte; eben dieser erfand auch eine Wage mit einer Zunge auf der man den geringsten Theil des Flügels einer Mücke zu wägen im Stande ist.

Eine Wage, mit welcher der schwerste mit Steinen beladene Wagen von einem Knaben aus einem Hohlwege oder einer Steingrube emporgezogen und ein

aus

andrer hinunter gelassen werden kan, und die so eingerichtet ist, daß der beladene Wagen in der Luft stille steht und schwebend bleibt, so bald der Knabe die Hand von der Maschine zieht, erfand Johann Georg Vester (geb. 1732. zu Rothenburg an der Tauber, gest. 1796 zu Schwäbisch=Hall) ii).

Eine vollständige Theorie der Wage gab Wallisius in seiner Mechanica, wie auch Jacob Leupold in seinem Theatro Machinarum Generali. Kap. 2. und in dem Theatro Statico. P. I Kap. 2. und 3. und im 4ten Kap. beschreibt er einige Arten der Universalwagen. Vergl. aritmetische Wage, Luftwage, Perpendikelwage, Probirwage, Windwage, Wasserwage.

a) Goguet vom Ursprunge der Gesetze. I Th. S. 270 b) I Mos. 23, 16. c) Plin. Lib. VII c. 56. d) Goguet a. a. O. III. S. 266. e) Bions mathematische Werkschule. 4te Aufl. vermehrt von Doppelmayr. 1741. S. 415. f) Wittenbergisches Wochenblatt. 1775. 40tes Stück. g) Lichtenbergs Magazin für das Neueste aus der Physik. IV B. 3 St. S. 56. 1787. Vergl. damit den V B. 3 St. S. 177. 1788. h) Allgemeine Literatur Zeitung. 1791. Nr. 103. i) Rozier Journal de Physique. Août. 1788. Lichtenbergs Magazin a. a. O. VI B. 4 St. S. 160. 1790. *) Lichtenbergs Magazin für das Neueste ꝛc. IX B. 3 St. S. 71. k) Allgem. Lit. Zeit. 1790. Nr. 189. S. 52. l) Leupold theatr. stat. Tab. V. Fig. II. m) Allgem. deutsche Biblioth. Kiel. 1793. 3 B. 2 St. 5 = 8 Heft. S. 555. n) Leupold theatr. stat. §. 49. Tab. VIII. o) Kleine Chronik Nürnbergs. 1790. S. 65. p) Wolfs nützliche Versuche. Th. I. Kap. 2. §. 209. q) Gehlers physikal. Wörterbuch. IV. S. 617. r) Branders Beschreibung einer neuen hydrostatischen Wage. Augsburg 1771. s) Wittenbergisches Wochenblatt. 1777.

Wagen.

1777. 43 Stück. t) Gemeinnützige Kalender-Lesereyen von Fresenius. 1 B. 1786. S. 44. u) Göckings Journal von und für Deutschland. 1785. 1Th. S. 448. **) Lichtenbergs Magazin VIII B. 3 St. S. 60. IX B. 3 St. S. 81. v) Unterhaltendes Schauspiel nach den neuesten Begebenheiten. 1790. S. 757. w) Joh. Friedr. Glasers Beschreibung seiner neu erfundenen Blutwage und seines Blutmeßgeschirrs. Hildburghausen. 1788. x) Introd. ad philos. nat. T. II. §. 1395. y) Lichtenbergs Magazin für das Neueste aus der Physik. I B. 2 St. S. 45. z) Journal des scav. ed. Amst. 1670. p. 538. seq. aa) Gehlers Physikal. Wörterb. IV. S. 619. — 621. Jacobson III. S. 427. bb) Wallisii Mechanica in Opp. T. I. p. 642. cc) Leupold. theatr. stat. univers. P. I. Lips. 1726. fol. c. 6. dd) Reichs-Anzeiger. 1794. Nr. 54. S. 505. folg. ee) Acta acad. elect. Mog. ad ann. 1784. et 1785. Erford. 1785. N. 6. und Beschreibung einer vortheilhaften Stahlfederwage von J. E. Rosenthal. Erfurt bey Keyser. 1785. ff) Londner Transact. Vol. IX. S. 151. Lichtenbergs Magazin a. a. O. VI B. 2 St. S. 108. gg) Auszüge aus den Londner Transact. von Geißler. II B. 1796. S. 388. hh) Bions mathemat. Werkschule 4te Aufl. vermehrt von Doppelmayr. 1741. S. 105. ii) National-Zeitung der Deutschen. 1796. S. 119.

Wagen entstanden aus der Schleife; man setzte nemlich die letztere, wenn schwere Lasten darauf fortgeschafft werden sollten, auf Walzen, und da man fand, daß hierdurch die Arbeit sehr erleichtert wurde: so befestigte man die Walzen an der Schleife so, daß sie sich umdrehten und so wurden dann die Räder erfunden, die anfangs nichts als Scheiben von einer Walze waren, die man in der Mitte durchbohrte.

Den

Den ältesten Nachrichten zufolge war Egypten das erste Land, in welchem die Wagen gebraucht wurden a); wozu theils der Luxus, der in Egypten mehr als in andern Ländern herrschte, theils die ebene Lage des Landes, die den Gebrauch der Wagen begünstigte, behülflich waren. Ob also die Erfindung der Wagen den Persern gehört, wie Clemens Alexandrinus erzählt b), ist noch zu bezweifeln.

Die Chineser schreiben die Erfindung des Wagens dem Hiene-Yuene zu, der zwey Stücken Holz zusammenlegte, eins der Länge nach und eins die Queere c).

Die Griechen verdanken die Kenntniß des Wagens dem Erichthonius, dem vierten Könige zu Athen, der 1513 Jahre vor Christi Geburt lebte d); man erzählt von ihm, daß ihm wegen seiner lahmen Füße das Gehen beschwerlich war, daher er sich eines Wagens bediente. Die Griechen hielten ihn deßwegen für den Erfinder des Wagens.

In den ältesten Zeiten bediente man sich der Thiere, zuweilen auch der Menschen, besonders der Ueberwundenen, der Sclaven, um die Wagen zu bewegen; in den spätern Zeiten erfand man aber auch Wagen, die sich selbst, durch ein Triebwerk bewegen; von beiden folgen hier einige Nachrichten.

Wagen, die von Thieren gezogen werden.

Unter den Wagen, die von Thieren gezogen werden, sollen die zweyrädrigen die ältesten seyn e). Den Wagen mit vier Rädern erfanden die Phrygier f); solcher vierrädrigen Wagen gedenkt schon Homer g).

Auch

Auch die Streitwagen oder Sichelwagen sind von einem hohen Alter; die Völker, welche Palästina bewohnten, hatten dergleichen zur Zeit des Josua h.) Bey den Griechen soll Theseus den ersten Streitwagen gehabt und Oxilus, ein Aetolier, den erhöheten Kutschersitz daran erfunden haben i).

Auch die Römer hatten frühzeitig Wagen; in den XII. Tafeln wird schon die arcera genannt, deren sich kranke Personen bedienten. Eine spätere Erfindung war Carpentum, ein zweyrädriges Fuhrwerk mit gewölbter Bedeckung. Noch später kamen die Carrucae, ein Fuhrwerk der Vornehmen auf, dessen Plinius zuerst gedenkt. Cisium war bey den Römern ein geflochtener Wagen mit zwey Rädern, worauf Mannspersonen fuhren; er wurde von Maulthieren gezogen. Einen offenen Wagen oder Rollwagen, der Essedum hieß, erfanden die Belgae, eine Nation in Gallien k). Goldene Wagen hatte Heliogabalus l); Aurelianus erlaubte den Privatpersonen, in silbernen Wagen zu fahren m).

Vom Bespannen der Wagen.

Wagen und Pferde zu brauchen, sollen die Einwohner der Stadt Cyrene in Afrika erfunden haben n). Bey den Griechen erfand der Argive Trochilus das Vorspannen der Pferde vor den Wagen o).

Die Phrygier spannten zuerst zwey Pferde neben einander p) und in Arkadien soll Minerva, die Tochter des Jupiters und der Coryphe, zuerst gelehrt haben, den Wagen mit vier Pferden zu bespannen q). Nach andern soll Erichthonius zuerst in Griechenland vier

Pfer-

Pferde neben einander gespannt haben r); aber man fuhr schon vor ihm, zu des Danaus Zeit, in Argis mit vier Pferden. Sesostris ließ seinen Triumphwagen von überwundenen Königen ziehen s). Da man noch vier Pferde neben einander spannte, hatte der Wagen eine doppelte Deichsel; Clisthenes von Sicyon änderte dieses zuerst, indem er einen Wagen mit einer Deichsel machen ließ, zwey Pferde daran und die andern beyden vor die letztern spannte t).

Die Sitte vier weiße Pferde vor den Triumphwagen zu spannen, schreibt sich vom Camillus her u). Marcus Antonius war der erste Römer, der Löwen vor seinen Wagen spannte; Plinius sagt v), daß dieses nach der Pharsalischen Schlacht geschehen sey, aber nach einem Briefe, den Cicero vor dieser Schlacht an den Atticus w) schrieb, ist es wahrscheinlich, daß es Antonius schon vor dieser Schlacht gethan habe. Pompejus bediente sich zuerst der Elephanten x); Heliogabalus bediente sich der Tiger, Löwen und Hunde, Aurelion der Hirsche y).

Wagen, die sich selbst bewegen.

Eine Spur von einem Fuhrwerke, das sich selbst beweget, findet man doch schon in alten Zeiten; es wird erzählt, daß an den Panathenäen, einem Feste der Griechen, eine Galeere, die durch inwendig in dem Raume befindliche Räder getrieben wurde, so durch die Stadt fuhr, wie man auf dem Meere hinsegelte.

Roger Baco, ein englischer Franziscaner-Mönch, entwarf schon einen Wagen, der ohne Beyhülfe lebendiger Thiere bewegt wurde z).

Ob

Wagen.

Ob der dreyrädrige Wagen, mit welchem Hieronymus Cardanus im 16ten Jahrhundert in Bononien fuhr, ein sich selbst bewegendes Fuhrwerk war, wage ich aus Mangel näherer Nachricht, nicht zu entscheiden aa).

Simon Stevin aus Brügge, der nachher in Holland lebte und besonders in der zweyten Hälfte des 16ten Jahrhunderts berühmt war, erfand einen Wagen, der, ohne Beyhülfe der Thiere, außerordentlich geschwind gieng; Grotius hat in einem Gedichte eine schöne Beschreibung von einer Reise gegeben, die man mit diesem Wagen machte bb).. Dieser Windwagen des Stevin war ein ordentlicher Wagen, der seine Räder und andere zubehörige Stücke hatte, aber auch ein Segel, welches den Wind auffieng und von einer Person, die die Stelle des Kutschers vertrat, wie auf dem Wasser, regiert wurde. In diesem Wagen konnten 28 Personen sitzen und er gieng auf dem flachen Lande so schnell, daß man in zwey Stunden 14 holländische Meilen fahren konnte cc).

Der Engländer Slater reisete auf einem Wagen mit starken Rädern, der durch Segel getrieben wurde, von Alexandria nach Bassora. Er legte bey starkem Winde in einer Stunde vier deutsche Meilen zurück dd).

Johann Hautsch, ein Nürnbergischer Zirkelschmidt, der 1595 geboren wurde und 1670 starb, verkaufte dem Pfalzgraf Karl Gustav einen Wagen von seiner Arbeit, der so eingerichtet war, daß zwey Menschen darinn verborgen sitzen konnten. Der eine mußte durch ein dazu gemachtes Zugwerk den Wagen inwendig umtreiben, so daß solcher alsdann ohne Pferd, den Tag über, einen weiten Weg fortfuhr ee). Auch Stephan Farster ein berühmter Uhrmacher in Altorf. der 1689 starb, verfertigte einen Kunstwagen, in welchem er sich, ohngeachtet er lahm war, vermöge eines künstlich angebrachten Räderwerks selbst, ohne eines andern Beyhülfe, zur Kirche und auch um das Thor fuhr. Wagenseil ließ von diesem Wagen viele kleine Modelle aus Holz verfertigen, die er an hohe Personen verschenkte ff).

Der Fürst von Sansevero, Raimund di Sangro, hatte einen Wagen, der ohne sichtbare Triebkraft im Wasser gieng gg).

Ein geschickter Mechaniker in Wien erfand vor nicht langer Zeit einen Wagen, mit dem man ohne Pferde fahren konnte, wohin man wollte. Das Triebwerk daran ist einfach und eine einzige Person konnte ihn lenken. Der Fürst Esterhazy kaufte den ersten Wagen dieser Art für 800 fl.

Einen ähnlichen Wagen, der sich ohne Pferd, blos durch Hülfe einer Feder bewegt, erfand Herr Cammas de Rodez hh) in Paris.

Philipp Ignaz Trexter in Gräz erfand und verfertigte einen Wagen, worinn man sich selbst so geschwind fahren kann, als ein Pferd im Trabe zieht; die Lenkung geschieht durch eine besondere Maschine; auf geradem Wege erhält man den Wagen durch zwey Räder. Der Künstler hat diesen Wagen für 20 Dukaten verkauft ii).

Der Mechanikus Sitte, der sich vor ein Paar Jahren in Dessau aufhielt, hatte einen Wagen verfertiget, der auf zwey großen Hinterrädern und einem kleinen

Vor-

Vorderrade stand und worinn man sich selbst durch Drehung einer Kurbel fahren konnte.

Herr Neubert, der sich auch einige Zeit in Dessau aufhielt, verfertigte ebenfalls einen mechanischen Wagen, der in dem Hause des Herrn Apothekers Häseler in Wörlitz stand; die nähere Einrichtung desselben ist aber nicht bekannt.

Herr Niedhardt, der jetzt in Liegnitz ist, verfertigte in Magdeburg einen dreyrädrigen Wagen, worinne er sich selbst fahren konnte und brachte ihn mit nach Dessau.

Im Jahr 1791 überreichte ein Mechaniker in Paris der Nationalversammlung einen Wagen, der ohne Pferde lief kk).

Der Bürger Blot zu Paris erfand i. J. 1793 eine neue Art eines Wagens, der zur Transportirung verwandeter Krieger besonders bequem ist. Dem Kriegs-Minister wurden im Jahr 1794 eine Million Livres bewilliget, um einstweilen 100 Wagen dieser Art verfertigen zu lassen; dieser Wagen wird aber von Pferden gezogen.

Johannes Fritz in Hanau machte am 16ten May, 1793. einen Versuch mit einem von ihm erfundenen mechanischen Wagen, der mit den Händen durch ein Druckwerk in den geschwindesten Lauf gesetzt wird; er legte damit einen Weg von einer Viertelstunde in weniger als fünf Minuten zurück ll).

Vor einiger Zeit wurde in der Hamburgischen neuen Zeitung gemeldet, daß ein Künstler in Wien einen Wagen verfertiget habe, der ganz von Eisen ist und doch leichter, als ein hölzerner, gehet.

Herr Besont hat ein Fuhrwerk erfunden, das zur Transportirung des Bauholzes und schwerer Lasten über sumpfiges und morastiges Land dienlich ist mm).

Vor einigen Jahren wurde gemeldet, daß beym Oestreichischen Kriegswesen Fuhrwerke mit sechs Rädern gebraucht würden; solche sechsrädrige Wagen hatten schon die Scythen nn).

Herr J. G. W. Wiehen, ein Mathematikus in Hannover, erfand 1772 einen geographischen Wagen, womit man nicht nur Flächen, sondern auch Höhen, Wälder und Festungen richtig abmessen kann oo). Auch hatte er schon 1771 eine sehr einfache Maschine bekannt gemacht, die sich an alle Arten der Wagen anbringen läßt, um flüchtig gewordene Pferde in einem Augenblick loszuspannen; er zeigte ferner die Vortheile, an einem Reisewagen die Räder, nach Beschaffenheit der Wege, weit oder enge zu stellen pp).

Von dem Stuhlwagen der Gärtner giebt Leupold in seinem Theatro Machinar. eine Beschreibung und Zeichnung. Ein Wagner in Dessau verfertiget kleine Stuhlwagen, worinn man sich selbst im Zimmer oder im Garten fahren kann, und die besonders für lahme Personen bequem sind. Vergl. Kalesche, Kunstwagen, Lastwagen.

Der elektrische Wagen ist eine Vorrichtung, durch welche ein elektrischer Drache, selbst während des heftigen Gewitters, in die Luft gelassen werden kann, ohne den Experimentator einiger Gefahr auszusetzen Die gewaltsamen Wirkungen der Elektricität, welche Herr de Romas im Jahr 1753 an der Schnur seines Drachens wahrnahm und die Besorgniß, bey so starke

der Elektricität den Blitz auf sich selbst zu leiten, bewog den Herrn de Romas zu der Erfindung eines Wagens mit drey Rädern, der einen Haspel trägt, auf welchen die leitende Schnur des Drachen gewunden ist. Dieser Wagen wird von dem Experimentator in einiger Entfernung durch seidene Schnüre so regiert, wie es die Gewalt des Windes und die Absichten des Versuchs erfordern. Die Einrichtung ist so getroffen, daß man dem Wagen alle Arten von Lenkung geben, die Schnur aufhalten und loslassen, den Haspel isoliren oder mit der Erde verbinden kann, kurz alles, was man verlangt, mit der Schnur vornehmen kann, ohne ihr nahe zu kommen, oder auf die Vorrichtung anders, als durch seidene Schnüre zu wirken. Jetzt ist der elektrische Wagen entbehrlich, da die Drachen nur zur Beobachtung der schwächern Luftelektricität gebraucht wurden und für die stärkere Elektricität bey Gewittern leichtere und sichrere Mittel bekannt sind qq).

a) 1 Mose 41, 43. 1 Mose 45, 19. b) Clemens Alex. Strom. Lib. I. c) Goguet vom Ursprunge der Gesetze. III. S. 266. d) Aelian. var. Hist. III. cap. 38. e) Hieronymus Mercurialis de art. Gymnastica. Lib. III. cap. 10. Ed. Amstelod. sumtibus Andreæ Frisii. 1672. 4. p. 224. f) Ibid. ed Plin. VII. sect 57. g) Homer. Odyss. IX. v. 240. h) Josua 17, 16. IB. Mehreres von diesen Wagen findet man beym Diod. Sic. Bibl. Hist. Lib. XVII. p. 530. Xenophon Cyropæd. Lib. VI. Curtius Lib. IV. c. 15. i) Alexander Sardus de inventoribus rerum. k) Virgil. Aeneid. Lib. III. l) Lampridius in vita Heliogabali. m) Vopiscus in vita Aureliani. n) Bochart Phaleg. IV. p. 33. o) De la Cerda ad Virgil. Aeneid. Lib. I. v. 14. J. A. Fabricii Allgem. Hist. der Gelehrs. 1752. I. B. S. 211. u. 222. p) Plin. VII. sect. 57.

Cicero de nat. Deor. Lib. III. c. 23.   r) Plin. VII sect. 57.
s) Lucanus Pharsal. Lib. X. v. 273.   t) Salmasius ad Solinum. p. 897.   u) Livius Decad. l. Lib. V.   v) Plin. VIII.
c. 16.   w) Cic. Epist. Lib. X. epist. 17.   x) Plin. VIII.
c. 2.   y) I. I. Hofmanni Lex. univerf. Continuat. Basil.
1683. p. 571.   z) Reimmanni Hist. Lib Vol. IV, p. 480.
J. A. Fabricii allgem. Hist. der Gelehrs. 1752. 2 B.
S. 987.   aa) Bayle Hist. krit. Wörterbuch Leipzig. II
S. 56, a,   bb) Grotii Poëmat. p. 224. 1617. Vossius
de scientiis mathemat. Cap. LVII. n. 19. p. 337.   cc) Jacobson Technologisches Wörterbuch. IV. S. 661.
dd) Hamb. unparth. Corresp. 1790. Nr. 64. Neue Litteratur- und Völkerkunde von Archenholz. 788. April
ee) Allgem. Lit. Zeitung. 1790. Nr. 246. S. 506. Doppelmayr. S. 301.   ff) Doppelmayr. S. 302. Merkwürdigkeiten der Stadt Nürnberg. 1778. S. 65.   gg) Björnstahls Briefe. I Th. S. 354.   hh) Lauenburg. Geneal.
Kalender. 1776. S. 125.   ii) Dessauische Jugendzeitung. 1784. 20tes Stück.   kk) Frankfurter Kayserl.
Reichs- Ober- Post- Amts-Zeitung. 79'. v. 28 Febr.
Nr. 34.   ll) Ebendas. 1793. vom 31. May. Nr. 86.
mm) Londner Transact Vol VI. S. 202.   nn) Hieronym. Merc. l. c   oo) J. G. W. Wiehen Abbildung und
Beschreibung einer geographischen Maschine auf einem
Wagen oder einer Kutsche. Hildesheim. 1772. in 4.
pp) J. G W. Wiehen Kurze Beschreibung, wie man
flüchtig gewordene Pferde vor einer Kutsche mit einem
Riemen losspannen, und die Räder an einem Reisewagen, nach Beschaffenheit der Wege, weit und enge stellen kann. Hildesheim. 1771.   qq) Brisson Dict. rais. de
Physique. Art. Charriot électrique. p. 335 — 340.

Wagener s. Schornstein.

Wagenmühle s Feldmühle.

Wagenseil (Joh. Christoph) s. Luftgürtel, Schwimmkunst, Wasserschild, Wassertreter.

Wagner s. Säulenordnung.
Wagner (Christian) s. Perpetuum mobile.
Wagner (Joh. Gottl.) s. Clavierroyal.
Wahlkapitulation ist ein Vertrag zwischen den Churfürsten und dem neugewählten Kayser den der Kayser vor seiner Krönung beschwören muß. Man sagt, daß schon zu Arnulfs, Conrad I und Heinrich IV. Zeit gewisse Punkte von den Ständen und Fürsten des Reichs aufgesetzt worden wären, zu welchen sich der Kayser eidlich verbinden mußte; indessen war dieses noch keine beständige Wahlkapitulation a). Andere glauben, die erste förmliche Wahlkapitulation unter dem Kayser Ruprecht von der Pfalz zu finden; allein Verträge zwischen den Churfürsten und dem Neugewählten sind älter und förmliche Wahlkapitulationen sind jünger b). Die erste förmliche und beständige Wahlkapitulation kam unter Karl V. zu Stande.

a) Jablonskie Allg. Lex. Leipzig 1767. I. S. 230.
b) Allgem. Literat. Zeitung. 1790. Nr. 245. S. 502. c) Jablonskie a. a. O.

Wahrsagerkunst war eine abergläubische Kunst, nach welcher man aus gewissen zufälligen Ereignissen künftige Dinge vorher sagen wollte. Die Griechen hatten mehrere Arten des Wahrsagens, z. B. die Hieromantie, oder Hieroscopie, da man aus der Beschaffenheit der Eingeweide eines Opferthiers wahrsagte; die Pyromantie, die man aus dem Opferfeuer wahrsagte; die Kleromantie oder die Wahrsagung durchs Loos; die Stichomantie oder die Deutung durch Verse; die Rhabdomantie, da man durchs Ziehen oder Fallen kleiner Stäbe wahrsagte.

Die

Wahrsagerkunst.

Die ersten Spuren dieser abergläubischen Kunst finden sich schon unter den Chaldäern, welche aus dem Lauf der Sterne wahrsagten (siehe Astrologie).

Zu Josephs Zeit hatten die Egyptier Wahrsager, welche die Träume auslegten a) und die Nativität stellten; auch soll das Nativitätstellen aus Egypten nach Europa gekommen seyn b).

Das Wahrsagen aus den Vögeln, nemlich aus ihrer Beschaffenheit, erfand Car, von dem Carien den Namen hat; das Wahrsagen aus den übrigen Thieren erfand Orpheus c), wiewohl einige dieses auch den Phrygiern d), andere den Arabern e) zuschreiben. Das Wahrsagen aus den Opfern oder aus den Eingeweiden der Thiere erfand Thamyras auf der Insel Cypern f); nach andern aber Delphus oder Apoll g). Apoll lehrte den Merkur die Kunst, mit gewissen Steinchen zu wahrsagen h) und unterrichtete auch den Mopsus im Wahrsagen i). Das Wahrsagen aus dem Feuer oder aus der Opferflamme erfand Amphiaraus k), der auch der erste war, der sich der Bohnen, als einer, seiner Meynung nach, der Wahrsagerkunst schädlichen Sache enthielt l). Das Wahrsagen aus der Bewegung der Vögel oder aus dem Vogelflug erfand der Thebaner Tiresias m) und das Wahrsagen aus dem Gesange der Vögel nach einigen Melampus, ein Zeitgenosse des Phöniziers Cadmus n), nach andern die Isaurier und Araber o). Die Auslegung der Träume und der Phönomene am Himmel erfand Amphictyon p). Bey den Hetruriern führte Tages die Wahrsagerkunst ein, welcher die Hetrusker aus der Asche des Altars wahrsagen lehrte q).

Die

Wahrsagerkunst. Waid.

Die ältesten Wahrsager unter den Deutschen waren die Alraunen, das ist, Weiber, die aus den Wasserwirbeln der Bäche und aus dem Rauschen der Flüsse künftige Dinge vorhersagten. Bey den Cimbriern waren es alte weißgekleidete Frauen in bloßen Füßen, die den Gefangenen mit Wuth entgegen liefen, sie durch einen Hieb in den Hals tödteten, und aus ihrem fliessenden Blute wahrsagten oder den Ausgang einer Schlacht prophezeiheten r). Vergl. Philosophie, Traumdeuterey.

a) 1 Mose 41, 42, b) Herodot. II. 82. c) Plin VII. sect. 57. d) Jsid. Orig. Lib. VIII. c. 9. e) Theodoret. Serm. Lib. I. p. 6. f) Bayle hist. krit. Wörterbuch. Leipzig. II. S. 193. unter Cineras. u. IV. S. 349. g) Plin. VII. sect. 57 h) Apollodor. Lib. III. c. 10. §. 2. i) Bayle a. a. O. III. S. 424. k) Apollodor. III. 16. 2. Strabo XVI. p. 1106. l) Geoponicor. Lib. II, apud Barthium in Statium. T. II p. 137. m) Plin. VII. sect. 57. n) Apollodor. I. p. 47. o) Clem. Alex. Strom. Lib. I. p) Plin. VII. sect. 57. q) Ovid. Met. XV. v. 554. u. 558. Clem. Alex. Strom. Lib. I. Jsidor. Orig. Lib. VIII. c. 9. r) Schroeckh Allgem. Weltgeschichte für Kinder. III. S. 31.

Waid, Isatis vulgaris oder Glastum, ist eine zum Blaufärben unentbehrliche Pflanze, deren Anbau sehr zu empfehlen ist. Der Waid wächst in verschiedenen Gegenden des südlichen Europa, besonders in den südlichen Provinzen Frankreichs wild, aber in Deutschland und andern Ländern wird er mit Fleiß gebaut a). Er wird auf ein lockeres, gut gedüngtes, nicht feuchtes Erdreich im Frühjahr oder Herbst gesäet, wenn er aufgegangen ist, gejätet und behackt, und wenn die Blätter anfangen gelb zu werden, stößt man sie mit dem Waideisen in einem Sommer wohl drey bis viermal ab, dann werden sie gewaschen, getrocknet, in der Waidmühle gemahlen, zu Kugeln geformt und getrocknet. Diese Bälle dienen zu den Blauküpen der Färber. Durch Gährung und gehörige Behandlung kann man aus den Waidblättern eine feste dem Indigo ähnliche Farbe herausziehen. In Deutschland ist der Waid schon seit vielen Jahrhunderten, wenigstens gewiß schon im zehnten Jahrhundert zur Färberey gebraucht und zu dem Ende vornemlich in Thüringen mit dem größten Vortheile gebaut worden. Um Erfurt war diese Cultur bereits im 13ten Jahrhundert allgemein, so daß die Erfurter im Jahr 1290. auf den Plätzen der von ihnen zerstörten Raubschlösser Waid ausstreuten, zum Andenken, daß Erfurter da gewesen wären. Im Jahr 1616 wurde noch in 300 Thüringischen Dörfern Waid gebaut, woraus man zusammen drey Tonnen Goldes lösete. Die letzte Zurichtung des gewonnenen und geballten Waids war ein Stadtgewerb und ward, so wie der Handel mit dieser Waare, vornemlich in Erfurt, Gotha, Langensalza, Tänstädt und Arnstadt getrieben, welche Oerter die fünf Waidhandelsstädte genannt wurden b). Herr Joh. Friedr. Otto in Gotha hat 1788 entdeckt, daß der deutsche Waid blos eine durch Cultur verbesserte wilde Pflanze des französischen Waids sey, von welcher die rechte zahme Waidpflanze, die bey uns weder gehörig bekannt, noch gebaut worden ist, in manchen Stücken wesentlich abweicht. Sie wird in Frankreich gebaut und der unsrigen, die man ebenfalls daselbst kennt, weit vorgezogen.

Die

Waid. Wald-Cochenille.

Die Stadt Görlitz hatte schon im 12ten Jahrhundert die Stapelgerechtigkeit auf den aus Thüringen kommenden Waid c) und Zittau erhielt eben diese Gerechtigkeit im 14ten Jahrhundert. In der Mitte des 16ten Jahrhunderts brachten die Holländer den Indig aus Ostindien, der jedoch vornemlich erst im Anfange des 17ten Jahrhunderts allgemein bekannt wurde, und durch dieses neue Produkt ward der Waid verdrängt, theils weil der Indig anfänglich wohlfeiler war, und angenehmere Farbe gab, theils weil der Waid durch Nachlässigkeit und Betrug an Güte abnahm.

In Wien hat jemand die Zubereitung einer Farbe aus Waid erfunden, die alle Vortheile der Indigofarbe haben und um 5/6 wohlfeiler seyn soll d)

a) Ephemeriden für die Naturkunde, Oekonomie 2c. von Schedel. 1795. 2tes Quartal. b) Beckmanns Anleit. zur Technologie. 1787. S. 111. c) Großeri Analecta Fastorum Zittavienſ. IV. Th. 4tes Kap. S. 168. d) Allgem. Lit. Zeitung. 1784. Nr. 154.

Waiz ſ. Electriſirmaſchine, Electrometer.
Waizen ſ. Buchweizen, Weizen.
Wald-Cochenille. Zu St. Nicolas entdeckte Herr Thiery, Parlamentsadvokat zu Paris und Botanikus i. J. 1777. allererst, daß es auf St. Domingo auch eine Art Cochenille gab, die man Wald-Cochenille nennt. Es giebt zwey Arten derselben, nemlich die feine (la Meſſéque ou fine) und die Wald-Cochenille; die erste, die man in Mexico findet, hat vor der zweyten den Vorzug, doch findet man sie nie in Wäldern oder auf den Gefilden, sondern blos in den Gärten und Wohnungen der Indianer, welche sie sammeln.

meln. Die Wald Cochenille wird zwar auch in Mexico gefunden, aber einheimisch ist sie auf St. Domingo. Ihre Nahrung giebt ihr der Nopal, eine Art Opuntia. Man hat zwey Arten des Nopal, den gewöhnlichen und den Castilianischen. Die Cochenille lebt zwar auch auf andern Arten der Opuntia, aber diese hat den Vortheil, daß sie selbige in Menge nähret und das Sammeln erleichtert. Herr Thiery hat diese Arten der Opuntia mit nach St. Domingo gebracht, wo sie sich fortpflanzten; er hat auch die feine Cochenille daselbst gezogen und die Wald Cochenille zu verbessern gesucht, aber der Tod unterbrach seine Bemühungen und mit ihm gieng auch die feine Cochenille für St. Domingo wieder verloren. Eine Anleitung zur Vervollkommnung und Vervielfältigung der Wald-Cochenille, wie auch zur Cultur des Nopals gab Herr Thiery in folgender Schrift:

> Traité de la culture du Nopal & de l'éducation de la Cochenille dans les Colonies Françoises de l'Amerique.

Waldenburgische Gefäße, sind eine Art Töpfergeschirre, die in der Altstadt Waldenburg über der Mulda seit 1388 von den daselbst wohnenden Töpfern verfertiget werden und womit ein großer Handel getrieben wird. Diese Gefäße werden aus einem schönen, weißen und zarten Thon verfertiget, der in dem Dorfe Frensdorf, eine Meile von Altenburg, gegraben wird. Man brennt solchen durch Hülfe des gemeinen Salzes so hart, daß man auch mit den Scherben auf einem Stahl Feuer schlagen kann. Gewöhnlich ist dieses

Geschirr braun oder auch ganz weiß, fast wie das Holländische Geschirr.

Jacobson Technol. Wörterbuch. IV. Bh. S. 575.

Walingfort (Richard) s. Räderuhr.

Walker s. Kälte, Quecksilber, Wasser.

Walkerkunst. Nausicoa und ihre Gespielinnen warfen ihre Kleider in Gruben und traten sie mit Füßen, um sie zu waschen a). Die Griechen halten den Nicias von Megara für den Erfinder der Walkerkunst b).

a) Homer. Odyss. VI. v. 92. b) Plin. VII. sect. 57.

Walkier s. Elektrisirmaschine.

Walkmühlen sind Stampfwerke, die gewöhnlich vom Wasser getrieben werden und entweder senkrechte Stampfen, wie in Holland, oder auch Hämmer haben. Zur Zeit des Hiskia scheinen schon bey Jerusalem Walkmühlen gewesen zu seyn, die vom Wasser getrieben wurden; denn es wird im Buche der Könige a) eines Walkerfeldes gedacht, welches an der Wasserleitung des Salomo lag, wo sich häufig Walker aufhielten, die Tücher und Kleider wuschen. Man hält dafür, daß die Walkmühlen in Europa erst seit dem trojanischen Kriege bekannt wurden, daß sie aber lange vorher in Afrika, besonders in Egypten üblich waren b). Im Jahr 1389 war schon auf dem Stadtgraben zu Augsburg eine Walkmühle c).

a) 2 Könige 1, 17. b) Vollständige theoretische und praktische Geschichte der Erfindungen. Zürich. 1789. III. B. S. 68. c) Kunst- Gewerb- und Handwerksgeschichte der Reichsstadt Augsburg von Paul von Stetten dem jüngern. 1779. S. 141.

Wallerius (J. G.) s. Naturgeschichte.

Wallfischfang ist ein wichtiges Gewerbe zur See, das besonders bey Grönland, bey den Spitzbergen und der Straße David von den Holländern, Hamburgern und andern Seemächten getrieben wird. Man fährt gemeiniglich im März oder April auf diesen Fang aus, bey welchen folgende Anstalten gemacht werden: so bald die Wachten einen Wallfisch ansichtig werden, rufen sie Fall, worauf sich jeder Matrose aus dem Hauptschiff in seine Schaluppe wirft; in dieser steht der Steuermann hinten, der Harpunirer vorn, um die Harpune nach dem Walfisch zu werfen, der Leinschießer, der die Leine, woran die Harpune gebunden ist, nachschießen läßt, stehet bey den Leinen, welche vorräthig und wohl ausgezogen fertig liegen; die übrigen Matrosen sitzen in der Schaluppe an Rudern. Nun sucht man den Walfisch zu überfallen, wenn er aus seinen Luftlöchern Wasser wirft, oder wenn die an das Eis schlagenden Wellen brausen. Wenn man ihm nahe genug gekommen ist, wirft der Harpunirer das Harpun auf ihn ab. Dieses Harpun ist ein aus Eisen geschmiedeter 5 bis 6 Fuß langer dreyeckigter Wurfspieß, der wie ein Pfeil zugespitzt und scharfschneidend ist; hinten hat das Harpun einen eisernen Ring, woran der Vorläufer d. i. eine aus dem besten Hanf verfertigte Leine befestiget ist, an welche die größere Leine angeknüpft wird. Ist der Wallfisch mit dem Harpun getroffen worden, so schießt er entweder vorwärts oder auch ins Wasser unter das Eis. Der Leinschießer muß nun die Leine schnell nachschießen lassen und der Steurer führt die Schaluppe so, daß der Ablauf der Leine nicht auf die Seite abweicht. Damit Leine und Boord

Boord nicht durch die Geschwindigkeit der Bewegung in Brand geräth, muß der Harpunirer beides öfters mit einem Drill anfeuchten. Wenn der Fisch fortschießt, so fährt ihm die Schaluppe nach, bleibt er aber stehen, so ziehet sie sich an ihn. Wird der Lauf der Schaluppe gefährlich, so muß der Harpunirer die Leine kappen oder abhauen, da denn der Fisch oft verloren geht, auch wohl von andern Schiffen todt gefunden oder von weissen Bären gefressen wird. Läßt er sich aber noch lebendig wiedersehen, so wird er wieder harpunirt, geht wieder unter Wasser, bis er sich verblutet hat, da er dann an das Schiff gezogen und daran befestiget wird, wo ihm dann die Speckschneider den Speck abschneiden, solchen in Fäßer packen und auf dem Lande Thran daraus sieden.

Die Russen unternahmen den Wallfischfang erst seit 1724 a).

Um die Harpunen tiefer in den Wallfisch zu bringen, empfahl Bond eine Maschine, wodurch die Harpunen weiter und mit größerer Gewalt geworfen werden können. Das Mittel, das er erwählte, war jedoch nicht zweckmäßig, er schlug hierzu die Ballisten der Alten vor, allein aus diesen wurden nur Steine und große Klumpen, hingegen aus den Katapulten Pfeile und Wurfspieße geworfen b).

Seit 17 Jahren befestigen die Engländer ihre Harpunen an Stricke und schießen sie aus kleinen Kanonen auf die Wallfische ab c).

a) Gemeinnützige Kalender-Lesereyen von Fresenius. 2 B. 1787. S. 411 b) Wittenbergisches Wochenblatt. 1768. 50tes Stück. c) Deutsche Zeitung. 1785. 2 St. S. 14.

Wallis (Johann) s. Bewegung der Körper, Gewitterableiter, Infinitesimalrechnung, Kryptographie, Mittelpunkt des Stoßes, Mathematik, Mechanik, Physik, Rechenkunst, Schule, Schwerpunkt, Stoß der Körper.

Wallis (Capitain) s. O=Taheiti.

Walther (Bernhard) s. Licht, Strahlenbrechung.

Walter s. Kräuterkunde.

Walter (Joh.) s. Kirchenmelodien.

Walzmaschine. Herr Montgolfier, Director einer königlichen Manufactur, war der erste, der die Walzmaschine auf Holländische Art in einer französischen Papiermühle einführte.

Journal für Fabrik, Manufactur, Handlung und Mode. 1793. Februar S. 70.

Walz= und Zylindermaschine. Der Hof=Silberarbeiter Ignaz Wirth in Wien besitzt eine vortrefliche Walz= und Zylindermaschine, durch welche er alle Arten Musirung, Arabesken u. d. gl. die bey seinen Arbeiten vorkommen, mit einem einzigen Durchzug verrichtet. Er erspart hierdurch das kostspielige Graviren und Aufarbeiten, das noch obendrein nie so gleich und einförmig geschehen konnte, so bald es aus freyer Hand gearbeitet werden mußte; so bald aber eine Walze dieser Maschine, die aus dem besten Stahl gemacht werden muß, die einmal gestochene Zeichnungen an sich hat, so kann man Tausende von Ellen in einem Tage zu Stande bringen, und dadurch wird alles rein und scharf ausgedrückt.

Reichs=Anzeiger 1794. Nr. 6. S. 54.

Walzmühle s. Pulvermühle.

Walzwerk. ist eine Maschine, womit man die Münzen prägt; es hat seinen Namen von zwo stählernen Walzen, auf deren eine der Avers, auf die andere aber der Revers eingegraben ist. Beyde Walzen werden durch Wasser getrieben und das Metall wird zwischen beyden durchgelassen und so drücken die Walzen dem Metall auf beiden Seiten das Gepräge ein. Man hat diese Walzwerke für eine Erfindung der Italiener halten wollen, wofür man aber keinen Beweis kennt. Merkwürdig ist, daß Pighius, der den Prinzen Carl von Jülich und Cleve auf Reisen begleitete, schon 1575 zu Halle in Tyrol dergleichen vom Wasser getriebene Walzwerke sah.

Beckmanns Anleit. zur Technol. 1787. S. 548.

Wanduhr. Eine neue Wanduhr, die nur drey Räder hat, wurde von Franklin erfunden a). Die halbmetallischen Wanduhren, die Stunden und Minuten zeigen, auch nach französischer Einrichtung ganze und halbe Stunden schlagen, und zwar die letztern mit einem Schlage, sind eine Erfindung des Herrn Steinbachs in Leipzig b). Unter den Automaten, die P Jaquet Droz zu Neuenburg in der Schweiz verfertiget hat, befindet sich auch eine astronomische Wanduhr, die er für 450 Louis d'or an den König von Spanien verkaufte. Die Beschreibung dieser Kunstuhr findet man in der unten angezeigten Schrift c). Vgl. Räderuhr.

a) Halle Magie III. S. 176. b) Wittenberg. Wochenblatt vom Jahr 1773. 20tes Stück. S. 163. c) Gemeinnützige Kalender-Lesereyen von F. A. Fresenius. 1. B. 1786. S. 1. folg.

Wanken der Erdaxe, Nutation, ist eine kleine periodische Bewegung der Erdachse, welche durch die ungleiche Einwirkung des Monds auf die sphäroidisch gestaltete Erdkugel bewirkt wird. Vermöge dieser Bewegung bleiben die Pole am Himmel nicht genau in dem Kreise, in dem sie sonst wegen des Vorrückens der Nachtgleichen um die Pole der Ekliptik langsam herumzugehen scheinen, sondern sie beschreiben noch außerdem einen kleinen Kreis von 18 Secunden Durchmesser, in welchem sie alle 18 Jahre, 8 Monate herum kommen.

Durch Newtons Mechanik der Himmelskörper ward schon Flamsteab a) veranlaßt, ein Wanken der Erdaxe zu vermuthen; auch hatte Römer in einem von Horrebow b) angeführten Aufsatze vom Jahr 1692. ähnliche Gedanken geäußert. Jacob Bradley entdeckte durch vieljährige Beobachtungen zuerst, daß das Wanken der Erdaxe von der Einwirkung des des Monds herrühre und machte dieses 1748 bekannt c). Machin, damaliger Secretair der königl. Societät, zeigte sogleich, daß es zur Erklärung dieser Bewegung mit allen ihren Folgen völlig hinreichend sey, wenn man sich vorstelle, daß die Erdpole während der Umlaufszeit der Mondsknoten einen kleinen Kreis von 18 Secunden im Durchmesser beschrieben.

a) Flamstead Hist. coel. Britann. T. III. p. 113. b) Horrebow Basis Astronom. Havuiæ. 1735. 4 maj. p. 66. c) Phil. Transact. N. 485.

Wappen sind gewisse beständige, nach angenommenen Regeln eingeführte Kennzeichen, wodurch sich Länder, Geschlechter, Gemeinen oder auch Privatpersonen von einander unterschieden. Diese Kennzeichen stellen zuweilen die kurze Geschichte eines Hauses vor, sie zeigen die verschiedenen Stufen des Adels und deßen verschiedene Verbindungen mit andern Häußern an, enthalten auch zuweilen Anspielungen auf merkwürdige Begebenheiten und Handlungen. Die Stücke, die zu einem Wappen gehören sind entweder wesentliche, nämlich das Feld oder der Schild, nebst den dazu gehörigen Tincturen und Figuren; oder es sind gewöhnliche Stücke, die gemeiniglich mit dabey sind, aber auch wegbleiben können, nämlich der Helm und die Helmzierrathen; oder es sind zufällige Stücke, die nur wenigen besondern Wappen beygefügt werden, dahin gehören Standes- und Ordenszeichen, Schildhalter, Wappenzelte und Mäntel, Sinusprüche und Losungsworte oder Devisen. Den Namen erhielten die Wappen von den Waffen, weil sich die Zeichen, aus denen ein Wappen besteht, anfänglich auf den Schilden und Helmen, welche Theile der Waffenrüstung waren, befanden.

In Rüksicht des Ursprungs der Wappen muß man den entfernteren Ursprung von dem nähern und diesen wieder von dem wirklichen Gebrauche derselben unterscheiden. Der entferntere Ursprung des Wappenwesens ist bey den Deutschen zu suchen, denn unsere jetzigen Wapen schreiben sich ohne allen Zweifel von den Zeichen und Bildern her, womit die Deutschen schon in den frühesten Zeiten ihre Waffen und vorzüglich ihre Schilde zierten; schon zu des Tacitus Zeit zeichneten sich die Schilde der Deutschen durch die ausgesuchtesten Farben aus a) und von diesem Bemahlen der Schilde bekamen die Gemälde den Namen Schildereyen, so wie man auch die Maler in alten Zeiten Schilderer nannte. Ohngeachtet aber die Malereyen auf den Schilden sehr alt waren, so verband man doch erst in späteren Jahrhunderten den Sinn damit, daß diese Verzierungen ein persönliches und bürgerliches Unterscheidungszeichen seyn sollten, welches man bald in ein Geschlechtsunterscheidungszeichen umwandelte. Man nimmt an, daß theils die Turniere, theils die Kreuzzüge, theils das Lehnwesen den Gebrauch der Wappen und ihre Erblichkeit mehr oder weniger beförderten; einige sind der Meynung, daß die Turniere wenigstens die erste Veranlaßung gaben, die Wappen erblich zu machen und daß das Lehnwesen die Erblichkeit derselben befestigen half. Zu welcher Zeit aber dieses geschah, ist noch nicht ganz ausgemacht. Ludwig Anton Muratori b) hat ein Wappen mit einer Rose bekannt gemacht, welches auf dem Leichensteine des Riccii Thebaldi Disnagiri dicti alias Cochiano, der 870 gestorben ist, gefunden wurde. Allein der Name, Zuname und Beyname, so wie das Wappen selbst kommen dem Muratori verdächtig vor, er hält bey der Zahl DCCCLXX das D für einen Schreibfehler und glaubt, es müsse ein M seyn, welches dann erst die ungleich spätere Jahrzahl 1370 gäbe. Den Ursprung derjenigen Wappen, wodurch sich die Familien unterschieden, setzt Muratori erst in das zehnte oder eilfte Jahrhundert c). Hiermit stimmt Menestrier überein, welcher behauptet, daß die eigentlichen adelichen Wappen in Deutschland, unter dem Kayser Heinrich dem Vogler, aufgekommen wären. Auch meldet Rüxner in seinem Turnierbuche, daß auf dem Turnier, welches Heinrich

de

der Vogler, im Jahr 936, zu Magdeburg gab, 974 Ritter mit Schilden und Helmen erschienen wären; der Ausdruck: Schild und Helm haben, hieß sonst so viel, als von adelicher Herkunft seyn, welches nur durch ein ererbtes Wappen erwiesen werden konnte. Felser, Du Chesne, Fauchet, Du Tillet, Blondel, Sainte-Marthe und andere Schriftsteller setzen hingegen den Anfang der Wappen erst gegen das silfte Jahrhundert d). Ein französischer Schriftsteller e) hält die Geschichte Gottfrieds, Grafens von Anjou, eines Sohns des Fulco, die ein Mönch aus dem Kloster Marmoutier geschrieben hat, für das älteste schriftliche Denkmal, worinne der Wappen gedacht wird.

Man findet zwar schon auf einigen Metallsiegeln des achten Jahrhunderts, und selbst noch früher, nemlich auf einigen Siegeln der Merovinger, Schildverzierungen, sie waren aber einander in der Hauptsache ganz gleich und hatten weiter keine Bedeutung. In der Mitte des Schildes war ein Knopf, der durch Strahlen oder ein Laubblatt verziert ist; aus der Mitte des Schildes giengen Streifen, vermuthlich von Eisenblech, die sich nach der Peripherie hinzogen und durch Nägel mit starken Knöpfen befestiget waren, und die Peripherie des Schildes war mit einem Reife, vermuthlich auch von Eisen, eingeschlossen. Diese Verzierungen hatten indessen weiter keinen Zweck, als den Schild fester zu machen, sie waren, wie die gemalten Figuren auf den Schilden der alten Deutschen, noch blose Verzierungen ohne alle Bedeutung. Auch auf den Schilden der Siegelfiguren vom fünften bis

Wappen.

zum eilften Jahrhundert findet man noch keine Spur der jetzigen Wappen.

Erst im eilften Jahrhundert wurde mit den Figuren auf den Schilden eine andere Bedeutung verbunden. Die Deutschen hatten es nemlich gleich zu Anfange der Kreuzzüge in der Armatur so weit gebracht, daß ihr ganzer Körper und auch der Kopf mit Eisen oder Stahl bedeckt und darunter verborgen war. Die in solche stählerne Rüstungen ganz verhüllte Ritter konnten nun aber auch ihren besten Freunden fremd erscheinen oder von ihnen gar für Feinde angesehen werden. Um dieses zu verhüten, mußte man auf äusserliche Zeichen denken, wodurch sich die Ritter den ihrigen kenntlich machten. Sie ließen daher ihre Schilde mit gewissen Figuren bezeichnen, aber andere von Metall gefertigte Zeichen steckten sie auf dem Helm. Vielleicht war die Sitte der Alten, die Waffen, besonders die Schilde mit verschiedenen Farben zu bemalen, noch üblich und wurde hierbey zum Grunde gelegt. Die Wahl dieser äusseren Unterscheidungszeichen stand in eines jeden Freyheit, woraus die größte Mannigfaltigkeit in den nachmaligen Wappenfiguren entstand. Zuweilen traf es, daß zwey Krieger einerley Unterscheidungszeichen wählten, woraus Mißverständnisse entstanden; wäre man hier nachgiebig gewesen, so würde der Zweck dieser Unterscheidungszeichen weggefallen seyn. Es entstanden also Zweykämpfe über den alleinigen Gebrauch solcher Unterscheidungszeichen und so wurde nicht nur der ausschließliche Besitz eines solchen Unterscheidungszeichens bald ein allgemein angenommener Grundsatz, sondern

das

das Waffenzeichen des Ritters erbte auch nun auf alle
seine Nachkommen fort, die sich eines solchen Zeichens
bedienen durften und so wurden diese anfangs ganz
willkührliche Zeichen bald für eine Familie ausschlies
send üblich und zugleich der stärkste Beweis ihres Adels.
Die Zeichen auf dem Schilde führte die ganze Familie
gemeinschaftlich, aber durch die Zeichen auf dem
Helm unterschieden sich die verschiedenen Linien
derselben.

Die Turniere trugen besonders viel zur Ausbildung
der Geschlechtswappen bey und höchstwahrscheinlich haben ihnen die Helmzeichen oder Helmkleinodien ihren
Ursprung zu verdanken. Die Damen schenkten nemlich ihren Rittern, ehe das Turnier begann, ein Stück
von ihrem Kopfputz, ein Armband, eine Schleife oder
Schnalle, womit der Ritter die Spitze seines Helms
zierte. Jetzt sind die Helmzeichen entweder aus dem
Schilde genommene Figuren, oder auch Pfauenschwän-
ze, Straußfedern, Adlerflügel, Büffelhörner u. s. w.
Wahrscheinlich entstanden auch die Helmdecken aus den
Schleyern oder andern Kleidungsstücken, welche die
Ritter vor den Turnieren von ihren Damen erhielten
und ihren Helm damit schmückten; doch meynen einige, die Helmdecken wären viereckigte Stücken Tuch
gewesen, womit man den Helm bedeckte, damit er nicht
von der Sonne erhitzt oder von dem Regen beschmutzt
werden möchte; in den Turnieren wurden diese Helmdecken oft zerhauen und doch behielt man sie als Zeichen der Tapferkeit bey und manche ließen so gar die
zerschnittene Helmdecke in ihr Wappen bringen. Jetzt
drückt man die Helmdecke durch dasjenige Laubwerk
aus

aus; welches von dem Helme an beiden Seiten des
Wappens herabhängt. Auch noch andere in den Wappen befindliche Figuren sind aus den Turnieren entlehnt; dahin gehören die Sparren, die Pfähle, die
bey den Turnieren einen Theil der Schranken ausmachten, welche die Bahn umschlossen. So sind
auch die in den Wappen vorkommende Figuren der
Gestirne und Thiere von den Namen der Kämpfen-
den herzuleiten, die sich Sonnen- Löwen- Adler-
Ritter u. s. w. nennen ließen f).

Der Waffenzeichen durfte sich nur der Freye bedienen, das ist, der hohe und niedere Adel, denn dieser allein erschien in voller Rüstung, als Reuter vom
Kopf bis zu den Füßen bedeckt. Einige Tage vor
dem Turnier mußte jeder Ritter, zum Beweise seiner
Turnierfähigkeit, den von seinen Ahnen, die auch
turnirt hatten, ererbten Helm, mit den Helmzierrathen oder Kleinodien, wie auch den Wappenschild
zur Schau aufstellen, da dann diese Stücke von den
Wappenkönigen und Herolden erst untersucht und geprüft wurden.

Einige meynen, daß in Frankreich die Seereisen
unter den französischen Königen Heinrich (reg. von
1031 bis 1060) und Philipp I. (reg. von 1060-1108.)
zur Einführung der Wappen Gelegenheit gegeben hätten, daß aber diese Ehrenzeichen erst durch die Turniere in den Gang gekommen wären g). Vor der
Regierung Ludwigs des jüngern, welche von 1137
bis 1180 dauerte, sieht man indessen keine wirkliche
Wappen in Frankreich. In dem Siegel dieses Köni-
ges erscheint die erste Lilie, welche Figur das Vor-
der-

dertheil eines Wurfspießes der alten Franzosen vorstellen soll. Diese Figur wurde bald in dem Wappen
der Könige von Frankreich vervielfältiget, hernach
aber von Karl V. wieder bis auf die Zahl drey vermindert. Ludwig der jüngere gebrauchte auch zuerst
die Herolde bey der Krönung Philipp Augusts oder
Philipp II. daher man sagt, daß die Heraldik oder
Heroldswissenschaft unter ihm in Frankreich aufgekommen sey. Die Ritter, welche Kreuzzüge mitmachten,
setzten ihre Wappen auf die Fahnen und Standarten,
die sie mitnahmen; nach geendigtem Kreuzzuge ließen
sie solche auf ihre Siegel stechen, auf ihre Schilder
mahlen und auf ihre Waffenröcke sticken und zum Andenken des Kreuzzuges behielten sie auch das Kreuz
bey, daher die verschiedenen Arten der Kreuze in den
Wappenschildern kommen h).

Ehe die jetzige Art, die Tincturen in den Wappen
zu bezeichnen, aufkam, drückte man die Farben darinn mit Buchstaben aus; z. B. ein B bedeutete
blau u. s. w. i). Dann wählte man dafür die Zeichen der sieben Planeten und endlich drückte man den
Unterschied der Metalle und Farben in den Wappen
durch Schraffirungen d. i. durch Punkte und durch Striche aus, welchen letzteren man verschiedene Lagen
gab. k). Diese Erfindung in der Wappenkunst schreiben einige dem Marc Vulson de la Colombiere zu *).
Wenn Estors Versicherung bestätiget werden könnte,
daß er bey einer Schenkischen Ahnenprobe ein silbernes Fäßchen gesehen habe, woran Christoph von Ewe-
sum, ein vornehmer Ostfriesischer Edelmann, d. 7ten
Oct. 1578. sein und andrer Familien Geschlechtswap-

pen hatte einstechen laſſen: ſo ſtieg das Alter der
Schraffirungen um 44 Jahre höher herauf, als es
gewöhnlich angegeben wird 1).

Anfänglich wurden die Wappen nur auf den Schil=
den, nachher aber auch auf Münzen und Siegeln ge=
braucht. Es ereignete ſich nemlich zu Ende des zwölf=
ten Jahrhunderts in Deutſchland eine gänzliche Ver=
änderung in Rückſicht der Verhandlungsweiſe rechtli=
cher Geſchäfte, welche Veranlaſſung zum Gebrauche
der Siegel bey Privatperſonen d. i. beym niedern
Adel, gab. Man gab daher dem Umfange des Sie=
gels die Form des Schildes und wählte auch die ein=
mal angenommene Waffen= oder Schildfigur dazu,
welches die Veranlaſſung zum Gebrauche der Ge=
ſchlechtsſiegel gab. Bis jetzt hatte man rechtliche
Privatgeſchäfte durch mündliche Uebereinkunft der
Partheyen, in Gegegenwart einiger Zeugen, verhan=
delt. War das Geſchäft wichtig: ſo wurde es auch
wohl ſchriftlich verhandelt, entweder in der Kanzley
des Oberregenten Deutſchlands oder im eilften Jahr=
hundert auch wohl ſchon in der Kanzley eines ſubor=
dinirten Regenten, wenn einer oder der andere ſchon
einen Schreiber oder Kanzlar hatte. Seit dem zwölf=
ten Jahrhundert wurde man gegen mündliche Ver=
handlungen mißtrauiſch, man verhandelte alles ſchrift=
lich und es fanden ſich Perſonen, die ſich ein eigenes
Geſchäfte daraus machten, ſolche rechtliche Verhand=
lungen aufzuſetzen, das waren die Notarien, dieſe
zeichneten die zu verhandelnde Sache im Namen
der Partheyen auf und fügten die Namen aller anwe=
ſenden Zeugen bey. Zur Beglaubigung des Aufſaz=
zes

ges wurden nicht blos die Siegel der Partheyen, sondern auch, besonders im 13ten und nächstfolgenden Jahrhundert, die Siegel der Zeugen der Urkunde angehängt. Diese Siegel zeigten nichts anders an, als die Person desjenigen, der sich dessen bediente, den deutschen Oberregenten auf einem Thron, den subordinirten Regenten, oder mit andern Worten den hohen regierenden Adel gewöhnlich zu Pferd in voller Rüstung, selten zu Fuß, nur vor dem zehnten und eilften Jahrhundert, aber doch ganz gerüstet; den Geistlichen, sobald er Landesherr war, in vollem Ornat, theils stehend, theils auf einem mäßig verzierten Stuhle sitzend. Der niedere Adel bediente sich im Siegel eines symbolischen Zeichens bey den Civilgeschäften und zwar desselben Zeichens, wodurch er sich im Waffenkampf von andern unterschied. Der Schild war das Waffenstück, worauf man jederzeit das Hauptwaffenzeichen anbrachte, darum gab der Privatmann seinem Siegel nicht nur die Form des Schildes, sondern er versah es auch mit den nämlichen Figuren, die er als ausschließliche Unterscheidungszeichen auf seinem Schilde trug. Wie nun die Waffenzeichen schon erblich waren, so wurden es auch die Siegelfiguren, woraus die Geschlechtssiegel entstanden, die man weil sie aus den Wappenzeichen entsprungen waren, in der Folge Geschlechtswappen oder Geschlechtswaffen nannte m).

a) Tacitus de mor. Germ. Cap. 6. b) Muratori T. IV. Inscript. MCMXXXII. c) Muratori Antiquit. Ital. medii ævi. T. IV. Lib. III. p. 69. d) D. Prauns Abhandlung vom adelichen Europa in Burgermeisteri Bibliotheca

theca equeſtri. T. II. p. 716. e) Juvenel de Carlencas Geſchichte der ſchönen Wiſſenſchaften und freyen Künſte, überſetzt von J. E. Kappe. 1749 I. Th. X Kap. S. 180. f) Ebendaſelbſt. II. Th. 1752. S. 479. g) Ebendaſ. I. Th. 1749. X Kap S. 180. h) Ebendaſ. II. Th. 1752. S. 478. i) Jablonskie allgemeines Lexikon. Leipzig. 1767. I S. 138. k) Ebendaſelbſt. II. S. 1568. *) Hamb. vermiſchte Bibljoth. III. 385. l) Allgem. Lit. Zeitung. 1790. Nr. 19. und Erläuterungen der Heraldik, als ein Commentar zu Gatterers Abriß über dieſe Wiſſenſchaft. Nürnberg. 789. m) Taſchenbuch der teutſchen Vorzeit, aufs Jahr 1794. Nürnberg und Jena. S. 182. folg.

Wappenbrief. Der älteſte unbezweifelte Wappenbrief, den man bisher kennt, iſt derjenige, welchen K. Albrecht 1305 dem Stifte Gurck ertheilt hat.

> Beyträge zum deutſchen Rechte von D. Joh. Chriſtian Siebenkees, Prof. d. Rechte zu Altorf. 1789. 5. 6. Th. und allgem. Lit. Zeitung. Jena. 1792. Nr. 36.

Wappenbuch war ein Regiſter der Wappen, deſſen ſich beſonders die Wappenkönige bey Turnieren bedienten, um darnach die Wappen der Ritter zu prüfen, ob ſie auch turnierfähig waren. Zu den älteſten Wappenbüchern gehören das Lanzenbrechen, das 1285 zu Chevancy gehalten wurde, ferner die Beſchreibung des Turniers in der Stadt Huy im Jahr 1289. Auch hat man in Frankreich ein Wappenbuch vom Jahr 1310, welches die Namen und Wappen derjenigen Ritter enthält, die zur Krönung Kayſer Heinrichs VII. nach Rom reiſeten a).

Virgilius Solis, ein Kupferſtecher und Illuminiſt, gab 1555 zu Nürnberg das erſte in Kupfer geſtochene Wappenbuch heraus b).

Wappenkunst.

a) Juvenel de Carlencas Gesch. der schönen Wiss. übers. von J. E. Kappe. 1752. 2 Th. 9tes Kap. S. 118. b) Kleine Chronik Nürnbergs. Altorf. 1790. S. 67.

Wappenkunst, Heraldik, ist eine Wissenschaft, welche die Wappen richtig verstehen und auslegen lehrt, aber auch Regeln giebt, wie man neue Wappen geschickt und kunstmäßig aufreißen soll. Die Franzosen sind die ersten, die das Wappenwesen bearbeiteten und es in eine Kunstform brachten, daher auch andere Nationen lange Zeit ihre Wappen in französischer Sprache blasonirten a). Der Franzos Marc Vulson de la Colombiere erfand in der Wappenkunst zuerst die Punkte und Striche zur Bezeichnung der Farben in Kupferstichen b).

Paul Jovius lehrte im Jahr 1560 in einer besondern Schrift zuerst die Kunst der Devisen nach Regeln c).

Der Abt von Brianville, der von der Familie des Orontius Fine aus dem Delphinat abstammte, erfand, unter der Regierung Ludwigs XIV. zum Gebrauch des Dauphin, ein Kartenspiel zur Erlernung der Wappenkunst d).

Der Nürnbergische Senator, Georg Philipp Harsdörfer, der 1640 berühmt war, ist der erste, der in Deutschland die Heraldik in Regeln brachte oder vielmehr diese Regeln aus der französischen Heraldik in die deutsche verpflanzte. Der wichtigste Mann für die deutsche Heraldik und der wahre Vater der Wappenkunst war der berühmte Geistliche Philipp Jacob

Spe

Wapenkunst. Waschmaschine.

Spener, der das opus heraldicum 1680. herausgab und die deutsche Heraldik von der französischen absonderte.

Der Engländer Wynkinthe Worde schrieb die erste Einleitung in die Wappenkunst e).

Gatterer, der einen Abriß der Heraldik schrieb, brachte die deutsche Wappenkunst in ein besseres System f).

a) Juvenel de Carlencas Gesch. der schönen Wiss. und freyen Künste, übersetzt von Joh. Erh. Kappe, 1749 l. X Kap. S. 180. b) Hamb. vermischte Bibliloth. III. 335. Art heraldique. Paris. 1644. fol. c) Ragionamhento di Paolo Giovio sopra i Motti e Disegni d'Arme, et d'Amore volgarmente chiamati imprese; con un discorso di Girolamo Ruscelli, intorno allo stesso sogetto. In Venetia. 1560. 8. d) Bayle historisch krit. Wörterbuch. III. 506. Leipzig. 1742. e) Struv. Bibl. Hist. cap. 31. §. 23. f) Erläuterungen der Heraldik, als ein Commentar über Gatterers Abriß dieser Wissenschaft. Nürnberg. 1789.

Warnefried oder Paulus Diaconus s. Geschichte, Postille, Unterscheidungszeichen.

Warthon (Thomas) s. Speichelgang.

Wargentin s. Magnetnadel.

Waschmaschine ist ein Werkzeug zur Reinigung der Wäsche, wobey man die Beyhülfe mehrerer Menschen und mithin auch beträchtliche Kosten zu ersparen sucht. In den ältesten Zeiten schon war die Reinigung der Wäsche, wie noch jezt, ein Geschäft der Frauenzimmer wovon sich auch die vornehmen nicht ausschlossen. Nausicoa fuhr ihre Wäsche auf einen mit Maulthie

Waschmaschine.

thieren bespannten Wagen zum Waschen und Trocknen a). Bey Troja waren schon zur Zeit des trojanischen Kriegs zwey Quellen, eine warme und eine kalte, bekannt, wo die Trojanerinnen ihre Gewänder in steinernen Badewannen wuschen b). Das Waschen geschah vermittelst der Füße; Nausicoa und ihre Gespielinnen warfen ihre Kleider in Gruben und traten sie mit Füssen, um sie zu waschen c). Nachher bediente man sich der Hände zu dieser Absicht; da aber diese Arbeit mühsam ist, mehrere Menschen und beträchtliche Zeit erfordert: so dachte man auf Waschmaschinen, welche die Arbeit erleichterten und einige Menschen entbehrlich machten. Diese Waschmaschinen sind eine Erfindung des Engländers Stender d), dessen Maschine schon 1755 in Hannover bekannt war e); im Jahr 1764 wurde sie vom D. Schäffer zu Regensburg f) und nachher noch mehr vom Herrn Schaller in Halle verbessert g). Herr Beetham in England erfand ebenfalls eine Waschmaschine, die er immer mehr vereinfachte und verbesserte, bis er im Jahr 1790 die neue tragbare Waschmühle erfand, welche die Wäsche vermöge des blosen Drucks, ohne alle Friction und Reibung, rein wäscht h); man kann den feinsten ostindischen Mousselin damit waschen; ein Mädchen von 14 Jahren kann die Maschine regieren und so viel damit waschen, als sonst zehn geschickte Wäscherinnen thun. Man braucht dabey nur den vierten Theil von Feuerung und von Seife, man kann auch dabey mit kochenden Wasser waschen, welches bey dem Waschen mit den Händen nicht möglich ist. Die Wäsche wird reiner, weißer und egaler

ge

gewaschen und man erspart dabey gerade 3/4 der sämtlichen Kosten i). Eine solche Waschmühle, bey der sich zugleich eine Ringmaschine befindet, kostet, wenn sie 8 Hemden auf einmal wäscht, 4 Pf. Sterl. 4 Schill. Ist sie auf 14 Hemde eingerichtet, so kostet sie 4 Pf. St. 15 Schillinge, eine zu 18 Hemden 5 Pfund Sterling und 5 Schill. eine zu 24 Hemden 6 Pf. St. und 6 Schillinge k).

a) Homer. Od. ζ 70. b) Hom. Jl. χ. 153. c) Hom. Od. ζ 92. d) Halle Magie. III. S. 179. Antipandora II. S. 529. e) Wehrs vom Papier. 1789. S. 494. f) Merkwürdigkeit der Stadt Nürnberg. S. 742. Antipandora II. S. 529. g) Halle Magie. III. S. 179. h) Journal des Luxus und der Moden von Bertuch und Kraus. 1790. October S. 560. i) Ebendaselbst. 1791. März. S. 169. k) Gothaischer Hofkalender. 1792. S. 70.

Wasser. Man hat mit dem Wasser Versuche gemacht, die sowohl für die Physik als auch für die Chymie wichtig sind, von denen hier einige angezeigt werden sollen.

Physische Eigenschaften des Wassers, vom Gewicht des Wassers.

Wolf bediente sich zur Abwägung des Wassers eines hohlen Würfels von Messingblech, dessen innerer Raum, bis an die darauf verzeichneten Linien, genau einen Rheinländischen Cubikzoll faßte. Das Brunnenwasser, welches diesen Raum füllte, wog 495 Gran Medicinalgewicht a). Musschenbroek nahm bey der Abwägung des Wassers zuerst auf den Grad der Temperatur des Luftkreises Rücksicht b).

Die

Wasser.

Die neuesten Untersuchungen über das Gewicht des Wassers hat Herr Professor Schmidt in Gießen angestellt und sich dabey seiner physikalischen Wage bedient (s. Wage). Er gebrauchte dazu einen pariser Cubikzoll von Eisen, weil sich dieses Metall unter allen am schärfsten und genauesten abfeilen läßt c). Auch Du Hamel gab ein Verfahren an, das Gewicht eines Cubikfußes Wassers zu finden; es unterscheidet sich dadurch, daß man ohne vom Kleinen aufs Große zu schließen, das Gewicht findet und doch dazu nicht so viel Gewicht braucht, als ein Cubikfuß Wasser schwer ist d).

Vom Gefrieren des Wassers im Sommer.

Herr Apotheker Walker zu Oxford hat mit eilf Theilen Salmiak, zehn Theilen Salpeter und 16 Theilen Glaubersalz, die er mit 32 Theilen Wasser im Gewicht verbindet; das Wasser mitten im Sommer, wo das Thermometer auf 70 Grad stand, in Eis verwandelt. Dieser Versuch wurde 1787 bekannt gemacht e). Vergl. Kälte.

Von der Elasticität des Wassers.

Man hat die Elasticität des Wassers theils dadurch beweisen wollen, daß die unter einem spitzigen Winkel auf dasselbe geworfene Steine unter gleichem Winkel wieder davon abprallen und so über eine lange Wasserfläche hin mehrere Sprünge in flachen Bogen machen, welches Zurückspringen nach den Gesetzen des Stoßes nur bey elastischen Körpern statt finden kann, theils hat man auch die Elasticität des Wassers dadurch be-

beweisen wollten, daß sich der Schall durch dasselbe fortpflanzt. Gegen den ersten Beweis hat man aber Einwendungen gemacht und aus dem zweyten ist noch nicht klar, ob sich das Wasser auch durch äußere Gewalt zusammendrücken lasse, das mußte durch Versuche erwiesen werden. Den ersten Versuch dieser Art machte der Kanzlar Bacon († 1626) f); er füllte eine hohle ziemlich dicke Bleikugel mit Wasser, schmolz die Oefnung zu, hämmerte und preßte die Kugel flach, und berechnete, wie viel dadurch die Capacität vermindert worden sey. Diesem Versuche nach ließ sich das Wasser auf einen gewissen Grad zusammenpressen, drang aber zuletzt wie ein feiner Thau durch das Bley. Robert Boyle füllte ein zinnernes rundes Gefäß, woraus er die Luft gezogen hatte, mit Wasser, trieb mit einer Spritze so viel Wasser, als möglich hinein, ließ es zulöthen und schlug es an einigen Stellen mit einem hölzernen Hammer flach; wenn er alsdann eine Nadel durchs Zinn trieb und wieder herauszog, so sprang das Wasser aus der kleinen Oefnung 2 bis 3 Schuh hoch in die Luft g). Musschenbroek erzählt, daß Honoratus Fabri einen gleichen Versuch mit einer bleyernen Kugel angestellt und die Elasticität des Wassers gegen Magiotto vertheidigt habe. Du Hamel konnte in einer goldenen Kugel h) und in einer eisernen Röhre mit dem Kolben das Wasser nicht zusammendrücken i). Im Jahr 1661 wurden die Versuche bekannt, welche die Mitglieder der Florentiner Academie del Cimento mit dem Zusammendrücken des Wassers gemacht hatten k); sie suchten in zwo verbundenen Glasröhren mit Kugeln kaltes Wasser durch die Dämpfe des
fo-

Waſſer.

kochenden Waſſers dann wieder in einer andern Glasröhre genau eingegoſſenes Waſſer durch hinzugefülltes Queckſilber zu comprimiren, aber ihre Mühe war vergeblich. Dann füllten ſie eine dünne, große von Silber gegoſſene Kugel genau mit Waſſer, verſchloſſen die Oefnung und hämmerten die Kugel, um das Waſſer in einen engern Raum zu zwingen, aber bey jedem Schlage drang das Waſſer durch die Poren des Metalls. Muſſchenbroek 1) preßte eine zinnerne und auch eine bleyerne mit Waſſer gefüllte Kugel unter einer ſtarken Preſſe mit Schrauben und Hebel zuſammen und das Waſſer drang ebenfalls wie Thau durch die Oefnungen des Metalls; er machte dieſen Erfolg 1731 bekannt. Nach dieſen Verſuchen des Du Hamel, wie auch der Academie del Cimento und des Muſſchenbroek wollte man dem Waſſer die Compreſſibilität abſprechen, aber ſpätere Verſuche zeigten das Gegentheil. Die Engländer füllten eine hohle kupferne Kugel, an welche eine Schraubenmutter angeſchweißt war, mit Waſſer, und trieben vermittelſt eines eiſernen Hebels, eine fünf Zoll lange Schraubenſpindel in die Kugel hinein; da nun hierdurch das Waſſer zuſammengepreßt wurde, ſo drang es in großer Menge, wie Fontainen, durch die Poren der metallenen Kugel hindurch. Um 1752 ſchickte Peter Shaw dem Hollmann eine ſolche Kugel, der den Verſuch der Engländer wiederholte; anfangs hinderte die in der Kugel verfangene Luft den Verſuch, aber er hob dieſelbe mit einer krumm gebogenen Röhre heraus. Hierauf ließ ſich die Schraube hineintreiben und das Waſſer drang in ſeinen Strahlen zwey Schuh hoch durch die metallene

Oberfläche der Kugel hindurch. Hollmann wiederholte den Versuch mit Kugeln von Zinn und Bley und der Erfolg war derselbe; aber bey einer silbernen Kugel bahnte sich das Wasser einen Weg zwischen den Schrauben. Hollmann bemerkte zuerst, daß das Wasser nicht sowohl durch durch die Poren des Metalls, sondern nur durch die Risse hervordrang, die daher entstanden, weil das Metall nicht dick genug gewesen war, um der Gewalt des Drucks widerstehen zu können. So war auch bey jenen Versuchen mit dem Quecksilber die Quecksilbersäule nicht hoch genug gewesen, um das Wasser zusammenpressen zu können. Nachher machte Canton seine Versuche mit dem Zusammenpressen des Wassers und fand im Jahr 1762, daß flüßige Materien in gläsernen Röhren, die unten gläserne Kugeln haben, bey einerley Grade der Wärme in den Röhren höher stehen, wenn man den obern Theil der Röhren luftleer gemacht und dann zugeschmolzen hat, hingegen niedriger wenn die Luft der Atmosphäre noch drauf drücken kann. Durch wiederholte Versuche ergab sich, daß ein Druck, doppelt so groß, als das Gewicht der Atmosphäre, das Wasser um $\frac{1}{10870}$ seines Volumens zusammendrücke. Canton fand auch, daß das Wasser im Winter einer stärkern Compression fähig war, als im Sommer, welches sich mit Baumöl und Weingeist gerade umgekehrt verhielt m). Endlich bestätigte sich auch die Compressibilität des Wassers durch Versuche mit Druckmaschinen. Herr Rudolph Adam Abich, Braunschweigischer Obersalzinspector gab dazu um 1776 eine eigne sehr einfache Maschine an, die aus einem hohlen messingenen Cylinder mit einem äußerst ferst genau passenden Stempel besteht n); Zimmermann hat diese Maschine noch verbessert o). Auch Fontana erfand eine Compressionsmaschine p) und die Versuche des Herrn von Herbert bestättigten ebenfalls das Zusammendrücken des Wassers q).

Chemische Versuche mit dem Wasser.
Vom Destilliren des Wassers.

Bœrhave zeigte zuerst, daß Wasser durch eine lange Reihe von Destillirungen weder sauer oder alkalisch, noch korrosivisch oder flüßiger oder dicker wird, ob er gleich von jeder Destillirung desselbigen Wassers einen erdigten Satz bekam r).

Versuche über die Erzeugung des Wassers aus Luftarten.

Von der Entdeckung der Wassererzeugung durchs Verbrennen finden sich schon Spuren in Bœrhave's Chemie s); dieser große Chemiker bemerkt, wenn man Alkohol in verschlossenen Gefäßen verbrenne, so wiege das daraus erhaltene Wasser mehr, als das verbrannte Alkohol gewogen habe. Auch Geoffroy t) kannte dieses Phänomen und machte es 1718 bekannt. In neuern Zeiten wurde diese Entdeckung auf folgende Art gemacht: Warltire brannte entzündbare Luft mit gemeiner oder atmosphärischer Luft in gläsernen Kugeln an, wobey er die Wände der Kugeln inwendig mit Feuchtigkeit überzogen fand; dieß veranlaßte Herrn Cavendish im Jahre 1781 zu seinen Versuchen, wo er bey jeder Verbrennung der brennbaren und dephlogistisirten Luft eine Quantität Wasser erhielt, deren Gewicht mit dem Gewicht der verbrannten Luftarten (die rückständige Stickluft abgerechnet) übereinstimmte und einen säuerlichen Geschmack hatte u). In Frankreich wiederholte zuerst Herr Mongez in Mezieres diesen Versuch mit gleichem Erfolge, worauf ihm Lavoisier und Meusnier nachfolgten, welche fanden, daß jede Unze des erhaltenen säuerlichen Wassers 5 Gran Salpetersäure enthielt. Gleichen Versuch machte auch der Mechanikus Fortin v), de la Place und le Fevre de Gineau w). Priestley machte die Versuche des Lavoisier mit getrockneten Luftarten nach, da er dann bey der Verbrennung weit weniger Wasser erhielt, als das Gewicht der vermischten Luftarten betrug und es zeigte sich eine wahre Salpetersäure dabey. Er folgert daher aus jenen Versuchen nur soviel, daß sich das Wasser mit den Luftarten verbinden und ihre Gestalt annehmen könne, nicht aber, daß das Wasser selbst aus den Grundtheilen mehrerer Luftarten zusammengesetzt sey, wie Lavoisier behauptet hatte. Priestley nimmt das Wasser nur als die Basis der Luftarten an, oder er behauptet, daß das Wasser nur in die Zusammensetzung aller Luftarten komme x). Auch fand Priestley, daß bey dem Verbrennen beyder Luftarten die Säure nur dann zum Vorschein kommt, wenn ein Ueberfluß von dephlogistisirter Luft statt findet, daß man aber nur simples Wasser erhält, wenn ein Ueberfluß von entzündbaren Gas vorhanden ist. Er sucht die Basis dieser Säure nicht in der phlogistisirten, sondern in der dephlogistisirten und brennbaren Luft und wird dabey in der Meynung bestärkt, daß das Wasser schon vorher in den Luftarten enthalten sey y). Auch D. Deimann

und

Waſſer. 71

und Herr Trooſtwik zeigten, daß das Waſſer, welches
Cavendiſh und Lavoiſier hervorzubringen glaubten,
wenn ſie dephlogiſtiſirte und inflammable Luft mit ein=
ander langſam verbrannten, nichts als eine Säure ſey,
die ſich wieder kryſtalliſire und von einerley Art mit
der dephlogiſtiſirten Luft ſey, die man zu dieſer Unter=
ſuchung gewählt habe z). Macquer bemerkte zuerſt
die Entſtehung des Waſſers beym Abbrennen der Knall=
luft aa).

Zerlegung des Waſſers in Luft.

Daß ſich das Waſſer in Luft verwandeln laſſe,
glaubten ſchon die Alten durch die Phänomene der
Aeolipile zu erweiſen. Indeßen iſt doch Prieſtley der
erſte, dem man hierinn mehrere Gewißheit zu verdan=
ken hat, indem er zeigte, wie man Waſſer in eine Luft=
artig bleibende elaſtiſche Flüßigkeit, in der ein Holz
brennt, und dieſe wieder in atmoſphäriſche Luft ver=
wandeln könne bb). Er verband nemlich im Jahr
1781 reines Waſſer in irdenen Retorten mit lebendi=
gen Kalk und ſetzte dieſes einer ſtarken Hitze aus, wo=
durch das Waſſer in permanente Luft verwandelt
wurde, die zum Theil fire war und in der kaum ein
Licht brannte cc). Watt, der an dieſen Verſuchen
vielen Antheil hatte, ſchloß daraus, das Waſſer ſey
aus dephlogiſtiſirter und brenbarer Luft zuſammenge=
ſetzt, die man ihrer latenten Wärme beraubt habe,
und die dephlogiſtiſirte Luft ſelbſt ſey nichts anders,
als ein ſeines Phlogiſtons beraubtes und mit Elemen=
tarfeuer und Licht verbundenes Waſſer, ein dephlo=
giſtiſirtes Waſſer in Luftgeſtalt. Im Junius 1783

reisete D. Blagden nach Paris und machte die dasigen Physiker mit diesen Entdeckungen bekannt. Hierauf stellte Lavoisier im Jahr 1783 zuerst Versuche über die Zerlegung des Wassers an. Er brachte in ein mit Quecksilber gefülltes und in Quecksilber umgestürztes Glas etwas Wasser mit sehr reiner unverrosteter Stahlfeile. Nach 24 Stunden fieng das Eisen an zu rosten oder sich zu verkalken und es entwickelte sich zugleich etwas brennbare Luft. Nach der Trocknung fand man das Gewicht des Eisens vermehrt. Hieraus schloß Lavoisier, das Wasser sey in zween Bestandtheile zerlegt worden, der Sauerstoff habe das Eisen verkalkt und der Wasserstoff habe die Gestalt der brennbaren Luft angenommen. Bald nachher stellten Lavoisier und de la Place genauere Versuche über die Zerlegung des Wassers durch Eisen und Kohle an; auch entwikkelten Lavoisier und Meusnier vermittelst eines eignen Apparats, aus Wasser, welches auf einen glühenden Eisendrat getröpfelt ward, eine Menge brennbarer Luft, wobey sich der Drat in einen Eisenkalk verwandelte. Kurz Lavoisier fand die Wassererzeugung aus den Grundtheilen der dephlogistisirten und brennbaren Luft durch Versuche immer mehr bestättigt und baute ein ganz neues System der Chymie darauf. Der erste, der den Folgerungen widersprach, die Lavoisier aus diesen Versuchen zog, war de la Metherie ee); wichtigere Einwürfe dagegen machten Fontana, Priestley, Westrumb, Achard und Klaproth. Den entscheidendsten Versuch für die Wasserzerlegung machten Paets van Troostwyck zu Harlem und Deimann i. J. 1789. Herr van Troostwyck nahm eine enge Glasröhre, die

an

Waſſer 73

an einem Ende mit Einfügung eines Golddrats zugeſchmolzen war. Nachdem die Röhre mit Waſſer gefüllt und zu dem offenen Ende ein zweyter Golddrat eingebracht worden war, der dazu diente, elektriſche Funken, durch das Waſſer hindurch, an den andern Drat zu führen, ſo wurden ſtarke elektriſche Funken hindurchgeleitet. Sobald dieſes geſchah, entwickelten ſich Luftblaſen aus dem Waſſer, welches vorher von aller Luft befreyt worden war, und das Waſſer verminderte ſich in ſeinem Umfange. Die hierbey erhaltene Luft ließ ſich mit einem Knall entzünden und wurde dann wieder zu Waſſer ff). Ob man nun gleich auch gegen dieſen Verſuch gegründete Einwendungen gemacht hat, ſo beſtättigt er doch die Theorie des de Lüc, daß Wärmeſtoff allein mit Waſſer allein, nur Dampf, nie Luft gebe; kömmt aber noch ein Drittes, z. B. Licht, hinzu, ſo entſteht eine permanent elaſtiſche Flüßigkeit. Uebrigens ſieht man aus der kurzen Geſchichte dieſer Verſuche, daß die Zuſammenſetzung und Zerlegung des Waſſers wohl noch nicht als unwiderſprechliche Thatſachen anzuſehen ſind.

Von den Mitteln, faules Waſſer trinkbar zu machen.

Herr Bowitz, Apotheker in Petersburg und Adjunkt der daſigen Akademie, erfand die Methode, faules und ſtinkendes Waſſer in wenig Minuten, durch ein einfaches, wohlfeiles und überall anwendbares Mittel, in geſundes trinkbares Waſſer von natürlichem Geſchmack zu verwandeln; er erhielt deswegen am 21 Sept. 1790. den Beyfall der ökonomiſchen Geſellſchaft in Petersburg

burg gg). Herr Bowitz machte dieses Mittel im Jahr 1793, in der Schrift: „Anzeigen eines neuen Mittels, Wasser auf Seereisen vor dem Verderben zu bewahren, und faules trinkbar zu machen" öffentlich bekannt. Sein Mittel besteht darinn, daß er faules Wasser durch Kohlenstaub filtrirt, welcher dem Wasser den faulenden Stoff entziehet und verschlucket. Die Russische Armee hat sich dieses Mittels im Felde mit dem besten Erfolge bedient. Herr D. Buchholz machte hierauf ebenfalls faules Wasser durch den Zusatz von Kohlenpulver und einer kleinen Portion Kochsalz wieder trinkbar ii). Herr D. Kels bediente sich ebenfalls dieses Mittels mit dem besten Erfolge kk).

a) Wolf nützliche Versuche. 1 Th. S. 12. 13. b) Muschenbroeck Introd. ad Philos. nat. T. II. §. 1499. c) Sammlung physikalisch-mathematischer Abhandlungen. 1 B. Gießen. 1793. Nr 2. d) Rückers Erläut. der Kästnerischen Anfangsgründe der mechanischen und optischen Wissenschaften. Leipzig. 1795. die Vorrede. e) Magazin für das Neueste aus der Physik von Lichtenberg. VI. B. 1 St. S. 167. f) Bacon Nov. Organon in Opp. ex translatione Arnoldi. Lipf. 1694. fol. p. 390. g) Rob. Boyle Nov. exp. physico-mech. de vi aëris elastica. Exp. XX. in Opp. var. Genevæ aput S. de Tournes. 1680. 4. p. 55. h) Wilhelm von Stairs Physik. 1681. i) Duhamel de Consensu veteris et novæ Philos. Lib. III. c. 4. 1675. p. 433. k) Saggi di naturale Esperienze; fatte nell' Acad. del Cim. in Firenze. 1661. fol. p. 197. l) Tentamina exper. natural. captorum in Acad. del Cimento. Lugd. Bat. 1731. 4. m) Wittenberg. Wochenblatt. 1775. 27 und 28tes Stück. und den Jahrgang von 1774. S. 45. n) Gehler physik. Wörterbuch. IV. S. 638. o) Ebendas. I S. 531. 532. p) Journal des Sçavans. Juillet. 1777. q) Gehler a. a. O I. S. 528. r) Halle fortges. Magie. III. B. 1790. S. 42.

s) Boerhave Elem. Chem. T. I. p. 320. 324. Ed. Lipſ.
p. 274. t) Mém. de l'Acad. de Paris. 1718. u) Philoſ.
Transact. 1784. v) Journal de Phyſique. 1788. w) Lichtenbergs Magazin. VI B. 2 St. S. 181. x) Gehler
a. a. O. IV. S. 652. y) Philoſ. Transact. Vol. LXXXI.
p. 213. Gehlers phyſikal Wörterb. V B. oder die Zuſätze.
S 985. z) Lichtenbergs Magazin. IV. B. 4 St. S. 154.
1787. aa) Macquer Chymiſches Wörterbuch, überſ.
von Leonhardi. Zweyter Theil. Leipzig. 1781. S. 468.
bb) Lichtenbergs Magazin 1783. 2 B. 1 St. S. 219.
u. 4tes St. S 85. folg. 1784. cc) Gehler a. a. O. IV.
S. 628 dd) Mém. ou l'on prouve, que l'eau n'est
pas une ſubſtance ſimple, in den Mém. de l'Acad. des
Sciences à Paris. 1781. p 269 (die aber erſt 1784. gedruckt wurden). ee) Journal de Phyſique, janvier. 1784.
ff) Annales de Chimie, Tom. V. 1790. Nr. 9. gg) Frankfurter Kaiſ. Reichs- Ober- Poſt- Amts- Zeitung. 1790.
Nr. 175. hh) Allgem Lit. Zeitung. 1793. N. 215.
ii) Allgem. deutſche Biblioth. 3 B. 2 St. 5 – 8. Heft.
Kiel 1793. S 408. kk) Göttingiſcher Taſchenkalen-
der. 1791. S. 181.

Waſſer aus der Tiefe zu heben. Die Kunſt, das
Waſſer vermittelſt des Feuers aus der Tiefe zu heben,
erfand nach einigen der Marquis von Worceſter a)
um 1677, nach andern Herr Newcomen b), nach andern Thomas Savery, dem wenigſtens die Ehre der
erſten Ausführung bleibt, wie in einer Schrift c) von
1694 gemeldet wird. Um eben dieſe Zeit beſchäftigte
ſich Papin, Doctor der Arzneykunſt und Prof. der Mathematik zu Marburg, mit ähnlichen Verſuchen, die
1707 bekannt gemacht wurden d). Herr von Fiſcher
legte in dem Garten des Fürſten von Schwarzenberg
zu Wien eine Maſchine an, um das herunterfallende
Waſſer für die Fontainen wieder in den Sammelkaſten
hin-

hinauf zu treiben und durch eine beständige Circulation wieder durch die Fontainen springend zu machen. Herr M. Castelli zu Mayland beschrieb 1787. einen hydraulischen Ventilator, der vor den gewöhnlichen Pumpen große Vorzüge hat und das Wasser ohngefähr so aus der Tiefe heraushebt, wie die Ventilatoren in den Erzgruben die bösen Wetter herausziehen e)

a) Desaguliers Course of experimental philosophie. T. II. S. 465. b) Gehler phys. Wörterb. I. S. 562. c) Philos. Transact. 1694. d) Papini ars nova ad aquam ignis adminiculo efficacissime elevandam. Cassellis, 1707. 4. e) Götting. gel. Anzeigen. 1787. St 178.

Wasser=Abzapfung. Die Kunst, in der Wassersucht das Wasser vermittelst eines Wickelbandes abzuzapfen, ist eine Erfindung, die der 1755 verstorbene D. Richard Mead in England gegen das Jahr 1727 machte.

Wasseradern, vasa lymphatica, sind feine, aus durchsichtigen Häutchen bestehende Gefäße, durch welche dem Blute ein helles Wasser zugeführt wird. Sie wurden im Jahre 1650 vom Olaus Rudbeck und vom Thomas Bartholin entdeckt a). Glissonius giebt aber den Jolivius als ihren Entdecker an b).

a) Jablonskie allgem. Lex. Leipzig. 1767. 1 S. 77. J. A. Fabricii Allgem. Hist. der Gelehrs. 1754. 3. B. S 1084. u. 1087. b) J. A. Fabricii Allg. Hist. der Gelehrs. a. a. O S. 1086.

Wasserbaukunst ist eine Wissenschaft, welche lehret, wie man in das Wasser bauen oder einen vortheilhafteren Gebrauch von dem Wasser machen soll. Sie begreift den Brückenbau, die Anlegung der Dämme und Schleusen, Verwahrung der Teiche, die Anlegung der

der Wasserkünste, den Mühlenbau, auch lehrt sie, das Wasser schiffbar zu machen und zu verhüten, daß es keinen Schaden thue. Die Uferbaukunst ist ebenfalls ein Theil derselben. Die einzelnen Lehren derselben sind von dem Holländer Cornel. Meier, von Joh. Bapt. Baratteri, Domenico Gulielmini, Belidor, Karsten, Kästner, Eberenz, Brahm und Hunnich abgehandelt worden und der 1792 verstorbene Ober-Consistorial- und Oberbau-Rath J. E. Silberschlag hat die Wasserbaukunst zuerst als eine besondere Wissenschaft vorgetragen. Daß die Alten Kenntnisse vom Wasserbau hatten, davon wird man unter dem Worte Wasserleitung Beweise finden; Tarquinius I. oder Priscus ließ große Werke wider die Ueberschwemmung der Tiber aufführen a). Der Kardinal Richelieu ließ i. J. 1628 vor Rochelle mitten im Meere einen Damm aufführen, wie ehemals schon Alexander der Große vor dem Haven von Tyrus that b). In Wien hat man zum Kanalbau in Ungarn eine kupferne Maschine verfertiget, die 16 Centner schwer ist und jede Minute 48 Eymer Wasser treibt c).

a) Hofmanni Lex. univers. sub voce Tarquinius I Priscus.
b) Schroeckh Allg. Weltgesch. für Kinder. IV. 1. S. 227.
c) Reichs-Anzeiger. 1793. Nr. 29. S. 234.

Wasserbleysäure. Das Verhalten der Wasserbleysäure gegen die Metalle hat Herr D. J. B. Richter beschrieben; als er die Wasserbleysäure mit vegetabilischem Alkali gesättigt, und diese mittelsalzige Lauge mit gesättigter salzsauren Zinnauflösung vermischt hatte, erhielt er eine sehr schöne lockere hellblaue Farbe, der man

man den wenig passenden Namen des blauen Carmins gegeben hat. Vergl. Säure.

J. B. Richter über die neuern Gegenstände der Chymie, 2tes Stück. Breslau und Hirschberg. 1792. gr. 8.

Wasserfarben sind solche, die in Leim oder Gummiwasser aufgelöset, und dann zur Malerey gebraucht werden. Ihr Erfinder und die Zeit ihres Aufkommens ist noch nicht erforscht; ihr Gebrauch ist indessen wohl sehr alt, welches durch mehrere Gemälde des Alterthums bewiesen werden kann. Man will zwar ihre Erfindung dem Aristides von Theben zuschreiben, Plinius aber erwähnt unter den Verdiensten desselben um die Malerkunst nichts hiervon.

Wassergöpel; den ersten Wassergöpel gab Wolfgang Lascher oder Lasser, ein Salzburgischer Kunstmeister, uns Jahr 1556 an; er ließ ihn in Tyrol erbauen, wo man noch im Jahr 1545 einen Schacht versaufen ließ, weil die Wasserhebung zu kostbar wurde.

Gemeinnützige Kalender-Lesereyen v. Fresenius. 1 B. S. 55.

Wasserharnisch wurde von einem Deutschen, Franz Keßler, erfunden und in einer 1617 zu Frankfurt herausgekommenen Schrift: Unterschiedliche bisher mehrentheils Secreta u. s. w. bekannt gemacht. Dieser Wasserharnisch ist an einem Ende weit und offen, an dem andern enge und mit einem Boden versehen; er wird aus gutem Rindsleder gemacht, welches mit einer Masse von Wachs, Terpentin und Tischlerfirniß überzogen, dann mit starken Stäben und Reifen gesteift wird, an welche Riemen angeschlagen werden, womit

ein

Wasserharnisch. Wasserhebel.

ein Mann den Harnisch über sich hängen kann und dadurch bis auf die halben Beine bedeckt wird. In der Gegend, wo sich die Augen des Menschen befinden, sind kleine Glasscheiben eingesetzt, damit man dadurch sehen kann. Der ganze Harnisch hat die Figur eines umgekehrten Bechers und dient nicht zum Schwimmen, sondern als Taucherglocke; man befestiget nemlich ein Gewicht daran und läßt sich damit unter das Wasser hinab, wo man einige Zeit dauern, auch unter dem Harnisch lesen, schreiben und Briefe trocken fortbringen kann, weil das Wasser, wegen der Luft unter dem Harnisch, nicht weit hinauf steigen kann a). Bachstrom erfand aber einen Wasserharnisch zum Schwimmen, dessen er sich schon 1734 bediente und ihn 1742 in seiner Kunst zu schwimmen beschrieb b). S. Schwimmküraß.

 a) Hennings von den Mitteln den menschlichen Leib gegen den Schaden des Wassers und Feuers zu sichern. S. 300. Jablonskie Allgem. Lex. Leipzig. 767. I. p. 816.
 b) Wittenberg. Wochenblatt. 1772. 5ter B. 3tes St. S. 20.

Wasserhaus, nebst einem Rad, wodurch alle Minuten drey Eymer Wasser hundert Schuh hoch getrieben wurden, erfand Conrad Eisenburger zu Augsburg gegen 1624.
 Kunst- Gewerb- und Handwerks-Geschichte der Reichsstadt Augsburg von Paul von Stetten dem jüngern. 1779. S. 153.

Wasserhebel. Herr Pajot Des Charmes hat eine Maschine erfunden, welche das Wasser vermittelst der Fliehkraft hebt.
 Lichtenbergs Magazin VI B. 3tes St. 1790. S. 100.

Wasserhose, Wassersäule, Wettersäule, Seehose, Wassertrompete, ist ein fürchterliches Meteor, bey welchem sich eine stärkere oder schwächere Wassersäule, in Form eines umgekehrten Kegels oder Sprachrohrs, mit Geräusch von einer Wolke gegen das Meer herabstreckt, bisweilen auch aus dem Meere himmelwärts steigt, von einem Orte zum andern fortrückt, sich in einem Wirbel drehet, und auf den Schiffen, oder wenn sie das Meer verläßt, zuweilen auch auf dem festen Lande große Verwüstungen anrichtet. Auf dem Lande entstehen nur seltner solche Wettersäulen, wobey sich entweder die herabgestreckte Wolke, oder die erhobene Säule von Staub, Sand und Erde mit schnellen Wirbeln fortbewegt und Häuser, Bäume und was sie auf ihrem Wege antrift, mit sich fortreißt und zerstöret. Die Säule hat zuweilen 50 Toisen im Durchmesser und breitet sich oben gegen die Wolke trichterförmig aus. Wenn sie aus dichtem Wasser besteht, ist sie durchsichtig, mehrentheils aber inwendig hohl und von aussen mit einer Menge zertheilter Tropfen umgeben, die um sie herum einen Regen verbreiten, durch den ihr Ansehn trübe und dunkel wird. Das Meer scheint unter ihr aufzuwallen und einen Rauch von sich zu geben, welcher nach der Säule zu in die Höhe steigt. Ihre Lage ist bald senkrecht, bald schief, bald krumlinigt; auch ihre Dauer ist verschieden. Oft verschwindet eine Wasserhose und sogleich kommen an demselben Orte wieder andere zum Vorschein. Die Alten kannten dieses Meteor, denn Lukrez a) beschreibt es schon. Die Schiffer pflegen gegen die Wasserhosen zu feuern, um sie dadurch zu zer-

zerstören. Beccaria führt an, daß sie sich zerstreuen sollen, wenn man scharfe Messer oder Degenklingen daran brächte. Musschenbroek erklärt die Wasserhose aus dem Zusammentreffen zweyer entgegengesetzter Winde, aber Andeloque aus parallelen Winden, die eine Wolke zwischen sich fassen und im Wirbel umtreiben; da aber die Wasserhosen fast immer bey vollkommener Windstille entstehen, so hat diese Erklärung wenig Beyfall gefunden. Forster sahe eine Wasserhose mit einem Blitze verschwinden. Beccaria ist der erste, der dieses Meteor 1753 für ein elektrisches Phänomen erklärte, welches durch die Anziehung zwischen der Wolke und der See oder dem Erdboden entstehe b), welches auch Franklin, Wilke, Brisson, Reimarus, Cavallo u. a. bestättigten. Cavallo hat auch durch einen Versuch, mittelst der Elektricität, die Wasserhose im kleinen nachgeahmt c). Doch ist damit der Grund der Wirbelbewegung noch nicht erklärt. Oliver hält die dichtere Luft, die in einen Ort, wo vorher Windstille und große Hitze war, plötzlich von allen benachbarten Gegenden hereinströmt, Perkins aber das Herabstürzen des Wassers aus den Wolken, für die Ursache der Wasserhosen. Prudhomme erklärt die Wasserhose aus den zusammenstoßenden, veränderlichen Winden, welche erst Luftwirbel erregen, und dann durch ihren Fortgang in verschiedenen Luftschichten Elektricität erzeugen d).

a) Lucrez, de nat. rer. Lib. VI. v. 423. seq. b) Beccaria Eletrticismo artificiale e naturale 1753. Bologne. c) Cavallo vollständige Abhandlung über die Electricität

Wasserketten. Wasserleitung.

Dritte Aufl. der Ueberf. S. 200. d) Gehler phyf. Wörterb V B. S. 996.

Wasserketten erfand um das Jahr 1680 der nürnbergische Kunstgießer, David Zeltner, der 1713 starb.

Merkwürdigkeiten der Stadt Nürnberg. S. 740. Kleine Chronik Nürnbergs. 1790. Altorf. S 89.

Wasserleitung ist ein Theil der Wasserbaukunst, da man das Wasser über Thäler und niedrige Ländereyen, entweder in einem auf Bogen liegenden Gerinne oder in Röhren von einem Orte zum andern leitet. Die Alten hatten schon viel Erfahrung in dieser Kunst; Sesostris ließ in Egypten Kanäle graben, die zur Bewässerung des Landes, zur Beförderung des Handels dienten und das Trinkwasser in die vom Nil entfernte Städte führten a), auch ließ er überall Erhöhungen von Erde oder Dämme von beträchtlichem Umfange aufwerfen, worauf die Städte und Dörfer gebauet wurden, damit sie zu der Zeit, wo der Nil austrat, sicher waren b). Die Egyptier leiteten schon das Wasser aus dem Nil zwey Meilen weit unter der Erde weg und um die Pyramiden herum, daß sie eine Art von Inseln ausmachten c). Auch die Semiramis in Babylonien legte Wasserleitungen an d). Die Babylonier gruben ohnweit Babylon einen ungeheuren See, der durch einen Kanal mit dem Euphrat in Verbindung stand, wenn nun der Euphrat anschwoll, leiteten sie einen Theil des Wassers in jenen See; ferner gruben sie auf beyden Seiten des Euphrats, um die Ueberschwemmungen dieses Flußes zu verhüten, zwey große Kanäle e); endlich fanden auch die Babylonier

die

Wasserleitung.

die Kunst, den Euphrat eben so durch ihre Felder zu leiten, wie es die Egyptier mit dem Nile machten f). Bey den Israeliten waren besonders die Wasserleitungen berühmt, die Salomo und Hiskia zu Jerusalem hatten anlegen lassen. Bis auf des Hiskia Zeit gieng die Salomonische Wasserleitung nur bis in den Teich Siloam oder Gihon, aber Hiskia leitete das Wasser durch Röhren aus dem obern Teiche in die Stadt Jerusalem, wo es sich in dem von ihm angelegten so genannten unterm Teiche sammelte, wodurch die Einwohner der Stadt mit dem nöthigen Wasser versehen wurden g). Ausserhalb der Stadt Bethulia war eine Quelle, aus der das Wasser durch Röhren in die Stadt geleitet wurde; Holofernes ließ bey der Belagerung der Stadt diese Röhren abhauen h).

Die Chineser, die in den Wasserleitungen viel Erfahrung hatten, erzählen, daß ihr Kayser Chao-hao den Lauf der Ströme frey gemacht habe.

Die Römer hatten ebenfalls berühmte Wasserleitungen; Ancus Marcius ließ schon eine in Rom anlegen i); eben dieses that Tarquinius Priscus nach 3370 v. E. d. W. Die Aquas Claudias oder die Wasserleitung des Claudius ließ Appius Claudius Coecus gegen das Jahr 444 u. R. Erb. anlegen k).

In Rußland sind so viele Ströme durch Kanäle vereiniget, daß man aus dem Caspischen bis in das weisse Meer bey Archangel fahren kann. Ludwig XIV vereinigte durch den Languedocker Kanal den Ocean mit dem Mittelländischen Meere. Der Kurfürst von Brandenburg, Friedrich Wilhelm der Große, vereinigte durch den sogenannten neuen Graben die Spree

F 2   mit

84 Wasserleitung.

mit der Oder, und der König von Preussen, Friedrich der zweyte, vereinigte durch den Brombergischen Graben die Oder mit der Netze.

Zu Augspurg gehen unterirdische Kanäle durch den obern Theil der Sadt, die so alt sind, daß man geneigt ist, sie für ein Denkmal der römischen Kolonie zu halten l). Zur Abführung der Unreinigkeiten waren schon im Jahr 1264 Kanäle in Augsburg, wie eine alte Urkunde ausweiset m). Im Jahr 1412 machte Leopold Karg einen Anschlag zu neuen Wasserleitungen in Augsburg, aber die Ausführrnng gelang nicht; erst im Jahr 1416 führte Hans Felber aus Ulm diese Sache besser aus n).

Im Jahr 1684 untersuchte Philipp de la Hire, der Vater, den Lauf des Flußes Eure und da er ihn zu Wasserleitungen brauchbar fand, wurden davon die Wasserleitungen zu Versailles angelegt.

Der Zirkelschmidt Joh. Carl Heinze in Dippoldswalde erfand ein Druckwerk, das von einzelnen Personen dirigirt werden und womit man entlegene oder vorbeyfließende Wasser mit leichter Mühe über Berg und Thal schaffen kann o).

Im Oestreichischen hat man eine Maschine erfunden, welche auf Art eines Pflugs eine anderthalb Schuh tiefe und 6 bis 8 Schuh breite Furche gräbt; die Probe damit erhielt Beyfall und man beschloß diese Maschine bey dem Bau des Kanals in Ungarn anzuwenden p).

a) Herodot. II. n. 108. b) Herodot II. n. 137. c) Herodot. II. n. 124. d) Goguet vom Ursprunge der Gesetze. 1Th. IIB. Kap. 5. S. 169. e) Herodot I. n 185. f) Herodot. I. n. 193. g) 2 Könige 20, 20. 2 Chron. 32, 30.

h) Judith 7, 6. i) Plin. XXXI. 7. k) Eutrop. Brev. Lib. II. c. 5. §. 27. l) Kunst= Gewerb= und Handwerks=Geschichte der Reichsstadt Augsburg von Paul von Stetten dem jüngern 1779. S. 86. m) Ebendas. II Th. 1788 S. 27. n) Ebendas. I Th. 1779. S. 145. o) Anzeiger 1791. Nr. 124 4tes Quartal. S. 958. p) Frankfurter Kaiserl. Reichs= Ober= Post= Amts= Zeitung vom 2 Jul. 1793.

Wasserleitungs=Maschine; von der zu Marly ist unter der Benennung **Maschine zu Marly** das Nöthige angeführt worden. Eine neue Wasserleitungs=Maschine erfand Klockow; man sehe

Klockow neue Wasserleitungs=Maschine. 1760. 8.

Wassermaschine erfand De Francini a); eine andere die sich das Wasser beym Feuerlöschen selbst schafft, erfand Herr Secret. Schröder zu Gotha b). Nachher bot Herr Frouville-der National=Versammlung eine sehr einfache Wassermaschine an, die dazu dient, das Wasser der Seen und Teiche in die Höhe zu heben und auf dürre trockene Ebenen zu leiten, die Maschinen, wo das Wasser vermittelst des Feuers in Bewegung gesetzt wird, mit kaltem Wasser in den Gang zu bringen. Die Akademie der Wissenschaften beehrte diese Erfindung mit ihrem Beyfall c).

a) J. A Fabricii Allgem. Hist. der Gelehrs. 1754 3 B. S. 1037. b) Journal von und für Deutschland. 2ter. Th. S 368. vom Jahr 1787. c) Frankfurter Kaiserl. Reichs= Ober= Post= Amts= Zeitung 1790. Nr. 166. vom 16 Oct.

Wassermicroscop s. Microscop.

Wassermühlen. Der Erfinder der Wassermühlen ist noch unbekannt; ihre Erfindung scheint aber in die

Zeiten des Mithridates, der 3931 starb, zu fallen, denn Strabo, der zur Zeit des Augustus lebte, erzählt, daß neben der Residenz des Mithridates eine Wassermühle gestanden habe; man kann daher annehmen, daß die Wassermühlen zur Zeit des Mithridates in Asien bekannt waren. Lucretius, der 3931 starb, gedenkt der vom Wasser getriebenen Räder und Schöpfräder. Pomponius Sabinus setzt die Erfindung der Wassermühlen in die Zeiten des Julius Cäsar a). Le Prince will durch ein Epigramm des Antipater, der zur Zeit des Cicero lebte, beweisen, daß die Wassermühlen zur Zeit des Cicero schon bekannt waren b). Zur Zeit des Augustus waren die Wassermühlen bereits in Rom bekannt, obgleich der Gebrauch der Roß- und Handmühlen dabey noch fortdauerte. Im Vitruv c) kommen hydraulæ vor, wofür andere hydromylæ lesen; es waren Schöpfmühlen, die von Menschen getreten wurden, oder, nach andern, Getraidemühlen mit unterschlächtigen Wasserrädern, woraus man sieht, daß zu des Augustus Zeit die Wassermühlen bekannt, aber, nach Vitruvs Aussage, nur noch in geringer Anzahl vorhanden waren. Einige meynen, Vitruv habe die Wassermühle, von der er redet, zu Ende der Regierung des Julius Cäsar, selbst erfunden. Indeßen sieht man aus seiner Beschreibung von einem tympano ad molendam farinam in flumine exstructo, daß diese Maschine damals bey weiten noch nicht so vollkommen war, wie die Wassermühlen in spätern Zeiten. Etwa 60 Jahre nach dem Vitruv gedenkt Plinius d) der vom Wasser getriebenen Räder, die zum Mahlen des Getraides gebraucht wurden;

hier-

Wassermühlen.

hieraus sieht man zwar, daß es zu seiner Zeit in Rom Wassermühlen gab, aber sie waren doch noch selten und andere Arten der Mühlen wurden noch häufig dabey gebraucht. Im zweiten Jahre der Regierung des Caligula wurden noch die meisten Mühlen in Italien von Pferden getrieben. Erst unter der Regierung des Arkadius und Honorius, und zwar im Jahr 398. n. C. G. wird der öffentlichen Wassermühlen zu Rom in den Gesetzen gedacht.

In Deutschland wurden die Wassermühlen frühzeitig bekannt; aus dem 82ten Kapitel der Alemannischen Gesetze erhellet schon, daß die Alemannen Wassermühlen hatten und man vermuthet, daß die Franken sie noch eher kannten. Ausonius, der im Jahr 379 n. C. G. berühmt war, erzählt, daß an dem Kyllflusse und an dem Ruwerflusse bey Trier von den Römern Wassermühlen zu Marmorsägen angelegt waren e). Auch hält man die Wassermühlen mit oberschlächtigen Rädern für eine eigne Erfindung der Deutschen.

Gregorius von Tours, der im sechsten Jahrhundert lebte, gedenkt einer Wassermühle vor der Stadt Dijon folglich sind die Wassermühlen in Frankreich älter, als Mabillon glaubte f), der erst bey dem Jahr 1195 ein Document anführt, in welchem Graf Wilhelm von Mortain dem Abte Vital von Sevigni versprach, eine molendinam ad aquam et ventum zu bauen.

Wenzel Hagec in seiner böhmischen Chronik behauptet, daß die erste Wassermühle in Böhmen im Jahr 718 erbauet worden sey, da man bisher nur Wind-

Waſſermühlen.

mühlen gehabt hatte, aber Hering g) ſagt, daß i. J. 718 die erſte Windmühle in Böhmen erbauet worden ſey.

Kayſer Heinrich I bauete im Jahr 922 auf dem Platze, wo eine Mühle ſtand, die Stadt Goslarh); im Jahr 956 war in Weſtphalen im Bergiſchen eine Mühle i); im Jahr 1012 hatte Augsburg bereits Mühlen k);

Die Kunſt, Ebbe und Fluth zum Treiben der Mühlen zu benutzen, erfand ein Zimmermann in Dünkirchen, wie einige melden l); Zanetti zeigt indeßen, daß ſolche Waſſermühlen, die ſich nach Ebbe und Fluth richten, ſchon in den Jahren 1044. 1078. 1079 und 1107 vorhanden waren.

Im Jahr 1159 rechnete Kayſer Friedrich I die Waſſermühlen ausdrücklich zum Waſſer-Regal.

Die Einrichtung, das Mehl zu beuteln, wurde bey den Waſſermühlen erſt im 16ten Jahrhundert eingeführt; vorher bediente man ſich der Siebe, die man mit der Hand bewegte m).

In dem Städtchen Lempſal, in Liesland, hat der Schmidt Heine eine Waſſermühle verfertiget, die, ohne an einem Bach oder Flüßchen zu ſtehen, immer mahlen kann. Die Mühle beſteht aus einem großen Waſſerrade, über demſelben iſt ein bretternes mit einer kleinen Schleuſe verſehenes Waſſerbehältniß, welches acht bis zehn Tonnen faßt. Das Waſſer fällt nach aufgezogener Schleuße in das Rad und ſetzt es in Bewegung, ſammelt ſich aber unter dem Rade wieder in ein anderes Waſſerbecken. Die Bewegung des Rads treibt nicht nur das Kammrad, ſondern da die eiſerne Achſe dieſes großen Waſſerrads auf beiden Seiten

als

Wassermühlen. Wasserorgel.

als ein Zickzak ausgebogen ist, so setzt es zugleich auch noch acht Pumpen in Bewegung, welche das herabgefallene Wasser aus dem untern Becken wieder in die Höhe treiben und in das obere Bassin zurückgießen. Den Abgang des Wassers zu ersetzen, gießt man von Zeit zu Zeit ein Paar Eymer Wasser zu n).

a) Vollständige theoretische und praktische Geschichte der Erfindungen. Zürch. 1789. III. S. 62. folg. b) Journal des savans. 1779 4. S. 504. c) Vitruv. Architect. lib. X. c. 10. d) Plin. N. H. Lib. XVIII. sect. 23. e) Memoires de la societé des Antiquités de Cassel. T. I. 1780. f) Mabillon Tract. de Molendinis. p. 45. Ed. 4. bey dem Jahr 1105. das Document aus den anal. benedict. T. V. p. 474. Beckmanns Beyträge zur Geschichte der Erfindungen. Band II. St. 1. N. 1. g) Hering in Tr. sing. de Molendinis. 1625. p. 45. h) Wolterus in Chronic. Bremens. apud Meibom. T. II. p. 39. i) Harenbergii hist. eccles. diplom. Tab. II. k) Kunst- Gewerb- und Handwerks-Geschichte der Reichsstadt Augsburg von Paul von Stetten dem jüngern. 1779. 1 Th. S. 138. l) Vollständige theor. und prakt. Gesch. der Erfindungen. Zürch 1789. a. a. O. m) Antipandora I. S. 446. n) Allgem. deutsche Biblioth. 3 B. 2. St. 5—8 Heft. Kiel. 1793. S. 517. Neue Nordische Miscellaneen 1 B. S. 508.

Wasserorgel wird von einigen für eine Erfindung der Griechen, von andern für eine Erfindung der Egyptier gehalten. Gewiß ist, daß beide Nationen Künstler hatten, die Wasserorgeln erfanden, wie man aus dem folgenden sehen wird, aber der erste Ursprung der Wasserorgeln ist noch immer in Dunkelheit gehüllt. Aus der Stelle des Tertullian a): „specta portentosissimam Archimedis munificentiam, organum hydraulicum dico, tot membra, tot partes, tot compagines, tot itinera vo-

vocum, tot compendia sonorum, tot commertia modorum, tot acies tibiarum et una moles erunt omnia." schließen einige, daß Archimedes, der in der 143ten Olympiade zu Syracusa starb, die Wasserorgeln erfunden habe. Allein seine Wasserorgel, die schon mehrere Reihen von Pfeifen hatte, wird in der gedachten Stelle des Tertullians als ein so vollkommenes Kunstwerk beschrieben, daß es wohl nicht das erste seiner Art gewesen seyn kann. Es ist vielmehr zu vermuthen, daß das Alter der Wasserorgeln noch über den Archimedes hinausreicht, daß aber Archimedes die Wasserorgeln sehr verbesserte. Vitruv b), Plinius c), und Athemäus d) schreiben die Erfindung der Wasserorgeln dem Ctesibius in Alexandrien zu; dieß kann aber noch weniger von der ersten Erfindung der Wasserorgeln zu verstehen seyn, wenn Ctesibius wirklich später als Archimedes, nemlich in der 165ten Olympiade, im Jahr 634 n. R. E. oder 120 Jahr vor Christi Geburt, unter dem egyptischen Könige Ptolemäus Physcou, lebte. Doch glauben viele, daß Ctesibius 245 Jahr vor C. G. mithin auch früher, als Archimedes gelebt habe. Nur so viel erhellet aus den angeführten Schriftstellern, daß Ctesibius auch eine Wasserorgel erfand, von denen es verschiedene Arten gab. Einige meynen, das Ctesibius seine Kunst von dem Alcides gelernt habe, Athenäus meldet indeßen, daß Plato eine Uhr verfertigte und dadurch den Ctesibius auf die Erfindung der Wasserorgel leitete, da hingegen Vitruv behauptet, daß Ctesibius durch eignes Nachdenken über das Geräusch des Wassers und über die verschiedenen Töne, die der Druck der Luft auf das Wasser verursacht; auf diese

Er=

Wasserorgel.

Erfindung gekommen sey. Einige halten dafür, daß zur Zeit des Ctesibius schon eine Windorgel vorhanden gewesen sey, an der Ctesibius den Gebrauch des Wassers anbrachte, welches dem zu starken Winde zum Gegengewicht diente, woraus dann seine Wasserorgel entstand. Jene Windorgel soll eine Sackpfeife gewesen seyn, in der viele Röhren stacken; an dieser schaffte Ctesibius den mit Luft gefüllten ledernen Schlauch ab, brachte festere Luftbehältniße an und setzte der Luft durch den Gegendruck des Wassers ein Ziel e). Die Orgel des Ctesibius hatte ein Register und wurde mit der Claviatur gespielt; man findet ihre Beschreibung beym Salmasius f).

Aus den so verschiedenen Beschreibungen, welche die Alten von den Wasserorgeln geben, erhellet sattsam, daß es mehr als eine Art von Wasserorgeln gab. Nach Philons Angabe war bey einer solchen Orgel statt des Blasebalgs ein metallener Zylinder mit einem Kolben. Die Luft wurde in einen umgekehrten metallenen Trichter geblasen und trieb das darinn am Boden befindliche Wasser in einen den Trichter ganz umschließenden Kasten durch die Oefnung am Boden des Trichters heraus. Dadurch wurde die Luft, sowohl im Trichter, als im Kasten, wenn dieser ganz geschlossen war, zusammengepreßt, wie es etwa in den Windkeßeln der Feuerspritzen geschieht; man erhielt dadurch einen ziemlich gleichen Druck und eben daher auch eine gleiche Stärke des Tons.

Die Beschreibung, welche Vitruv ein Zeitgenoße des Augustus, von der Wasserorgel giebt, ist sehr dunkel, worüber auch der Herr Superintendent Spohsel in seiner Orgelhistorie klagt; wenn man dieselbe mit derjenigen Beschreibung vergleicht, die Porphyrius in seinem Lobgedichte auf Constantin den Großen von den Wasserorgeln giebt, so bestand die Wasserorgel aus einem länglich viereckigen Fußgestelle von Holz, auf welchem ein kupferner Kasten ruhete. Dieser Kasten war mit einer metallenen und durchlöcherten Platte versehen in welche die Pfeifen eingesetzet wurden. Da der Kasten die Stelle des Blasebalgs vertreten mußte, so waren zum Windfange drey kupferne Gefäße darinn angebracht, ein größeres in der Mitte und zwey kleinere auf beyden Seiten, die aber oberwärts durch gekrümmte kupferne Röhren mit einander verbunden wurden. Die beiden kleineren Gefäße waren eine Art von Luftpumpen. Auf beyden waren kupferne Figuren von Meerschweinen angebracht, die auf zwey dünnen metallenen Stäben ruheten. Diese Stifte giengen durch den Deckel in das cylindrische Gefäß und griffen in ein inwendiges kegelförmiges Gewicht ein, durch dessen Aufheben und Niederlassen Luft gemacht wurde. Mit diesen Gewichten erhob sich zugleich das oben aufliegende Meerschwein oder senkte sich nieder und sie wurden durch einen unter dem Kasten angebrachten Hebel regiert. Die in diesen beyden Seitengefäßen zusammengepreßte Luft wurde nun, vermittelst der krummen Röhren, in das mittlere größere Gefäß, welches ein Wasserbehältniß war, geschafft. In demselben war eine runde, aber nicht ganz platte, sondern auf der einen Seite hohle Scheibe, welche zwar an den Seiten des Gefäßes dicht anlag, aber doch auf und nieder gedrückt werden konnte, ohne Wasser durchzulaſlaſſen. In der Mitte des Gefäßes, über der runden Scheibe war eine Windröhre, welche an die obere metallene Platte anſtieß. Wenn nun die Luft aus den kleineren Gefäßen durch die krummen Röhren in das größere Gefäß geleitet wurde, ſo erhob ſich die Scheibe, die aber bald durch den Druck des über ihr ſtehenden Waſſers wieder herunter geſenkt wurde. Durch dieſen Druck der Luft und den Gegendruck des Waſſers wurde die mittlere Windröhre mit Luft angefüllt, welche mit Heftigkeit in den Windfang eindrang, und ſich in die Pfeifen vertheilte, welche alsdann nach ihrer verſchiedenen Größe einen verſchiedenen Ton angaben. An den Seiten der Pfeifen waren die Regiſter, um die Mündungen der Pfeifen zu öfnen oder zu verſchlieſſen, und dieſe Regiſter wurden durch eine Claviatur regiert.

Die Nachricht, welche Heron von dem Bau der Waſſerorgel giebt, iſt zwar nicht viel deutlicher, als Vitruvs Beſchreibung, aber ſie iſt doch in dem Punkt, der den Gebrauch des Waſſers betrift, viel unterrichtender.

Zur Zeit des Nero, der vom Jahr 54 bis 68 nach Chriſti Geburt regierte, hatte man ſchon neue Erfindungen bey den Waſſerorgeln, bis jetzt kann aber noch noch nicht beſtimmt werden, worinn ſie beſtanden. Sueton ſagt nemlich im Leben des Nero g): „reliquam diei partem per organa hydraulica novi et ignoti genesis circumduxit".

Man hat eine Beſchreibung einer Waſſerorgel vom Kayſer Julian, der von 361 bis 363 n. C. G. regierte, werworinn der Pfeifen, der ledernen Blasebälge und des Claviers ziemlich deutlich gedacht wird h).

Hieronimus fand um das Jahr 400 n. C. G. eine Wasserorgel in Jerusalem, die 15 Pfeifen hatte, welche aber ziemlich groß gewesen seyn müssen, weil ihr Ton mit dem brüllenden Donner verglichen wird i).

Aus den Worten des Claudians k) erhellet, daß man auch schon ein Pedal bey den Wasserorgeln hatte, wenn es auch nur dazu diente, die Luft in die beyden zylindrischen Gefäße einzupumpen; es heißt daselbst:

Et qui magna levi detrudens murmura tactu Innumeras voces segetis moderator ahenx Intonat erranti digito, *pedibusque trabali Vecte laborantes* in carmina concitat undas.

Die Claves waren bey den Wasserorgeln so breit, daß man sie mit Fäusten schlagen mußte, daher der Ausdruck kam: die Orgel schlagen.

Den Gebrauch des erwärmten Wassers bey den Wasserorgeln soll Gerbert, nachmaliger Pabst Sylvester II. i. J. 997. erfunden haben.

Zu den Verbesserungen der neueren Zeiten gehört, daß man die Pfeifen von Gold, Silber und auch von Glas machte. Leander, der zu Venedig eine solche Hydraule mit gläsernen Pfeifen sah, gedenkt zugleich eines Neapolitanischen Künstlers, der dem Herzog Friedrich von Mantua eine Hydraule aus Elfenbein verfertiget hatte l).

Carl Patin hat einige Münzen in Kupfer stechen lassen, auf welchen Hydraulen vorgestellt sind, die man in der Grävischen Ausgabe des Suetons S. 50. und in der Patinischen S. 324. findet; allein sie stimmen

nicht

Wasserorgel. Wasserpresse.

nicht mit der Vitruvischen Beschreibung überein und stellen also wohl besondere Arten der Wasserorgeln vor.

Gottfried Ephraim Müller hat seinem historisch-philol. Sendschreiben von den Orgeln. Dresden. 1748. 8. einen Kupferstich von der Wasserorgel, die Vitruv beschreibt, mit einer kurzen Erklärung beygefügt.

Georg Gottfried Hutschenreiter, Rector der Klosterschule zu Magdeburg, beschrieb die Hydraulen in einem Programm, das 1747 zu Magdeburg gedruckt wurde.

a) Tertullian de anima c 24.   b) Vitruv. Architect. Lib. IX cap. 9.   c) Plin. N. H. Lib. VII. cap. 37.   d) Athenæus Deipnosoph. IV. cap. 24.   e) Forkels allgem. Geschichte der Musik Th. I. S. 417.   f) Salmasius ad solinum p. 637.   g) Sueton. in Nerone cap. 41   h) Anthologia græca. Lib. I. cap. 64.   i) Hieronym. Oper. T. IV. p. 150.   k) Claudian. in paneg. in consul. Manlii Theodori v. 314.   l) Simon Majolus in diebus canicularibus. T. I. p. 773. führt dieses aus Leandri Descriptione Tusciæ an.

Wasserpresse ist eine Presse, worinn das eben fertige Papier gepreßt wird und die deswegen Wasserpresse heißt, weil sie durch das Wasser in Bewegung gesetzt wird. Bey den gewöhnlichen Pressen wird die Spindel durch einen Hebel umgetrieben. Um 182 ebengeformte Bogen zu pressen, muß die künstlich hervorgebrachte Last einer Schwere 280 bis 320 Centner gleichen, wozu die Kraft von 4 bis 5 Menschen erfordert wird, die, vermittelst eines Hebels von 13 bis 15 Fuß Länge, die Presse treiben müssen. Wenn diese wenige Menschen dasselbe Geschäfte täglich einige 30 mal wiederholen müssen, so wird ihnen diese Arbeit sehr sauer.

Wasserpresse. Wasserschild.

Um ihnen diese Arbeit zu erleichtern und noch wenigere Menschen bey der Presse nöthig zu haben, hat man schon lange darauf gedacht, diese Pressen durch das Wasser in Bewegung zu setzen, welches schon die übrigen Maschinen einer Papierfabrik in Bewegung setzt, und deswegen mancherley Vorrichtungen erfunden. Die vorzüglichste ist die Wasserpresse, wo die Spindel durch die Schraube ohne Ende und durch das horizontalliegende Stirnrad welches an die Spindel befestiget ist, vermittelst der Welle und eines an der Welle angebrachten Wasserrades herumgetrieben wird. Der Papierfabrikant, Herr Schmidt zu Hasenburg bey Lüneburg hat diese Wasserpresse vor einigen Jahren zuerst auf seiner Fabrik angelegt.

  Journal für Fabrik, Manufakt. Handl. und Mode. 1796. May. Seite 365. folg.

Wasserpumpe erfand Ctesibius von Alexandrien. vergl. Pumpe, Schiffpumpe.

Wassersäulenmaschine; Winterschmied erfand sie auf dem Harze; der Bergmechanikus Mende hat sie sehr simplificirt und sie zur Verschaffung mehrerer Wasserloosung im Sächsischen Gebirge angebracht.

  Wittenberg. Wochenblatt. 1769. 2 B. 48 St. S. 403.

Wasserschild des Johann Christoph Wagenseil, eines Professors zu Altorf, war ein aus dünnen Spänen zusammengefügtes Gerüst von Holz, welches die Gestalt eines nicht zu hohen Mühlsteins und in der Mitte eine Höhlung hatte, daß es den Leib eines Menschen umschließen konnte; inwendig war dieser Wasserschild hohl, so daß man einige leichte Reisebedürfnisse dar-

Wasserschild. Wasserschleuder.

darinn verwahren konnte; er sollte dazu dienen, sich bey Ueberschwemmungen zu retten und sich auch in Strömen aufrecht zu erhalten. Wagenseil machte in Gegenwart Kaiser Leopold I. auf der Donau in Wien die Probe damit, die aber der Erwartung nicht entsprach a). Auch war Wagenseil nicht der erste Erfinder desselben, indem Magnus Pegelius, Professor zu Helmstädt schon 1604 eine ähnliche b) Erfindung bekannt machte. Vergl. Luftgürtel.

a) Acta Erudit. 1691. p. 17. b) Magni Pegelii Thesaurus rerum selectarum. p. 126.

Wasserschleuder. Herr Carl Immanuel Löscher in Freyburg machte den 4ten Febr. 1795 bekannt, daß er zweyerley Arten von Wasserschleudern erfunden habe, die bey Feuerkünsten vortheilhaft gebraucht werden können. Mit der erstern Art kann gleich eingeschöpft und durch die Kraft eines einzigen Mannes auf jeden Schwung 1 und eine halbe Dresdner Meßkanne Wasser nach allen Richtungen bequem geschleudert werden. Die Höhe, zu welcher es geworfen werden kann, verhält sich wie der Schwung und das Wasser fällt in sehr großen Tropfen aus der Höhe herunter. Bey der zweyten Art wird das Wasser in einen Papiersack gegossen, dieser wird nach der Füllung oben zugewikkelt, in die Schleuder gethan und dann geworfen, wodurch das Wasser, ohne daß der Sack zerreißt, oder ein Tropfen verloren geht, bis aufs höchste Gebäude gebracht werden kann. Aus 24 Bogen Conceptpapier können 42 solche Säcke mit Stärkenkleister gemacht werden. Hier kann auch unreines Wasser

Wasserschraube. Wassersehrohr.

benutzt werden. Jede Schleuder wirft in einer Minute 10 mal. Beyde Schleudern kosten 5 Rthlr.

Intelligenzblatt der Allgem. Literatur-Zeitung 1794. Nr. 21. S. 165. 166.

Wasserschraube, cochlea Archimedis, ist eine zur Erhebung des Wassers dienende Maschine, welche aus einer hohlen Röhre besteht, die nach Art eines Schraubengangs um eine schiefliegende Spindel gewunden ist. Das Wasser steigt in dieser sehr einfachen Maschine vermittelst seines eignen Gewichts, kann aber nicht sehr hoch getrieben werden. Gewöhnlich schreibt man die Erfindung derselben dem Archimedes von Syracusa zu, aber Bayle zeigt, daß schon Conon von Samos eine solche Maschine erfunden habe a). Auch behaupten einige, daß schon die älteren Egyptier sich dieser Maschine zur Austrocknung der vom Nil überschwemmten Wiesen bedient haben sollen. Bernoulli, Pitot, Euler, Hennert und Karsten b) haben sich bemüht, die Theorie dieser Maschine zu entwickeln.

a) Bayle Hist. krit. Wörterbuch, unter Conon. J. A. Fabricii Allgem. Hist. d. Gelehrs. 1752. 2 B. S. 196.
b) Karsten Lehrbegriff der gesammten Mathematik 6ter Th. Greifswalde. 1771. 36 u. 37. Abschnitt.

Wassersehrohr ist ein hohler, abgekürzter, hölzerner Kegel, der aus dem Ganzen gebohrt, lackirt und mit 12 dünnen eisernen Ringen besetzt ist, die einen halben Fuß weit von einander stehen, damit die Röhre Wasserdicht bleibt und sich nicht wirft. Das ganze Instrument ist 6 Fuß lang. Am weitesten Ende ist ein zinnerner Ring angepaßt, in den ein rundes Glas einge-
küt-

Wassersehrohr. Wassertreter.

küttet wird. Den zinnernen Ring umschließt ein größerer bleyerner Ring, welcher 5 Lißpfund, 15 Mark wiegt (ein Lißpfund ist so viel, als 14 unsrer Pfunde), um das Werkzeug ins Wasser zu senken. Mit diesem Wassertubus kann man den Boden der See auf eine gedoppelte und noch größere Tiefe sehen, als er sich dem blosen Auge darstellt, indem durch dessen Hülfe die Brechung der Strahlen vermieden wird, welche die Bewegung des Wassers auf seiner Oberfläche verursacht, und der Weg, durch den das Licht vom Boden nach dem Auge zu gehen müssen, wird so lange von dem Erdschlamme des Wassers rein gehalten, als das Sehrohr im Wasser steckt. Vorn an der kleinsten Mündung ist ebenfalls ein glattes kleineres Sehglas eingeküttet, damit das Wasser nicht in die Röhre dringen möge. Inwendig wird das Rohr schwarz angestrichen, dann kann man damit versunkene Körper unter dem Wasser entdecken.

Halle fortges. Magie. 1 B. 1788. S. 239.

Wassertreter, darunter versteht man die Meister in der Schwimmkunst, die sich durch bloße Bewegung der Füße im Wasser aufrecht erhalten und nicht weiter, als bis an die Mitte des Körpers eintauchen (Vergl. Schwimmkunst). Im Jahr 1747 legten einige Sclavonier glückliche Proben im Wassertreten ab. Da es aber nur wenige Menschen bis zu dieser Fertigkeit bringen, so hat man schon lange auf Hülfsmittel gedacht, welche das Wassertreten erleichtern a). Schon der Wasserschild des Magnus Pegelius diente dazu (siehe Wasserschild). Auch hatte Franz Keßler, ein Maler zu Wetzlar, schon vor dem Jahr 1617 Mittel erfunden, durch deren Hülfe er sicher über Wasser gehen und Sachen unbenetzt mit sich hinüber nehmen konnte. Wagenseil, der Engländer Wilkinson und der Jesuit Jung zu Maynz haben diese Kunst verbessert. Am 5ten Sept. 1785 machte ein Spanischer Wassertreter, in dem Bezirke von La Rapee, seinen ersten öffentlichen Versuch, er gieng mit großen Schuhen bald dem Strome nach, bald den Strom hinauf, stand oft stille, bückte sich und schöpfte Wasser mit der hohlen Hand und hielt sich 15 Minuten auf dem Wasser auf b). In Mayland erfanden die Brüder Gerli eine Maschine, mit der man bis an die Brust im Wasser gehet, aber mit Händen und Armen alle Bewegungen machen kann c). Der Professor Carnus in Rodez geht mit zwey hohlen Ellypsoiden von Holz, die er an die Füße bindet, und vermittelst zweyer Stöcke, an denen unten wieder solche Hohlkugeln befestiget sind, auf dem Wasser; er selbst gesteht aber, daß es nicht ohne Schwierigkeiten geschieht d). Karl Kunz aus Augsburg erfand eine Maschine, mit der er auf dem Wasser gieng und verschiedene Kunststücke machte. Er machte zu Wien, Presburg und 1786 auch zu Prag auf der Moldau Proben damit e). Am 30sten März, 1790. machte ein ehmaliger Lakai Friedrichs des Einzigen in Berlin die erste Probe, mit einer von ihm selbst erfundenen Wassermaschine, durch deren Hülfe ein Soldat mit seinen Waffen und mit seiner Equipage, wie er ins Feld marschirt, über einen Strom oder See gehen kann. Sie besteht in zwey großen weiten ledernen Stiefeln, die bis über die Hüfte gehen. Oben befindet sich

Waffertreter. Wafferuhr.

sich eine Art von einer kleinen ledernen Wanne, die um den Leib geht und worinn die Patrontasche, Tornister und Brodbeutel gelegt werden, um das Gleichgewicht zu halten und dem Mann im Gehen nicht beschwerlich zu fallen. Jeder Stiefel hat unten zwey Bleche, wie Floßfedern, die sich zuthun, wenn der im Wasser stehende Mann den Fuß hebt und sich öfnen, wenn er den Fuß niedersetzt. Diese Maschine ist mit zwey großen Riemen, die kreuzweis über beyde Schultern gehen, befestiget, doch so, daß der damit bekleidete Mann den Obertheil des Körpers frey hat und ungehindert sein Gewehr laden und losschießen kann. Man kann diese Maschine so zusammenlegen, daß man sie beym Marsch über den Tornister aufbinden kann; sie ist leicht und doch dauerhaft. Die erste Probe, die der Erfinder in der Spree machte entsprach allem, was er vortheilhaftes davon gesagt hatte f)

a) Jablonskie Lex. Leipzig. 1767. II S. 1353. b) Erlanger polit. Zeitung. 1785. Nr. 76. den 30ten Sept. c) Allgem. Lit. Zeitung 1785. Nr. 231. d) Ebendas. Nr. 269. e) Kunst- Gewerb- und Handwerks-Gesch. der Reichsstadt Augsburg. 1788. II Th. S. 176. f) Erlanger Real-Zeitung 1790. Nr. 32. den 23 April. S. 290. 291.

Wasseruhren sind Maschinen, mit welchen man durch Hülfe des Tropfenweise ablaufenden Wassers die verflossene Zeit bestimmen kann. Es gab vielerley Arten derselben, die aber meistens darinn übereinkommen, daß das Wasser durch ein kleines Loch eines Gefäßes in ein anderes fiel, worinn ein leichter Körper schwamm, der die Höhe des Wassers und dadurch die verflossene

Zeit anzeigte. Die Erfindung der Wasseruhren ist überaus alt und reicht über alle uns bekannte schriftliche Nachrichten hinaus. Die Egyptier sagen, Hermes Trismegistus oder Merkur sey der Erfinder derselben, dieser habe beobachtet, daß der Kynokephalos, ein dem Serapis geheiligtes Thier, des Tages zwölfmal in gleichen Zeiträumen sein Wasser gelassen habe, welches ihn veranlaßte eine Maschine zu machen, die eben diese Wirkung that und den Tag in 12 gleiche Theile theilte a); auch Pierius schreibt, die Egyptier hätten in der Stadt Achanta nächst dem Nil ein großes Gefäß, das ihre Priester mit Wasser füllten, um damit die Stunden abzumessen.

Auch bey den Chinesen sind die Wasseruhren von einem hohen Alter. Sie bedienten sich eines runden Gefäßes, welches unten ein Loch hatte und auf das Wasser gesetzt wurde, wie nun das Wasser eindrang, sank das Gefäß nach und nach nieder und zeigte die Theile der Zeit an.

Vitruv b) und Athenäus schreiben dem Ctesibius von Alexandrien die Erfindung der Wasseruhren zu, welches aber nicht von der ersten Erfindung der Wasseruhren, sondern nur von einer besondern Art derselben zu verstehen seyn kann. Die Zeit, wenn Ctesibius lebte, ist noch nicht ganz genau bestimmt; einige meynen, 245, andere, 150, und noch andere 120 Jahre vor Christi Geburt; vermuthlich hat man mehrere dieses Namens mit einander verwechselt. Die Wasseruhr des Ctesibius hatte auch Räder mit Zähnen, wodurch kleine Bilder oder Figuren bewegt wurden.

Im

Im Jahr 595 nach Roms Erbauung oder 157 Jahr vor C. G. führte der Censor P. Cornelius Scipio Nasica, ein College des Länas, zuerst den Gebrauch der Wasseruhr in Rom ein, er befestigte sie unter dem Dache und machte durch ihre Hülfe die Tag= und Nachtstunden einander gleich c). Man weiß nicht, ob diese Wasseruhr mit der Clepsydra, einer griechischen Erfindung, die man im dritten Consulat des Pompejus in den römischen Gerichten brauchte, um den rechtlichen Zänkereyen gewisse Schranken zu setzen und auch des Nachts die Zeit zur Ablösung der Wachen zu bestimmen, einerley gewesen sey d). Martinelli behauptet, die Wasseruhren der Römer wären blos ein kleines Gefäß gewesen, welches auf dem Wasser schwamm und mit einer Ruthe versehen war, die, nachdem das Wasser aus einem andern Gefäße herabtröpfelte, emporstieg und die Stunden auf einem gegenüber befindlichen Maaße anzeigte e). So oft man sich ihrer bedienen wollte, mußte man das Wasser aus dem untern Gefäße in das obere schütten e). Sie waren also ganz verschieden von der Wasseruhr des Ctesibius. Im Jahr 490 n. C. G. schickte Theodorich, König der Ostgothen in Italien, dem König Gundebald von Burgund eine Wasseruhr, die alle Bewegungen des Himmels anzeigte, zum Geschenk; der Erfinder derselben war Cassiodorus. Die Uhr des Boethius im 5ten Jahrhundert, wie auch die horologia nocturna werden ebenfalls für Wasseruhren gehalten. Die Gesandten des persischen Königs Aaron überreichten im Jahr 809 n. C. G. Karl dem Großen eine eherne Wasseruhr zum Geschenk.

Die walzenförmigen Wasseruhren sind hohle blecherne cylindrische Maschinen, wo der Durchmesser der Grundfläche wenigstens 2 und ein halbmal größer ist, als die Höhe des Cylinders. Inwendig ist der Cylinder mit Fächern versehen, die zum Theil mit Wasser angefüllt sind, welches durch ein kleines Loch aus einem Fache ins andere tröpfelt, wodurch ein langsames Umdrehen des ganzen Cylinders verursacht wird. Je genauer das Wasser in den Fächern abgemessen ist, desto richtiger zeigt die Uhr die Stunden an. Man hält gemeiniglich den Carl Vailly, einen Benediktiner von der Brüderschaft St. Maur zu Sens in Bourgogne für den ersten Erfinder dieser cylindrischen Wasseruhren und es kann auch nicht geläugnet werden, daß er im Jahr 1690 eine solche Uhr verfertigte f); aber der erste Erfinder derselben ist er nicht, denn der Pater Dominicus Martinelli von Spoleto beschrieb schon 1663 eine solche Wasseruhr in seinem zu Venedig gedruckten Commentar von den Elementar-Uhren. Die cylindrischen Wasseruhren scheinen also eine italienische Erfindung zu seyn, die in die Mitte des vorigen Jahrhunderts fällt. Im Jahr 1695 erfand Amontons eine Wasseruhr, die zur See zu gebrauchen war g).

Der Franzos Hubin brachte eine gläserne Wasseruhr, von 3 und einem halben Fuß Höhe zu Stande, die man nach dem Maaße der Zeit stellen konnte, wie man wollte h). Herr Riefert, Kupferschmidt in Nordhausen, hat eine neue Art von Wasseruhren erfunden i).

a) Plinii. exercitat. p. 453. 454. Goguet. I. 224. Philelphus apud Goldast. Ep. 2. b) Vitruv. Architect. Lib. IX. c. 9. Lib. X. c. 12. c) Cicero de Nat. Deor. II. Plin. VII.

c.

c. 56. d) Veget. de re milit. Lib. III. c. 8. e) Juvenel de Carlencas Gesch. der schönen Wiss. und freyen Künste, übers. von J. C. Rappe. 1752. 2. Th. 31 Kap. S. 423. 424. f) Jacques Alexandre Traité. general des horologes. Paris. 1734. g) Remarques et experiences physiques sur la Construction de la Clepsydre. Paris. Jombert. 1695. h) Juvenel de Carlencas Gesch. a. a. O. i) Lichtenbergs Magazin. IV B. 1 St S. 187. 1786.

Wasserwage ist ein Instrument, wodurch man eine Horizontallinie von einem Orte bis zu dem andern absehen oder verlängern kann, um dadurch zu erfahren, wie viel der Ort, wo man das Wasser hinleiten soll, tiefer liegt, als der andere, wo man es herleiten will. Ein solches Instrument mußte den Egyptiern schon in den ältesten Zeiten bekannt seyn, denn da die Fruchtbarkeit Egyptens vom Uebertreten des Nils abhängt, dieser Fluß aber sich nicht weit genug ausbreitete, so mußten sie denselben in die entlegenen Felder zu leiten suchen, welches ohne Ausmessung des abhängenden Erdreichs mit der Wasserwage nicht geschehen konnte. Die Beschaffenheit ihres Landes und die Beförderung der Fruchtbarkeit desselben nöthigte sie also auf das Wasserwägen zu denken. Man erzählt, daß schon Menes den Nil einen andern Weg leitete, und von Osiris, der wahrscheinlich mit dem Menes eine Person ist, sagt man, daß er zu beyden Seiten des Nils starke Dämme anlegen und Schleußen bauen ließ, um die Felder zu wässern a); um eben diese Zeit legte man aus gleicher Absicht den See Moeris an b). Geraume Zeit nachher, etwa 1659 Jahre vor Christi Geburt, ließ Sesostris das Nilwasser, vermittelst vieler Gräben, überall hinleiten, welches alles nicht ohne Wasserwage geschehen konnte c).

Man hat von der Wasserwage, die auch den Namen Horizontalwage, Bleywage, Schrotwage, Setzwage führt, vielerley Arten. Die gemeinste ist die Schrotwage oder Setzwage, an der ein Bleyloth so angebracht ist, daß es auf einen gewissen bezeichneten Punkt einspielt, wenn es gegen die Grundfläche des Instruments lothrecht gerichtet ist. In dieser Lage ist alsdann die Grundfläche horizontal und jede in ihr gezogene Linie eine Horizontallinie. Vitruv d) nennt schon drey verschiedene Arten der Wasserwagen, nemlich die dioptras, die libram aquariam und die dritte, chorobatem, nur die letztere beschreibt er, welche Mariotte auch verbessert hat e). Bis auf Picards Zeit bediente man sich häufig des Astrolabiums zum Nivelliren f), nachher erfand man aber bequemere Wasserwagen, an denen Picard, Römer und Huygens zuerst die Dioptern oder Absehen anbrachten g).

Picard verband mit der Setzwage zuerst die Dioptern und zwar so, daß das Bleyloth, wenn es auf das gehörige Zeichen einspielt, senkrecht auf der Visirlinie der Dioptern steht, dann kann man durch die Dioptern weit hinaus sehen und versichert seyn, daß die Punkte auf die man trift, in der verlängerten Horizontallinie durchs Auge liegen. Weil aber hier scharfe Bestimmungen nöthig sind, so pflegt man statt der Dioptern lieber ein Fernrohr mit dem Fadenkreuze anzubringen. Eine Verbesserung dieser Picardischen Wasserwage, die den Namen niveau à lunettes führt, beschrieb Le Febure 1752 h).

Die

Wasserwage.

Die eigentlich so genannte Wasserwage (Niveau d'eau), besteht aus einer metallenen Röhre, an der beyde Ende offen und in rechten Winkeln umgebogen sind. In jedes Ende wird eine 3 bis 4 Zoll lange Glasröhre eingekittet, so daß beide Glasröhren mit der metallenen communicirende Röhren bilden. Man gießt durch die eine Glasröhre so viel gefärbtes Wasser, daß es auch in die andere tritt. Wenn dieses Wasser ruhig steht, so müssen sich seine Oberflächen in beiden Glasröhren in einerley Horizontalebne befinden. Die Erfindung dieser Wasserwage wird dem Thevenot zugeschrieben i). Zu dieser Art gehören auch die Wasserwagen, wo Dioptern und Fernröhren auf der Oberfläche einer flüßigen Materie schwimmen. Schon de la Hire schlug dergleichen Dioptern vor k), wozu man die Vorrichtung beym Picard l), findet. Leupold m) bildet eine von ihm erfundene Einrichtung zu einer Wasserwage mit Dioptern und auch ein Fernrohr nach Sturm ab n), welches auf kleinen Kähnen so schwimmt, daß seine Axe der Wasserfläche gleichlaufend ist. Hieher gehört vermuthlich auch das vom Herrn M. Charles Castelli, Prof. der Physik zu Mayland, erfundene Niveau à lunette d'approche flottant, welches in einem Augenblick einem jeden die Horizontallinie mit der größten Genauigkeit angiebt, ohne daß eine besondere Wissenschaft dazu nöthig ist. Man kann mit Hülfe dieses Instruments, mit der größten Leichtigkeit, die schwersten und feinsten Versuche im Wasserwägen machen o). Herr Keit wählte statt des Wassers sehr glücklich Queckfilber und machte 1790 seine Queckfilberwage bekannt p). Auch Herr Villard hat

1789

1789 eine Verbesserung der Wasserwage zu Stande gebracht; die gewöhnliche Wasserwage hatte nemlich die wesentlichen Fehler, daß man damit keine Horizontallinien angeben konnte, die länger sind, alsldie Entfernung, welche der Beobachter mit seinem Gesichte erreichen kann; zweytens verursachte die Bewegung der Atmosphäre ein Wanken auf der Oberfläche des in dem Instrument enthaltenen Liquors, daher man entweder nur bey sehr ruhigem Wetter damit operiren konnte, oder die Resultate wurden ungewiß. Herr Villart zu Paris hat nun eine Wasserwage verfertiget, die diesen Fehlern nicht unterworfen ist q).

Eine andere Art sind die Hängewagen, welche aufgehangen sich durch ihr eignes Gewicht so stellen, daß die Schärfe eines daran befindlichen Lineals, die Visirlinie der Dioptern, oder die Axe eines angebrachten Fernrohrs in eine horizontale Lage kommt. Huygens hat eine solche Wage mit einem Fernrohre angegeben.

Man hat auch noch Wasserwagen mit der Luftblase. Sie bestehen aus einer cylindrischen Glasröhre, die man bis auf einen kleinen Raum, wo Luft geblieben ist, mit gefärbten Wasser oder Weingeist füllt und dann verschließt. Die zurückgelassene Luft nimmt immer die höchste Stelle ein, bey schiefer Lage geht sie nach dem höheren Ende, aber bey horizontaler Lage bleibt sie in Gestalt einer Blase in gleicher Entfernung von beyden Enden. Bezeichnet man nun die Mitte der Röhre durch ein Merkmal, so liegt ihre Axe Horizontal, wenn die Blase bey diesem Merkmal steht. (Einige lassen auch den Raum der Blase Luftleer). Diese Wasserwage mit der Luftblase erfand Huygens r).

Ge=

Gewöhnlich prüft man den wagerechten Stand einer Ebne, wenn man die Wasserwage nach zwey verschiedenen Richtungen auflegt, die einander etwa rechtwinklicht durchschneiden. Findet man die beyden Linien horizontal, die sich nach diesen Richtungen auf der Ebne ziehen lassen, so ist auch die ganze Ebne wagrecht. Dieses doppelte Auflegen erspart die bequeme Wasserwage, die Herr Mayer erfand und 1777 bekannt machte s). Sie besteht aus einem cylindrischen messingenen, 1 und einen halben Zoll hohen und weiten Gefäße, mit einem Glasdeckel, der mit der Grundfläche genau parallel läuft und ein wenig hohl geschliffen ist. Das Gefäß wird ganz mit Wasser gefüllt, am Boden ist ein kleines Schräubchen, welches man öfnet, einen Tropfen Wasser herausläßt und die Oefnung wieder verschließt. Nun zeigt sich oben unter dem Glase ein Bläschen, welches unter dem Mittelpunkte des Glasdeckels erscheint, wenn die Fläche horizontal ist.

Brander erfand 1769 eine Wasserwage, die aus einer mit Wasser gefüllten Röhre, mit einer Luftblase besteht, und mit einem Fernrohr verbunden ist; er beschrieb sie 1771. t).

Römers Wasserwage, die zur Visirung der Wasserlinie eines Flußes dient, hat die Form eines Winkelmaaßes; sie ist aus zwey langen, viereckigen, blechernen Büchsen zusammen gesetzt, die einen rechten Winkel machen; der obere Theil, der ein Perspectiv bildet, hat ein Ocularglas und in der untern Röhre ist das Objectivglas, auch hat diese Wage inwendig ein Senkbley. Ihre Beschreibung findet man im Jacobson u).

Die

Wasserwage.

Die Wasserwage des Mariotte ist die allereinfachste und natürlichste Wasserwage zur Bestimmung des horizontalen Standes. Sie besteht aus einer 4 Schuh langen, 2 Zoll hohen und 4 Zoll im Lichten breiten Rinne, an deren beyden Enden man zwey keilförmige Stückchen Wachs, die etwas über eine Linie hoch sind, befestiget und die dünnern Seiten gegen einander kehret. Diese Rinne gießt man voll Wasser, worauf dann das Wasser an beyden Seiten des Wachses eine Erhöhung macht. Hebt sich nun das Wasser an dem einen Ende nicht eine Linie hoch, so steht die Wage noch ungleich und muß mit untergelegten kleinen hölzernen Keilen gerichtet werden v).

Hartsoeker erfand drey neue Arten von Wasserwagen w). Johann Prätorius, Professor zu Altorf, der 1616 starb, erfand eine besondere Wasserwage, durch deren Hülfe er ein Quellwasser von Bühlheim durch Röhren nach Altorf leitete x). Leupold erfand noch eine Wasserwage, die aus zwey Lincalen besteht, die sich in ihrer Mitte schneiden; er beschrieb sie 1718. y). Sissons Wasserwage wurde 1743 von Eckström beschrieben z). Lambert gab eine schöne Wasserwage mit der Luftblase an, die im Wesentlichen die Sissonsche ist, aber im Fernrohre ein Brauderisches Micrometer hat; sie wurde 1769 beschrieben aa).

Herr M. Charles Castelli, Prof. der Physik zu Mayland, erfand eine hydrometrische Wage, die dazu dient, die absolute und relative Geschwindigkeit des Wassers zu bestimmen, nicht nur in allen Abtheilungen der Flüsse, sondern auch in jeder senkrechten Richtung, oder in den einzelnen Punkten der Abtheilungen. Sie
dient

Wasserwage.

dient ferner die Geſetze der Geſchwindigkeit des Waſſers eines Stroms und die Stärke des Waſſers zu beſtimmen, welches ein Strom in ſich faßt. Sie giebt auch die Stärke an, die ein Waſſer haben kann, um hydrauliſche Maſchinen zu treiben. Ein Modell davon koſtet 30 Zechinen bb). Herr De Parcieux erfand eine Waſſerwage, die 1790 beſchrieben wurde cc). Ramsden erfand ein Hand-Niveau, welches 1791 beſchrieben wurde dd).

Hook erfand eine Waſſerwage, womit man die Güte des Waſſers unterſuchen kann. Mit der Waſſerwage des Nicolſon kann man das eigenthümliche Gewicht der Mineralien am beſten beſtimmen. Mayer erfand auch noch eine Waſſerwage, durch die man erfahren kann, wie viel Zuſatz in einer Münze iſt ee).

a) Diod. I 19. p. 23. b) Diod. I. 19. p. 6. c) Univerſal-Lex. VIII. p. 332. d) Vitruv. Architect. Lib. 8. c. 6. e) Perrault Anmerkungen über Vitruv. p. 265. f) Jacobſon technol. Wörterbuch III. 142. g) Wolff mathemat. Lex. Leipzig. 1716. unter Dioptra. h) Febure Noveau Traité du Nivellement, à Potsdam. 1752. 8. i) Jablonſkie Allgem Lex. Leipz 1767. I. S. 214. unter Bleywage. k) Mém. de l'Acad. des ſc. 1704. l) Picard Traité du Nivellement, Paris, 1684 u. 1728. m) Leupold Theatr. horizontoſtaticum. Tab. VII. Fig. 14. n) Ibid. Fig. 15. o) Esprit des Journaux. Janvier, 1791. T. I. p. 181. 382. p) Transact. of the Royal Society of Edinb. vol. II. 1790. q) Notice de l'Almanach ſous verre des Aſſocies. Paris, 1790. p. 578. r) Jablonſkie a. a O. s) Mayers gründlicher und ausführlicher Unterricht zur practiſchen Geometrie. I Th. Göttingen. 1777 S. 378. t) Branders Beſchreibung einer neuen hydroſtatiſchen Wage. Augsburg. 1771. u) Jacobſon technol. Wörterb. III. S. 446. v) Jacobſon III. p. 22. w) Er beſchrieb ſie theils in den Miscellaneis Berolinenſibus. p. 330, theils

in

in einem besondern zu Amsterdam 1711 gedruckten Bogen. x) Merkw. der Stadt Nürnberg. S. 573. y) Jacob Leupolds Beschreibungen von neuen Wasser- und Horizontalwagen. 1718. 4. z) In den Schwedischen Abhandlungen. 1743. V B. S. 144. aa) Anmerkungen über die Branderschen Glas-Micrometer, von Lambert. Augsburg. 1769. bb) Esprit des Journaux. Janvier 1791 T I. p. 316. cc) Nouvelle Architecture hydraulique par. Mr. de Prony. Paris. I Theil im dritten Abschnitte von der Hydraulik. dd) Allgem. Litterat. Zeitung. Jena. 1791. Nr. 103. ee) Jacobson technol. Wörterbuch. III. p. 62.

Wasserzieher s. Vera's hydraulische Maschine.
Watkin s. Microscop.
Watson s. Electricität, electrische Cur, Reibzeug, Seewasser.
Watt s. Dampfmaschine.
Waysenhäuser. Ihre Erfindung schreibt man dem Joh. Hircanus zu.

Joh. Jac. Hofmanni Lex. univers. Continuat. Basil. 1683. unter orphanotrophium.

Weber s. Electrophor, magnetische Cur, Pistole.
Weber (J. A.) s. Salmiak, Salpeter.
Weber (Georg) s. Kutsche, Rammel, Sägemühle, Wagen.
Weber (Paul) s. Windbüchse.
Weberkunst. Die Alten glaubten, daß die Menschen diese Kunst der Spinne abgelernt hätten a); doch meynen andere b), daß auch die Betrachtung der dünnen Haut gewisser Bäume auf den Gedanken von dem Gewebe mit Zettel und Eintrag habe leiten können. Die Kunst zu weben scheint eine Erfindung

dung der Frauenzimmer zu seyn, wenigstens ist es ausser Streit, daß sich sonst hauptsächlich Frauenzimmer, schon bey den Israeliten c) Griechen und andern Völkern, damit beschäftigten, und zwar nicht blos Sclavinnen d), sondern auch freye Weiber e). Homer erzählt, daß Penelope, Calypso und Circe auf dem Weberstuhl webten. Auch haben die Israeliten, Egyptier und Griechen die Erfindung des Webens gewöhnlich einem Frauenzimmer zugeschrieben. Die Juden behaupten, die Naëma, eine Tochter des Lamech und Schwester des Thubalkain und des Jubal, habe die Kunst einen Zettel zu legen und Zeuge zu weben erfunden f). Daß die Weberkunst zu Abrahams Zeit bekannt seyn mußte, beweiset der Schleyer der Sarah g), der nichts anders, als ein Gewebe mit Zettel und Eintrag seyn konnte; auch gedenkt Abraham des Fadens zum Weben h). Hiob gedenkt des Weberschiffs i) und des zerrissenen Weberfadens.

Die Egyptier erzählen, der egyptische Merkur habe einem Schafe etwas Wolle ausgerauft und gefunden, daß sie sich dehne und zu einem Faden bilden lasse, darauf habe die Isis in Egypten die Kunst zu weben erfunden k).

Die Griechen schreiben die Erfindung der Weberkunst der Pallas oder Minerva zu l), die in dieser Kunst an der lydischen Jungfer, Arachne, eine Nebenbuhlerin bekam; beyde ließen sich in einen Wettstreit ein, Arachne wurde darinn überwunden und, zur Strafe ihres Vorwitzes, von der Minerva in eine Spinne verwandelt. Dieß hat Gelegenheit gegeben, daß man auch der Arachne die Erfindung der Weberkunst zuschrieb

schrieb m). Die Phäaner, eine griechische Nation, gaben vor, Pallas selbst habe sie in der Kunst, wundervolle Gewande mit klugem Geiste zu wirken, unterrichtet n).

Die Alten webten oft ganze Kleider aus dem Ganzen, so daß sie die Schneider dabey entbehren konnten. Da ohnehin ihre Kleidung noch nicht so kunstvoll war, wie jetzt die unsrige o). Adristia verstand die Kunst, ganze Kleider zu wirken und unterrichtete den Areas, einen Sohn des Jupiters und König von Arkadien, darinn, der wieder seine Arkadier in dieser Kunst belehrte. Pamphila führte, wie Plinius meldet, die Weberkunst in der Insel Kos, auf dem Aegeischen Meere, ein.

Die Alexandriner waren in der Weberkunst so geschickt, wie die Babylonier im Sticken p). Auch den Deutschen war das Weben der Leinwand frühzeitig bekannt q).

Herr Gregoire in Paris, Verfasser einer Abhandlung über die Seifenblasen, besitzt die Kunst, die schönsten Miniaturgemälde auf einem Weberstuhle zu verfertigen. Kein Gemälde reicht an die Frischheit und Reinheit der Farben und ihrer Mischung. Das Gemälde wird zugleich mit dem Sammet gemacht und ist nicht darauf gemahlt. Die Faden haben durch und durch dieselbe Farbe. Man findet diese schönen Arbeiten bey Herrn Poirmenú im Palais Royal Nr. 4 u. 5. in Medaillons, Dosen und Bombonnieres r).

a) Gerh. Joh. Vossius de Idololatria, IV c. 73. Democritus apud Plut. II. p. 974. b) Goguet vom Ursprunge der Gesetze 1. Th. II. B. 2. Kap. c) 2 Mose 35, 25.

d) Mar-

Webermaſchine.

d) Marcianus Lib. 65. §. 2. ff. de Leg. 3. e) Plautus Menaechm. Act 5. sc. 3. f) Juvenel de Carleheas Geſch. der ſchönen Wiſſ. und freyen Künſte, überſ von J. E. Kappe. 1752. 2 Th. 29 Kap. S. 366. g) 1 Moſe 20, 16. h) 1 Moſe 14, 23. i) Hiob 7, 6. k) Tertullian. de pallio c. 3. l) Aelian. de Animalibus Lib. c. 21. et Varjar. hiſt. Lib. I. c. 7. Voſſius de Idololatr. IV. c. 73. m) Plin. VII. c. 56. n) Hom. Odyſſ. η. v. 106. o) Iſaac. Caſaubonus Exercit. 16. ad Annales eccleſ. Baron. §. 84. p) Martial. XIV. 50. q) Plin. Lib. XIX. c. 1. r) Intelligenz Blatt der allgemeinen Litteratur-Zeitung. 1790. Nr. 147.

Webermaſchine. Blaſius Meyrem, der Mathematik und Phyſik ordentlicher Profeſſor zu Duisburg, hat 1790 eine Maſchine erfunden, welche, von Pferden oder von Waſſer getrieben, mehrere Weberſtühle bewegt und mit der man alle Arten glatter Zeuge weben kann. Auſſer der gröſſern Gleichförmigkeit, welche die Zeuge dadurch erhalten, können hier wenige zur Aufſicht beſtellte Menſchen, mit wenigen Koſten, die Arbeit verrichten, wozu ſonſt ungleich mehrere Menſchen erforderlich ſind. Kurz darnach, nemlich im Jahr 1791, wurde gemeldet, daß auch in Wien ein Weberſtuhl erfunden worden ſey, der durch flieſſendes Waſſer oder, in Ermangelung deſſelben, durch eine vom Erfinder abzugebende Maſchine, getrieben wird und alle Arten Geſpinnſtes, als Wolle, Baumwolle, Leinen, Seide u. ſ. w. ſo gut als immer eine menſchliche Hand von ſelbſt webet. Durch ein einziges Rad können 8 ſolcher Webſtühle in Bewegung geſetzt und auch alle 8 von einer einzigen Perſon verſehen werden. In einem Tage kann mehr damit gearbeitet wer-

werden, als eben so viele Webergesellen in einem Tage zu arbeiten nicht im Stande sind.

Anzeiger. 1791. Drittes Quartal. Nr. 15.

Weberstuhl ist eins der ältesten und nüzlichsten Werkzeuge, dessen Erfinder nicht bekannt ist; Plinius sagt zwar a), daß die Egyptier die gewebten Zeuge erfanden, doch nennt er den Erfinder des Weberstuhls nicht. Sonst webte man stehend und der Zettel war senkrecht gespannt b), die Egyptier änderten dieses zuerst ab und führten die Gewohnheit ein, die Faden horizontal zu spannen und auf dem Stuhle sitzend zu weben c). Von den Egyptiern kam diese Erfindung zu den Griechen und von diesen zu den Römern. Die Indianer haben noch den Weberstuhl von egyptischer Einfalt beybehalten und weben darauf, obgleich mit unerträglicher Langsamkeit, Zeuge, die der Europäer bewundert. Die Griechen holten den Weberstuhl aus Egypten und seit der Zeit ist er viel künstlicher und bequemer eingerichtet worden. Zur Zeit des Homers war der Weberstuhl in Griechenland bekannt, denn in seinen Gedichten spricht Telemach zu seiner Mutter; gehe nun heim, besorge deine Geschäfte, Spindel und Weberstuhl d); auch erzählt er, daß in einer Grotte der Nymphen steinerne Weberstühle waren e).

Die mehresten Verbesserungen hat jedoch der Weberstuhl erst im vorigen und gegenwärtigen Jahrhundert erhalten. Der Weber Braun zu Nimwegen erfand eine solche Einrichtung des Weberstuhls, daß er auf demselben i. J. 1676 einen Rock ohne Naht weben ließ. Auch ließ ein Leinweber zu Hippolstein auf

sei-

Weberstuhl.

seinem gewebten Weberstuhle ein Hemde mit Aermeln, ohne Naht, aus dem Ganzen weben.

Der Engländer Joh. Ray gab um das Jahr 1737 eine Einrichtung des Weberstuhls an, wodurch ein Mann, ohne Verlust an Zeit, die breitesten Tücher weben kann. Die Hauptsache bestand in dem Schützen, den man, um ihn von dem gewöhnlichen zu unterscheiden, la navette angloise nannte. Inzwischen hat diese Einrichtung nicht so viel Vortheil verschaft, als man anfangs hoffte f).

Ein Modell eines Weberstuhls zu façonirten Zeugen, wobey der Weber keinen Menschen nöthig hat, der die Faden zieht, erfand Hohlfeld geb. zu Heknersdorf in Sachsen 1711. gest. 1771.

Der Spanier Michael Rodondo erfand 1777 einen Weberstuhl für die breitesten Tücher g).

Herr Falcon in Frankreich hat einen Weberstuhl ausgegeben, den man den Weberstuhl à la Falcoone nennt und dessen sich die Seidenmanufakturen in Frankreich bedienen. Herr Regnier gab einen Weberstuhl mit einer Walze an, den man métier à cylindre nennt, und für den Herr Regnier grosse Belohnungen erhielt. Die Seidenmanufakturen in Frankreich bedienen sich desselben mit grossem Vortheil. In England verfertiget man seit einiger Zeit die Blattstifte zu den Stühlen der Seidenweber aus der Masse, woraus die Lettern der Buchdrucker gegossen werden. Eine andere Erfindung der Engländer ist diese, daß sie die Blattstäbe, zwischen denen die Riethe oder Stiele befestiget werden, von Metall in Formen giessen. Herr Paulet in China ist durch viele Versuche auch auf dieses Geheimniß gekommen h).

Einen bequemen Weberstuhl zu den gestrickten englischen Westen hat der Strumpfwirker Lindner in Chemnitz um 1785 erfunden i).

Zu Dublin bedient man sich schon seit einigen Jahren in mehreren Werkstätten der Weberstühle mit Federn von einer neuen Erfindung, welche die Arbeit sehr simplificiren, und vermittelst welcher ein Mann eben so viel arbeitet, als sonst vier in gleicher Zeit k).

Herr Pages in Berlin machte den 15. März 1791 bekannt, daß er einen sehr künstlichen Weberstuhl erfunden habe, auf welchem, vermittelst eines sehr einfachen Mechanismus, ein Arbeiter drey Ellen breite Zeuge verfertigen kann, ohne nur die Arme deshalben ausbreiten zu dürfen, da sonst zu Arbeiten dieser Art zwey Weber erfordert wurden l).

a) Plin. VII. sect. 57. b) Homer. Il. l, v. 31. Virgil Georg. I. v 294. c) Junius de pictura Vet. l. 4. p. 26. Gerh. Joh. Vossius de Idololatr. IV. c. 73. d) Homer. Odyss. α. v. 356. φ. v. 310. e) Homer. Od. v. v. 104. f) Beckmanns Anleit. zur Technol. 1787. S. 56. I. g) D. Ant. Friedr. Büsching Erdbeschr. III Th Achte Auflage 1788. h) Königl. Grosbritt. Geneal. Kalend. Lauenb. 1780. i) Journal von und für Deutschland. 1785. 2 Th. S 529. k) Kaiserl privileg Hamburg. neue Zeit. 1791. 85 Stück. l) Ebendas. 1791. Nr. 44. die Beylage.

Wecheltus (Christian) s. Landkarte.
Wechsel, Wechselbrief, Wechselhandel. Um dem Mangel am baaren Gelde und der Beschwerlichkeit des Transports des Geldes abzuhelfen, fiel man darauf

auf, dem Papier, auf welches eine gewisse Summe, mit der gehörigen Formalität und Unterschrift bezeichnet war, eben diese Giltigkeit zu verschaffen und ein solches Papier hieß dann ein Wechsel. Einige halten die Wechsel für eine Erfindung der Juden, besonders behauptet Blairac a), daß die Wechselbriefe bey Gelegenheit der Verfolgungen erfunden worden wären, welche die Juden 800 Jahr nach Christi Geburt in Frankreich ausstanden, wo man sie zwingen wollte, sich taufen zu lassen. Die meisten Juden sahen sich daher genöthiget, aus Frankreich zu fliehen und ihr Vermögen daselbst in den Händen ihrer Freunde zurückzulassen. Um dieses nun aus Frankreich zu ziehen, schrieben sie kleine kurzgefaßte Briefe, die durch reisende Kaufleute in Frankreich abgegeben wurden, welche die Baarschaft empfiengen und solche den Eigenthümern wieder zustellten. Dieses seinem Ursprunge nach so einfache Mittel, welches aber seiner Bequemlichkeit halber bald verbessert wurde, soll zur Erfindung der Wechsel und des Wechselhandels Veranlassung gegeben haben, wodurch die Handelschaft zwischen Kaufleuten entfernter Länder so sehr erleichtert worden ist. Einige meynen auch, daß die Verfolgung der Juden in Frankreich unter Philipp August, der von 1180 bis 1223 regierte, und unter Philipp dem Langen, der von 1317 bis 1322 regierte, noch mehr üblich geworden und besonders zu Lion b) und in der Lombardey, c) wo sich viele geflüchtete Juden aufhielten, in den Gang gekommen wären.

Das von Anderson angeführte Privilegium Friedrichs I. für die Stadt Hamburg vom Jahre 1181 be-
wei-

weiset nichts für das Alter des Wechselhandels, denn es
wird darinn nur vom Geldwechseln überhaupt geredt.
Jacob Savery, in seinem vollkommenen Kauf- und
Handelsmanne, hält die Italiener in der Lombardey
für die ersten, welche sich im 13ten Jahrhundert der
Wechselbriefe bedienten, die sie Polizza di Cambio
nannten. Besonders will man ihre Erfindung den
Florentinern d) zuschreiben, die um das Jahr 1229
den Wechselhandel aufgebracht haben sollen e). Als
hernach die Gibellinen von den Guelphen aus Italien
vertrieben wurden, begaben sich viele von ihnen in die
Niederlande, besonders nach Amsterdam, in welcher Stadt sie sich auf einem öffentlichen Platze zu ver-
sammeln pflegten, um durch den Verkauf solcher
Briefe, deren sich schon die Juden bedient hatten,
ihr Vermögen aus Italien an sich zu ziehen. Einige
ihrer Briefe wären anstatt der Zahlung zurückge-
wiesen worden, woraus der Rückwechsel, nebst
Berechnung der Kosten, Interessen u. s. w. entstanden sey. Die Amsterdammer sollen auch die ersten gewesen seyn, welche dieses durch Noth erfundene
Mittel zu einem Theile des Handels gemacht haben
sollen. Ihr Beyspiel machte andere bald mit den
Vortheilen der Wechselbriefe bekannt, wobey man aller Weitläuftigkeiten und der mit Baarsendungen verbundenen Gefahr überhoben war, daher ihr Gebrauch
bald in ganz Europa eingeführt wurde.

So wahrscheinlich aber auch diese Erzählung scheint,
so fehlen ihr doch deutliche Beweise, daher sie Widerspruch gefunden hat; über dieses will man das
schon für eine alte Erfindung halten, daß man sich

Geld

Wechsel.

Gled auf schriftliche Anweisung zahlen lasse, wie die aus Frankreich vertriebenen Juden und die aus Italien geflüchtete Gibellinen thaten.

Herr Professor Büsch sucht den Ursprung der Wechsel in Italien, weil da sehr viele große Handelsstädte ganz nahe bey einander lagen, in welchen oft Gelegenheiten zum Verkaufen oder Vertauschen gegenseitiger Schulden vorkommen mußten f).

Um das Jahr 1246 zeigen sich deutliche Spuren von gezogenen Wechseln, da Pabst Innocenz IV. für den Afterkönig Heinrich Raspe aus Thüringen, 25000 Mark Silber zu Venedig in die Bank legte, damit sie ihm durch die Kaufmannschaft zu Frankfurt am Mayn ausgezahlt würden g). Die nächste Spur von Wechseln findet sich in England; Anderson führt nemlich aus Rymeri Foederibus einen Befehl König Eduards I. vom Jahr 1307 an, worinn er verordnet, dem Pabst seine Einkünfte aus England nicht anders als durch Wechsel zu übermachen h). Der Herzog Johann von Brabant gab der Hansa im Jahr 1315 den freyen Wechselhandel in seinen Staaten, mit der Erlaubniß, denselben sowohl verbrieft, als unverbrieft, führen zu dürfen. Dieß scheint die erste Urkunde zu seyn, wo des traffirten Wechsels in Deutschland förmlich erwähnt wird i). Der älteste Wechselbrief, den man bis jetzt kennt, ist vom Jahr 1328 den ein Borromeo de Borromeis an einen Alexander Borromeo ausstellte k). Die Vortheile, welche die Wechselbriefe der Handlung verschaften, machten solche bald allgemein und man bemühete sich ihnen eine bestimmte Form zu geben.

H 5

a) Clai-

a) Chirac les es coucumes de la mer, à Bourdeaux. 1661. 4. Beckmanns Beyträge zur Geschichte der Erfindungen. 1 Th. S. 210. b) Jablonskie allgem. Lex. Leipz. 1767. II 726. c) Königl großbritt. geneal. Kalender. Lauenburg. 781. d) Schroekh allgemeine Weltgeschichte für Kinder. IV. 1. S. 110. e) Halle Magie. I. B. 1788. S. 189. Antipandora I. S. 463. f) Handlungsbibliothek herausgegeben von Büsch und Ebeling Hamburg. 1785. drittes Stück. g) Fr. Chr. Jon. Fischers Geschichte des deutschen Handels. 1785. Hannover. Th. 1. S. 297 bis 319 wo von dem Ursprunge des Wechselrechts gehandelt wird. h) Handlungsbibliothek von Büsch und Ebeling. a. a. O. i) Fischers Geschichte des deutschen Handels a. a O. k) Handlungsbibliothek von Büsch und Ebeling a. a. O.

Wechselbrief. Von dem Ursprunge desselben ist unter dem Worte: Wechsel gehandelt worden. Hier merke ich noch an, daß Herr Chipart in Paris ein Mittel erfunden haben will, wodurch aller Verfälschung und Nachahmung der Wechselbriefe vorgebeugt werden kann und woran der Aussteller eines Wechsels sowohl als der Zahler sogleich wissen können, ob das überreichte Dokument wirklich ächt und von der Hand der Person ist, von der es seyn soll.

Königl. großbritt. geneal. Kalender. Lauenburg. 1784.

Wechsel-Cours-Zettel. Des Wechsel-Cours wird schon 1613 in einer Amsterdammer Verordnung gedacht. Die Wechsel-Cours-Zettel, die den Cours auf ausländische Handelsplätze anzeigen, wurden in Hamburg zuerst 1659, und die Geld-Preis-Zettel 1687 zuerst öffentlich ausgegeben.

Beck-

Wechselordnung. Wegmesser.

*: Beckmanns Beyträge zur Geschichte der Erfindungen 1. Th. S. 577.

Wechselordnung. Die älteste deutsche Wechselordnung ist vom Jahr 1603 und findet sich im Hamburger Stadtbuche. Th. II. Tit. 7. Die Nürnbergische Wechselordnung ist vom Jahr 1621.

Handlungsbibliothek herausgegeben von J. G. Büsch und C. D. Ebeling. Hamburg. 1785. Drittes Stück.

Wedgwood s. Kamee, Pasten, Pyrometer, Thermometer.

Wegell (W. C.) s. Porcellan.

Wegmesser, Odometer, Schrittzähler, Viatorium, ist eine Radmaschine, wodurch man die Schritte eines Fußgängers, eines Pferdes oder die Umläufe eines Wagenrades zählen und auf diese Art den zurückgelegten Weg messen kann. Die eine Art der Wegmesser wird an den Reisewagen, die zweyte an den Sattel eines Pferdes oder an den Leibgurt eines Menschen, die dritte an den Stock eines Fußgängers befestiget.

Die Erfindung des Wegmessers ist alt; schon Vitruv a) erfand und beschrieb einen Wegmesser für einen Wagen, der seiner Meynung nach auch auf dem Schiffe brauchbar seyn sollte. Eine Stelle des Julius Capitolinus läßt vermuthen, daß auch Kayser Commodus einen Schrittzähler gehabt habe.

Johann Fernel, Leibarzt der Königin Katharine von Medicis, maß 1550, bey der Gradmessung von Paris nach Amicus, den Weg von Paris nach Amicus

Amiens nach den Umläufen eines Rads und fand ihn 68095 geometrische Schritte lang. Jeder Radumlauf wurde bey diesem Wegmesser durch einen Hammer, der an eine Glocke schlug, angezeigt.

Kayser Rudolph II der von 1576 bis 1612 regierte, hatte zwey Wegmesser, die nicht nur die Entfernungen angaben, sondern solche sogar von selbst auf Papier zeichneten. Einen davon soll, wie Boot erzählt, Kayser Rudolph selbst erfunden haben. Paul Pfinzing, Rathsherr zu Nürnberg, der 1554 geboren wurde und 1599 starb, erfand im Jahr 1598 einen Wegmesser, den Levin Hulsius 1615 beschrieb und der noch auf der Kunstkammer zu Dresden aufbewährt wird b). Daselbst befindet sich auch noch der Wegmesser, dessen sich Kurfürst August von Sachsen, der von 1553 bis 1586 regierte, bey Vermessung seines Landes bediente; man vermuthet, daß Martin Feyhel, der aus Naumburg gebürtig und zu Augsburg wohnhaft war, denselben erfand. Bion c) rühmt den von Smueur verbesserten Wegmesser, der an den Kutschen angebracht wird. Im Jahr 1724 erfand Meynier einen Wegmesser d), den Guthier (andere e) schreiben Outhier) im Jahr 1740 verbesserte. Adam Friedrich Zürner verbesserte den Wegmesser und bediente sich seines verbesserten Wegmessers bey der sächsischen Landesausmessung f). Die vollkommensten Wegmesser erfand der berlinische Künstler Hohlfeld (geb. 1711 zu Hennersdorf in Sachsen, gest. 1771). Den ersten Schrittzähler verlor er durch den Brand; darauf erfand er einen noch einfachern, den Herr Sulzer bewährt

währt gefunden hat; der eine Wegmesser wurde zwischen zwey Speichen eines Rads geschnallt, der andere aber wurde an der Tasche des Fußgängers befestiget (g). Im Jahr 1772 erfand und beschrieb Herr J. G. W. Wichen, ein Mathematiker in Hannover, einen geographischen Wagen, womit man alle Flächen, Berge, Wälder, Festungen und Märsche der Armeen richtig abmessen kann h). Herr Carel, ein Kaufmann in Berlin und zugleich ein guter mechanischer Künstler, erfand einen neuen Wegmesser, dessen sich Herr Nicolai in Berlin auf seinen Reisen durch Deutschland bediente; die Beschreibung davon erschien 1778 i).

Auch die Wegmesser zur See, welche dazu dienen sollen, die Größe einer vollbrachten Reise auf der See zu bestimmen und daraus die Länge des Orts, wo man sich befindet, zu erkennen, sind eine ziemlich alte Erfindung. Schon der Wegmesser, den Vitruv erfand, sollte dazu dienen; er bestand aus einem großen Rade mit Flügeln, wie an den Windmühlen, die Achse hatte oben eine Spitze, die in das Schiff gieng, wo sie in ein anderes zackiges Rad eingriff und solches umdrehete, wenn dieses umgelaufen war, ließ es einen kleinen Kieselstein in ein Becken fallen; man zählte dann alle Morgen und Abende die Kieselsteine und da man wußte, wie vielmal das Rad umlaufen mußte, ehe eine Meile zurückgelegt war, so konnte man die Meilen des zurückgelegten Wegs berechnen. Die Maschine war indessen in der Ausführung wenig brauchbar. Unter den Schnitzwerken an dem vom Herzog Friedrich († 1482) zu Urbino erbau bauten Schlosse, befindet sich auch die Zeichnung eines Schiffs, das einen Wegmesser zu haben scheint. Bartolomeo Crescentio gab einen Wegmesser zur See an, der aus einer kleinen Horizontal-Mühle mit vier übers Kreuz gestellten Flügeln bestand k). Sturm gab auch einen Wegmesser für Schiffe an, der ohne Fehler seyn sollte, er hielt aber die Beschaffenheit desselben geheim. Sineaton erfand ein schönes Werkzeug, den Weg eines Schiffs zur See zu messen, welches vor der bekannten Logleine viele Vorzüge hat l). Neuerlich hat Johann Daniel Frey zu Frankfurt am Mayn eine Maschine erfunden, wodurch die Geschwindigkeit des Laufs eines Schiffs angezeigt wird m). Noch mehr wird die von dem Engländer Hopkinson i. J. 1796 erfundene Maschine gerühmt.

a) Vitruv. Lib. X cap. 14. b) Kleine Chronik Nürnbergs, Altorf. 1790. S. 76. c) Bion. mathemat. Werkschule, verbessert von Doppelmayr. Nürnberg. 1741. S 101. d) Halle Magie III. S. 509 e) Königl. Großbr. geneal. Kalender. Lauenburg. 1780. f) Jablonskie allgem. Lex. Leipz. 1767. II S. 1730. g) Halle Magie. III. S. 509. h) J. G. W. Wiehen Abbildung u. Beschr. einer geographischen Maschine auf einen Wagen oder auf einer Kutsche. Hildesheim. 1772. 4. i) Göttingischer Taschenkalender von 1778. u Nicolai Reisen durch Deutschland. I. Th. Vorrede. k) Die ausführliche Beschreibung desselben findet man im Geöfneten Ritterplatz I. Th. 1. Abtheil. 24. Kap. Hamburg. 1706 S. 73. l) Wittenberg. Wochenblatt 1769. St. 51. m) Frankfurter Kaiserl. Reichs-Ober-Post-Amts-Zeitung. 1791 Nr. 203.

Wegweiser, die an den Scheidewegen der Landstraßen errichtet wurden und woran man erkennen konnte, wo-

Weiberrath. Weihwasser.

wohin ein Weg führe, waren zur Zeit des Ezechiels bekannt

Ezechiel 21, 20.

Weiberrath oder Senatulum hat Heliogabalus zuerst angeordnet.

Alex. ab. Alex. Gen. Dier Lib. IV. cap. II.

Weichbild s. Rechtsgelehrsamkeit.

Weichmann s. Schachspiel.

Weidenbaum. Die alten brauchten schon die Weidenrinde gegen verschiedene Krankheiten und schrieben ihr eine adstringirende Kraft zu a), aber der Gebrauch derselben gerieth mit der Zeit in Vergessenheit. Neuerlich entdeckte Herr Edmund Stone in Chipping-Norton, in Oxfordshire, den Nutzen der Weidenrinde wider die Wechselfieber. Um das Jahr 1757 kostete er diese Weidenrinde und gerieth über ihre ausserordentliche Bitterkeit in Verwunderung, zugleich aber auch auf den Gedanken, sie möchte wohl die Eigenschaften der Peruanischen Rinde haben, welches auch seine 1762 gemachten Versuche bestättigten b).

a) Wittenberg. Wochenblatt. 1774. VII. B. 5. Stück. S. 37. b) Ebendas 4tes Stück. S. 25. folg.

Weidenhammer (Peter) s. Saflor.

Weidler s. Rechenkunst.

Weigel (Erhard) s. Astrodicticum, Dioptiken, Erdglobus, Himmelskugel, Kalender, Multipliciren, Rechenkunst, Sessel, Petrinische Rechenkunst, Treppe.

Weihwasser soll Alexander, der erste Bischof in Rom, zuerst verordnet haben.

J. A.

Weiler. Wein.

J. A. Fabricii allgemeine Historie der Gelehrs. 1752. 2. B. S. 368.

Weiler s. Kugel, Kanone.

Wein. Ueber die Entstehung dieses Getränks äussert Goguet a) folgendes: Der Weinstock wuchs in mehreren Ländern wild, man versuchte die Beere desselben, fand sie wohlschmeckend und pflanzte daher den Stock näher an den Ort, wo man wohnte; man gewöhnte sich immer mehr an die liebliche Frucht und bedauerte es, daß sie nach ihrer Reife sich nur so kurze Zeit hielt. Einer versuchte es, die Beere auszudrücken, den Saft zu sammeln und in Schläuche oder Gefäße zu thun; der Saft hielt sich, gährte und nahm an innerer Stärke zu. Andere, die davon tranken, rühmten den Erfinder dieser Vortheile und lernten diese Kunst von ihm. So läßt sich die Erfindung der Bereitung des Weins denken. Die Griechen behaupten, daß der Indianische Bacchus die Kunst erfunden habe, den Wein aus den Trauben zu pressen b); er machte, um diese Kunst auszubreiten, einen Zug bis nach Indien, woher er eine Schaale mit brachte, die er dem Delphischen Apoll zum Geschenk gab c); auch pflanzte er den Weinstock bey Theben. In Egypten ist die Kunst, Most zu bereiten, sehr alt; man nahm die Trauben, drückte ihren Saft in einen Becher und trank denselben d). Die Bereitung dieses Getränks wird für eine Erfindung des Osiris gehalten e). Eigentlichen Wein, wie wir ihn haben, tranken aber die Egyptier lange Zeit nicht, sie hielten ihn vielmehr für die Erfindung eines bösen Wesens, Namens

Wein.

mens Typhon. Der erste egyptische König, der Wein
trank, war Psammetichus, der 640 Jahre vor C. G.
lebte und im dritten Jahr der 40sten Olympiade
starb f).

In China wird der Kayser Chin-nong für den Erfinder des Weins gehalten g).

Den Griechen war zur Zeit des Cecrops der Wein
noch nicht bekannt, denn er bediente sich bey seinen
Opfern des Wassers h); aber zur Zeit des Trojanischen Kriegs wurde der Wein von Männern und
Weibern getrunken. Helena bereitete aus Wein und
einer Würze ein den Seelenschmerz stillendes Mittel i); Arete gab ihrer Tochter, die zur Wäsche fuhr,
Wein mit k); Circe bereitete den Gefährten des
Ulysses ein Getränk aus Wein, Mehl und Käse l).
Staphylus, ein Sohn des Silens, lehrte, den Wein
mit Wasser zu mischen m); und Aristäus lehrte die
Thracier, den Wein von Marone mit Honig zu mi-
schen und einen Trank daraus zu bereiten n).

Saturnus brachte den Weinbau nach Italien; zu des
Plinius Zeit wurde ein Wein aus Myrthenbeeren erfunden o). In Guinea bereitet man einen Wein aus
dem Safte der Palmen und bey uns aus dem Safte
der Birken, aus Johannisbeeren, Stachelbeeren
u. s. w.

Herr Macquer hat bemerkt, daß sich die Tatarn
eine Art von Wein aus Milch bereiten. Herr
d'Arcet gab einem Freunde, der nach Rußland gieng,
Auftrag, das Verfahren der Tatarn zu beobachten,
welches er auch that; es ist folgendes: Die Tatarn
schütteln die Milch in großen ledernen Schläuchen hef-

tig hin und her und setzen ein Ferment hinzu, welches die Weingährung verursacht. Bey der Destillirung bekommen sie dann eine Art von Weingeist, der durch Rectificirung eine vorzügliche Güte bekommt. Herr Josse, ein Apotheker in Paris, ahmte dieses Verfahren nach, er that 50 Pfund Milch in ein Faß, ließ es schütteln und der aus Spundloch angebrachte lederne Schlauch zeigte, daß in 14 Tagen die Gährung geschah. Er fieng darauf die fixe Luft und bekam nach Verlauf eines Monats einen wirklichen Wein. Er beförderte diese Weingährung durch den Milchzucker; 8 Pfund Milch enthalten nur eine Unze dieses Zuckerwesens p).

Seit 1635 bereiteten die Großhändler in London aus getrockneten Weinbeeren von Spanien und Portugal die verschiedensten Weinarten q).

a) Goguet vom Ursprunge der Gesetze I. Th. S. 105. b) Diod. Sic. III. 63. c) Philostratus in den Leben des Apollonius von Thana. B 2. Kap. 9. S. 57. Olear. Ausgabe. d) 1 Mose 40, 9:11. e) Mart. Capella de Nupt. Mero. & Philolog. Lib. II. f) Plutarch. in Iside. p. 353. g) Goguet a. a. O. III. S. 271. h) Eubulus apud Hygin. Astron. II, 29. i) Homer Odyss. δ. 220. k) Hom. Odyss. ζ. 77. l) Hom. Odyss. κ. 233. m) Plin. H. N. Lib. VII. sect. 57. Hygin. Tab. 174. n) Plin. H. N. Lib. 14. cap. 4. o) Hübners Natur=Lexicon 1746. p. 1388. p) Lichtenbergs Magazin. IV. B. 2 St. S. 184. 185. 1787. Halle fortgesetzte Magie. I. B. 1788. S. 490. q) Thomas Pennants Beschreibung v. London, übersetzt v. Wiedemann. 1791. Nürnb. bey Felsecker.

Weinbau kam zuerst in den Morgenländern auf, die der Geburtsort des Weinstocks sind. Noah war der
erste

erste, der sich nach der Sündfluth mit dem Weinbau
beschäftigte a). In Egypten soll Osiris b), und in
dem übrigen Afrika Bacchus c) den Weinstock pflanzen
und warten gelehrt haben. Die Juden hatten beträchtliche Weinberge in Palästina d). Unter den
Griechen wollen die Athenienser und zwar schon unter
dem fünften König von Athen, Pandion I, etwa 1463
Jahr vor C. G. den Weinbau zuerst gehabt haben;
nach einigen wurden die Athenienser vom Bacchus e),
nach andern von dem Thracier Eumolpus oder Eumol-
phus, der sich in Attica niederließ f), in der Kunst, den
Weinstock zu bauen, unterrichtet. Cadmus erneuerte
1519 Jahre vor Christi Geburt den Weinbau in
Böotien g).

Nach der Erzählung des Eutropius brachte Saturnus
den Weinbau nach Italien; indeßen waren unter dem
Romulus und Numa die Weinberge noch selten, aber
Cato der Censor beförderte ihren Anbau h). Zum
Beschneiden des Weinstocks gab nach dem Hyginus ein
Ziegenbock i), nach dem Pausanias k) aber ein Esel
die Veranlaßung, indem er den Weinstock abfraß, und
man hierauf bemerkte, daß er im folgenden Jahre weit
mehrere Früchte trug.

Durch die zweyte Phocäische Colonie wurde der
Weinstock 542 Jahr vor Christi Geburt nach Marseille und von da in die Provence gebracht; doch meynen
andere, diese Colonie habe nur die künstliche Wartung
des in Provence schon einheimischen Weinstocks gezeigt l). Des Domitians Verbot hinderte den Anbau
der dasigen Plantagen, aber Probus beförderte ihn wieder und ließ i. J. 282 sowohl in Gallien, als auch in

Weinbau.

Ungarn mehrere Weinberge anlegen, obgleich die Bewohner dieser Länder schon dergleichen hatten m). Karl der Große half dem Weinbau in Frankreich noch mehr auf und im 12ten und 13ten Jahrhundert brachten die Prinzen, welche die Kreuzzüge mitmachten, verschiedene Arten fremder Trauben nach Frankreich n).

Um das Jahr 231 n. C. G. findet sich die älteste Spur von dem Weinbau in Deutschland; es kommen nemlich um dieses Jahr in den Monument. Boic. XI. p. 15. „de vinea tresi***les, ferner: vineæ et cultores" vor. Nach der gemeinen Meynung kam der Weinbau um das Jahr 276 n. C. G nach Deutschland o). Nach dem dritten Jahrhundert wurde schon der Weinbau am Rhein und an der Mosel getrieben p). Im 8ten Jahrhundert kommen in dem Cod. Lauresh. I. p. 370. vor: duae petiolae de vinea. Schannat q) führt eine Urkunde vom Jahr 638 an, worinn Dagobert alle Güter in Lobdengau, und namentlich die Weinberge, an das Stift St. Peter in Worms übergiebt. Pater Neugart v) führt eine Urkunde vom Jahr 716 an, worinn ein gewißer Erfoin ein Joch seines Weinlandes zu Ebringen im Breisgau an das Kloster St. Gallen in der Schweiz verkaufte.

In der Altmark führten die Rheinländer den Weinbau ein, als sie Marggraf Albrecht in der Mark aufnahm s). Bischof Otto von Bamberg brachte 1128 ein Faß voll Weinreben mit nach Pomern um sie daselbst zu verpflanzen, und im Jahr 1285 wurde schon um Stendal so viel Wein gewonnen, daß man damit handelte t).

Im

Weinbau.

Im Jahre 1392 war schon in und um die Stadt Nürnberg Weinbau u).

Der Heunische Weinstock, der besonders im Elsaß häufig ist, soll seinen Namen von den Hunnen haben, die denselben zwischen den Jahren 906 und 923 aus Ungarn mit nach Deutschland gebracht haben sollen.

Der Holländer Peter Simens oder Pedro Ximenes brachte vor mehr als 200 Jahren Rheinische Reben nach Spanien, wo er sie bey der Stadt Gundalkazer pflanzte; man erhielt von diesen Reben einen schönen spanischen Wein, der Pedro Ximenes heißt; er ist goldgelb an Farbe, lieblich an Geschmack, und nicht so fett, als andere spanische Weine v).

Auf den Kanarischen Inseln ließ Prinz Heinrich von Portugal Weinreben aus Cypern pflanzen w).

Auf das Kap der guten Hofnung, wo der Kapwein wächst, sollen die ersten Reben nach einigen aus Madera, nach andern aus Bourgogne, nach andern aus Persien gekommen seyn x).

Ein Ungenannter hat gefunden, daß man die Reifung der Weintrauben dadurch befördern kann, wenn man die Stängel der ganz ausgewachsenen Weintrauben halb durchschneidet y).

a) 1 Mose 9, 20. b) Diod. Sic. I. 15. c) Diod. Sic. III. 69. d) 2 Könige 18, 32. e) Apollod. III. 13 §. 7. Diod. Sic. III. 64 Justin. II. c. 6. f) Plin. VII. c. 56. sect. 57. Strabo VII. p. 494. g) Goguet vom Ursprunge der Gesetze II Th. S. 166. h) Plin. XIV. sect. 14 i) Hygin. Fab. 274. k) Pausan. II. 31. l) Journal für Fabrik. 1795. May. S. 322. m) Eutropii Brev. hist. rom. Lib. IX. cap. XI. n) Juvenel de

Weingeist. Weinöl.

Carlencas Geschichte der schönen Wiss u. freyen Künste, übers. v. J. E. Kappe. 1749. I Th. 3 Abschn. VI. Kap. S. 96. 497. o) Antipandora I. S. 47. p.) Georg Friedr. Pabsts Programm: de agriculturae initiis in Germania. Erlangen. 1791. q) Schannat in seiner Wormser Geschichte S. 309. r) Neugart Cod. diplomaticus Alemanniae et Burgundiae Transjuranae T. I. typis San Eliasianis. 1791 4. s) Leutingeri Comment. p. 601. t) Moehsen Geschichte der Wiss in der Mark Brandenburg. 1781. S. 206. u) Kleine Chronik Nürnberg Altorf, 790 S. 24. v) Jacobson technol Wörterbuch. III. S. 231. w) Schröckhs allgem. Welthist. für Kinder. IV. p. 448. x) Magazin von merkw. neuen Reisebeschreib. Berl 1790. II B. S. 53. y) Wittenberg. Wochenblatt. 768 15tes Stück.

Weingeist; von seiner Entzündung durch den electrischen Funken siehe: electrischer Funke. Das die Flamme des Weingeistes etwas Wasser gab, hatten schon mehrere Chemiker bemerkt, aber Lavoisier brachte es darinn am weitesten und erhielt im September 1784 aus 15 Unzen Weingeist 18 Unzen Wasser.
Lichtenbergs Magazin III. B. 1 St. S. 71. 72.

Weinkelter s. Kelter.

Weinlesetanz s. Tanzkunst.

Weinöl. Die K. K. privil. Cremor Tartari und Weinessig-Fabrick zu Nußdorf, ohnweit Wien, präparirt und verkauft ein von dem Director Herrn Stapf erfundenes und, auf die von der medizinischen Facultät in Wien damit angestellten Versuche, von Sr. Majestät dem Kayser besonders privilegirtes Weinöl, wodurch mit einer sehr geringen Quantität von wenigen Lothen dieses den völligen Weingeruch habenden Oels, gute Weine noch besser und schmackhafter gemacht, süße lauge erhalten, kranke verbeßert, verfälschte entdeckt und gereiniget, auch unreine Waßer rein, gesund und genießbar gemacht werden können.

Weinprobe ist ein Mittel, wodurch man erfahren kann, ob ein Wein verfälscht ist, oder nicht. Diese Verfälschung soll bey dem Champagner durch Hühnermist, bey andern Weinen aber durch Zucker, Honig, Syrup u a. Dinge geschehen. Herr Heran zu Paris hat ein Mittel erfunden, das die Verfälschung der Weine anzeigt und zugleich dazu dient, dem Weine das Saure zu benehmen a). Herr Jicknes hat folgendes Mittel zur Erforschung der Verfälschung der Weine empfohlen und als untrüglich bekannt gemacht; mit dem Weine, den man probiren will, füllt man eine Bouteille mit einem langen Halse und steckt den Hals in einen Becher voll reines Waßers; ist der Wein ächt, so bleibt alles in der Bouteille und nicht ein Tropfen läuft heraus, ist er aber mit einem Zusatz verfälscht, so zieht sich dieser in das Waßer hinein b).

Ob der Wein mit Bleymitteln verfälscht sey, kann man am besten durch Zellers Probirmittel entdecken, welches Gaubius in die Abhandlungen der Societät zu Harlem einrücken ließ c). Der Würtembergische Liquor probatorius ist deswegen unsicher, weil er auch das Eisen mit der nemlichen Farbe, wie das Bley, niederschlägt. Im Jahr 1787 d) machte Herr D. Hahnemann die von ihm erfundene Weinprobe bekannt, die aus Austerschaalen, Schwefel, Weinsteinrahm und Salzgeist bereitet wird. Doch hat Gren auch ihre Trüglichkeit gezeigt e).

a) Laib

a) Lauenburgl. Geneal. Kalender. 1781. b) Lauenburgischer Geneal. Kalender. 1782. S. 32. c) Man findet die Beschreibung und Anwendung desselben in den Ephemeriden für Naturkunde, Oekonomie u. s. w. von Schedel. 1795. 4s Quartal S. 94. d) Die Kennzeichen der Güte und Verfälschung der Arzneymittel, von J. B. von dem Sande, Apotheker zu Brüssel, und D. Sam. Hahnemann. Dresd. 1787. S. 322. e) Journal der Theorien, Erfind. und Widersprüche in der Natur- und Arzneywiss. 1. B. 4tes Stück.

Weinschenken errichteten die Lydier zuerst, wie Herodot meldet a); Justinus b) sagt, daß sie dieses auf Befehl des Cyrus, der sie überwunden hatte, thun mußten.

a) Herodot l. n. 94. b) Justin. l. c. 7.

Weinstein aus der Weinhefen zu machen, erfand Glauber und beschrieb sein Verfahren in folgender Schrift: Gründliche und wahrhaftige Beschreibung, wie man aus der Weinhefen einen guten Weinstein in großer Menge extrahiren soll ꝛc. von Joh. Rudolph Glauber. Amsterdam 1654.

Weinsteinsaures ist eine unvollkommene Säure, die einen Bestandtheil des Weinsteins ausmacht, sonst aber auch noch in einigen sauren Früchten z. B. in den Tamarinden, enthalten ist. Scheele hat diese Säure entdeckt und Retzius lehrte zuerst die Bereitung derselben.

Schwedische Abhandlungen 1770. S. 207.

Weinveredlung. Die natürlichste Weinveredlung geschieht durch das Sortiren der Trauben, auch wohl der einzelnen Beere; ferner durch die Zeit, denn je länger ein Wein auf dem Faße liegt, desto mehr nimmt er an innerer Güte zu. Ferner können auch Weine durch das

Weinveredlung. Weinverfälschung. 137

das Gefrieren veredelt werden; schon Hoffmann wußte, daß starke alte Weine, wenn sie gefrieren und das wäßrichte Eis davon abgesondert wird, viel stärker und geistiger werden a). Glauber lehrte, die Seele des Weins d. i. sein Feuer oder das Weinöl, während der Gährung mühsam zu sammeln b); er erfand das Mittel, sauergewordene Weine dadurch zu verbeßern, daß man sie mit der Weineßenz von guten Weinen nochmals gähren läßt c). Alle süße Weine, auch die spanischen, die sauer geworden waren, verbesserte Glauber dadurch, daß er 4 bis 6 Loth fixen Salpeter, in ein Tuch gebunden, in das Spundloch hieng d). Manchart bewieß, daß ein mäßiger Zusatz von Alkalien den Geschmack der Weine verbeßert, das Blut verdünnt und die Absonderungen und Ausführungen befördert e). Der Herr Bergrath Buchholz in Weimar besitzt sowohl ein Pulver, als auch Flüßigkeiten, durch deren Beymischung verdorbene Weine wieder hergestellt und trinkbar gemacht werden können; er hat bereits viele glückliche Versuche damit gemacht f).

<small>a) Halle fortgesetzte Magie II B. 1789. S. 423. b) Ebendas. S. 428. c) J. R. Glaubers Apologie gegen Farners Lügen. 1655. S. 72. d) Glauberi testimonium veritatis Amst. 1657. S. 184. e) Halle fortges. Magie. a. a. O. S. 466. f) Reichsanzeig. 1794. Nr. 82. S. 786.</small>

Weinverfälschung. Die Griechen und Römer wußten schon, daß Bley den herben Wein mildere und wider die Säure bewahre; sie ließen den Most bis auf die Hälfte, den dritten oder vierten Theil in bleyernen Gefäßen langsam einkochen, goßen auch noch

Meerwasser hinzu, dessen Salz das Bley besser auflösete. Stellen aus dem Plinius, Columella, Cato, Dioscorides und Celsus beweisen dieses. Galen und Vitruv kannten auch schon die Schädlichkeit des Bleys und Bleyweißes. Plinius erzählt, daß man in Afrika den sauern Wein mit Gyps und Kalk abgekocht habe, welches er für tödtlich hielt, woran man jedoch zweifelt. Dioscorides und Artius kannten schon die Glätte. Der Bleyzucker ist neuer, doch kannten ihn Paracelsus und Angelus Sala schon. Herr Hofr. Beckmann vermuthet, daß man sich im 12ten und 13ten Jahrhundert der Glätte zur Verfälschung des Weins bedient habe. Das älteste Verbot gegen die Weinverfälschung erschien 1327 von Wilhelm Grafen in Hennegau, Holland und Zeeland a). Im Jahr 1409 wurde bereits ein Weinfälscher in Nürnberg bestraft b). In Deutschland wurde die Weinverfälschung 1475 verboten. J.n Jahr 1696 wird in dem französischen Verbot der Weinverfälschung durch Glätte ausdrücklich gedacht. Conrad Celtes, erster gekrönter Dichter in Deutschland, giebt einen Mönch Martin aus Bayern als den Erfinder der Weinverfälschung an, aber Zeller hält sie für eine französische Erfindung. In Lüttich soll man die Burgunderweine so nachmachen, wie man die mineralischen Wasser nachmacht c). Vergl. Schwefeln der Weine.

a) Beckmanns Beyträge zur Geschichte der Erfindungen. b) Kleine Chronik Nürnbergs. Altorf 1790. S. 27. c) Kais. privil. Hamburger Neue Zeitung. 1790. Nr. 177.

Weise (Christian) s. Rhetorik.

Weiske. (Joh. Gottfr.) s. Zeitmesser.

Weisse Farbe; eine weiße Farbe zum Anstreichen der Statuen und Gebäude, welche der Kälte und Hitze widerstand und so schön war, daß sie sich auf keine Weise veränderte, erfand G. Dagly, der aus Lüttich gebürtig war und in den Diensten des Königs von Preussen Friedrichs I. stand. De Morveau lehrte im Jahr 1782 eine weisse Farbe aus Zinck bereiten a). Herr Dr. Albrecht Höpfner hat folgende Bereitungsart einer weissen Farbe bekannt gemacht: man löse 10 Pfund weissen Vitriol in einem kupfernen Kessel mit Wasser auf und setze 10 Pfund Küchensalz und ein Pfund in Stückchen geschnittenen Zink hinzu und digerire diese Mischung bei einer gemäßigten Hitze so lange, bis etwas von dem filtrirten Liquor durch Galläpfeltinktur nicht mehr gefärbt wird; dann seige man das Flüssige durch und lege den übrig gebliebenen Zink zu weiterem Gebrauche bey Seite. Diese Flüßigkeit schlage man mit Kalkrahm nieder, den erhaltenen Niederschlag süsse man gehörig aus und trockne ihn. Der rückständige Liquor giebt durch Ausdünstung und Kryftallisation noch 20 Pfund Glaubersalz b).

a) Mém. de l'Academie de Dijon. 1782. b) Handlungszeitung von J. A. Hildt. 1790. 8tes Stück S. 59.

Weißzeug-Mangel s. Mang.

Weitzen. Der bey uns bekannte Weitzen wurde 1466 in Südermannland noch für ein neues Korn gehalten a). Der türkische Weitzen oder Mais stammt aus Amerika; als die Spanier nach St. Domingo kamen, war Mais das erste Nahrungsmittel, das ihnen die eingebornen anboten b). In Steyermark wurde der Mais erst zu Anfang dieses Jahrhunderts bekannt c).

In den Gebirgen von Chili hat man vor einiger Zeit eine Art Weitzen entdeckt, dessen Einführung bey uns die Gestalt des Feldbaues verändern würde. Dieser Weitzen ist eine Staude, die beständig dauert und alle Jahre Saamen im Ueberflusse trägt. Jede Familie hat eine gewisse Anzahl Stauden, die hinlänglich sind, sie zu nähren d). Im Jahr 1789 entdeckte Veit Heiß von Altenbayern eine besondere Art Weitzen, die ebenfalls noch unbekannt gewesen zu seyn scheint e).

a) Stockholmer Magazin III. Th. 1756. S. 184. b) Gothaischer Hofkalender 1787. c) Ephemeriden für die Naturkunde ꝛc. von Schedel. 1795. 2tes Quartal. S. 23. d) Frankf. Kaif Reichs-Ober-Post-Amts-Zeitung. Montags den 16. Jenner. Nr. 9. 1792. e) Almanach der Fortschritte in Wiss. Künsten, Manufakt. u. Handwerken; von G. C. B. Busch. Erfurt. 1797. bey Keyser. S 193.

Weitzenbier ist ein Bier, das aus Weitzen und Gersten-Malz mit Hopfen gebrauet wird und entweder eine ins weiße fallende oder braungelbe Farbe hat. Das vorzüglichste Weitzenbier, welches in derselben Güte noch an keinem andern Orte hat nachgebrauet werden können, wurde zu Arnstadt, im Fürstenthum Schwarzburg-Sondershausen, im Jahr 1617 von dem Bürgermeister Niclas Fischer erfunden und zuerst gebrauet a); dieses Bier ist braun von Farbe, angenehm von Geschmack, und berauscht leicht, übrigens ist es sehr nahrhaft und besonders für alle, die sich des Tags durch Handarbeit ermüden, sehr stärkend. Man will

Weitzenbier. Welsche Praktik.

will auch den Umstand, daß in Arnstadt nicht leicht eine Ruhrepidemie überhand nehmen kann, von dem Trinken des Weitzenbiers herleiten, weil es eine sehr erwärmende Kraft hat. Man theilt diese Arnstädter Weitzenbiere wieder in Lagerbiere, welche die vorzüglichsten sind und den ganzen Sommer hindurch dauern, und in Hefenbiere, die nach Michaelis ihren Anfang nehmen und den Winter hindurch zu haben sind. In Nürnberg fieng man im Jahr 1643 an, in dem dasigen Spitalbrauhause Weitzenbier auf Bayerische Manier zu brauen b).

> a) Johann Christoph Olearii Historie der Residenz Arnstadt. Arnstadt 1701. gedruckt bey Nicol Bachmann. S. 136. 137. u. 330. b) Kleine Chronik Nürnbergs. Altorf. 1790. S. 83.

Weil s. Kalk.

Wellenförmige Bewegung des Wasser. Die Theorie der wellenförmigen Bewegung des Wassers wurde von Newton zuerst auf richtige Grundsätze gebracht.

> Newtoni Princip. L. II. Sect. 8.

Welsche Praktik ist eine Art zu rechnen, die ihren Namen von Welschland hat, weil sie in Italien, besonders von den Venetianern erfunden wurde; andere schreiben aber ihre Erfindung oder wenigstens ihre Verbesserung einem gewissen Rudolf im 16ten Jahrhundert zu.

> Reccards Lehrbuch der Berlinischen Realschulen. 1783. 2 Abtheil. S. 339. J. A. Fabricii allgem. Hist. der Gelehrs. 1754. dritter Band. S. 352.

Weltauge, lapis mutabilis, ist eine Art Opal, der im Wasser durchsichtig wird und daher auch den Namen Hydrophan führt. Der Stein nimmt diese Durchsichtigkeit auch in andern Flüßigkeiten an, welche fähig sind, in seine Zwischenräume hineinzuziehen. Herr Bernard hat eine Beschreibung von einem neuen Weltauge geliefert, welches auf dem Wasser schwimmt und sich, wie Bolus und Mergel-Erde an die Zunge anhängt a).

De Saussure entdeckte den Betrug eines Mineralhändlers, mit einem an Farbe und Größe einer weissen Bohne ähnlichen, undurchsichtigen Steine, welcher bey mäßiger Erhitzung in einem Löffel die Farbe und Durchsichtigkeit des schönsten Topases annahm. Der Mineralienhändler gab ihn für einen Sonnenstein aus Armenien aus, wo er des Nachts undurchsichtig, am Tage aber durch die Sonnenstralen durchsichtig werden sollte. Herr De Saussure fand aber, daß es ein mit Jungfernwachs getränkter Hydrophan war. Durch dieses Mittel war der Hydrophan in ein Pyrophan verwandelt worden, das heißt, er wurde durchsichtig, wenn man ihn erwärmte, und zwar aus eben der Ursache, warum er durchsichtig wird, wenn man ihn in Wasser legt b.)

a) Notice de l'Almanach Sous Verre des Associés. Paris. 1790. p. 570. 571. b) Journal de Physique. 1791.

Weltmaschinen, Planetenmaschinen, sind solche durch ein Räderwerk getriebene Maschinen, welche die himmlischen Bewegungen im Kleinen durch Kugeln vorstellen. Sonst stellte man das Sonnensystem und die gegenseitigen Lagen seiner Körper durch Scheiben dar, die sich um einen Mittelpunkt drehen ließen und Planetolabien genannt wurden. Peter Apian hat im Jahr 1540 ein prächtiges Werk dieser Art auf 59 Platten, aber nach ptolemäischen Hypothesen herausgegeben; und Lothar Zumbach genannt. Koesfeld lieferte im Jahr 1691 solche Scheiben im Kupferstich auf Pappe zu ziehen, für die copernikanische Weltordnung Christian Pescheck in Zittau beschrieb 1737 in den Leipziger gel. Zeitungen ein von ihm erfundenes Planetensystem, das Copernicanische System ist auf einer aber das Tychonische System auf zwey Scheiben vorgestellt. Die Weltmaschinen sind aber kostbarer. Man vermuthet, daß schon Archimeds bekannte Sphäre, deren Cicero gedenkt a), etwas ähnliches gewesen sey. Auch Archytas soll eine Weltmaschine verfertiget haben b). Huygens erfand und beschrieb eine solche Planetenmaschine c). Das Orrery der Engländer beschreibt Ferguson d). Lord Orrery besaß ein solches Kunstwerk, daher ihm Richard Steele den Namen Orrery beylegte; doch bemerkt Hr. Hofr. Kästner, daß das Wort Orrery auch eine Abkürzung des Worts orbitery seyn könne, welches bey einem englischen Schriftsteller in dieser Bedeutung vorkomme. Der verstorbene Pastor Hahn erfand eine sehr sinnreiche Maschine dieser Art e). Die Nürnbergischen Maschinen, an denen man die Planeten mit der Hand herumführt, sind wohlfeiler. Der Apparat zur Weltmaschine, den Nollet bey seinen Vorlesungen gebrauchte, und den Brisson f) beschrieb, zeigt zwar nicht al-

les

les zugleich, wie das Orrery, aber doch die Bewegungen jedes Planeten einzeln, mit weniger Kosten und mit grösserer Deutlichkeit. Ein schönes Modell dieser Art hat auch Herr M Riebel zu Leipzig angegeben g); es ist ein Tellurium, das nur die Bewegung der Sonne, der Erde und des Monds vorstellt. Herr Bode verfertigt seit 1788 Planetenmaschinen, an denen auch Uranus mit seinen Monden befindlich ist; Herr Prof. Wild in Colmar hat diese Maschinen 1793 verbessert. G. Adams erfand auch ein Tellurium. Herr Geißler beschrieb eine Uhr, welche Umdrehung der Erde, Bewegung des Monds, auch die Phasen des letztern dem Zeitmaaße nach mit großer Schärfe angiebt. Vom Abbé le Bris wird eine Maschine angezeigt, welche die Erde und Mond um die durch eine Lichtflamme vorgestellte Sonne führt und durch eine Kurbel mit der Hand umgedreht wird h).

a) Cicero Tusc. quæst. Lib. I. De nat. Deor. Lib. II. b) Reccards Lehrbuch der Berlinischen Realschulen. 1783. 2 Abtheil. S. 343. c) Hugenii Descriptio automati planetarii in s. Opp. reliquis. Amst. 1728. 4. T. II. p. 175. d) Ferguson Astronomy explained. London. 1754. e) Vischers Beschreibung einer Astronomischen Maschine. Stuttgard. 1770. 8 f) Dict. de Phys. Art. Planetaire. g) Die Verbindung der Sonne, Erde und des Mondes, in einem Modelle vorgestellt von J. G. Riedel. Leipzig 1785. h) Gehler phys. Wörterbuch. V. Th. S. 1007.

Weltsystem, Weltordnung, Sonnensystem, Planetensystem, ist eine Anzahl mehrerer Weltkörper, welche in einer bekannten oder vermutheten Ordnung und Verbindung stehen. Da man solche Ordnungen nur durch

durch hypothetische Schlüsse kennt, so versteht man auch unter Weltsystem oder Weltordnung jede Hypothese, wodurch man besonders die Ordnung desjenigen Systems zu erklären gesucht hat, wozu die Sonne, Erde, Planeten, und Nebenplaneten gehören, die zusammen unser Sonnensystem oder Planetensystem ausmachen.

Egyptische Weltordnung.

Die älteste Weltordnung ist die Egyptische, welche nur die Venus und den Merkur um die Sonne, alle übrige Bewegungen aber um die ruhende Erde gehen läßt. Die besondern Erscheinungen der Venus und des Merkur sollen nach des Macrobius Zeugnisse a) schon die ältern Egyptier bewogen haben, diesen beyden Planeten einen Umlauf um die Sonne zuzuschreiben. Sehr wahrscheinlich hat diese Ordnung in der Folge zu allen den Systemen Gelegenheit gegeben, die alle Planeten überhaupt um die Sonne gehen ließen.

Griechische Ordnung.

Die Griechen kamen schon weiter; Montucla vermuthet so gar, daß schon Pythagoras die Sonne zum Mittelpunkt des Systems gemacht habe, um welchen sich die übrigen Planeten bewegten, doch habe er diese wahre Weltordnung als eine geheime Lehre unter dem Sympol eines in dem Mittel der Welt befindlichen Feuers verborgen, bis endlich seine Nachfolger dieselbe öffentlich vorzutragen wagten. Entschieden ist es, daß die pythagorische oder italische Schule bereits die Bewegung der Erde behauptet hat b). Heraklides von Pontus, Ekphantus und Seleukus von Erythräa schrieben der Erde blos eine Bewegung um ihre Are

—, wobey sie noch immer der Mittelpunkt des Umlaufs der Sonne und der eignen Bewegungen der Planeten seyn könnte c). Nicetas von Syrakus lehrte, daß alle Sterne, Sonne, und Mond stille stünden und nur die Erde sich um ihre Are drehe d).

Man hat behauptet, daß Philolaus von Crotona zuerst die Meynung seines Lehrers Pythagoras, daß sich die Erde um die Sonne bewege, öffentlich vorgetragen; Herr Professor Eberhard hat aber aus Plutarchs und Archimedes Zeugniß darzuthun gesucht, daß Aristarch von Samos zuerst die Bewegung der Erde um die Sonne, die im Mittelpunkte des Weltalls ruhe, gelehrt habe e). So viel ist gewiß, daß sowohl Philolaus, als auch Aristarch, samt dem Archytas von Tarent, dem Timäus von Lokris und dem Plato, der noch in seinem Alter dieser Meynung beytrat, der Erde, neben ihrer täglichen Bewegung, auch einen Umlauf um die Sonne gaben. Mit dieser Bewegung der Erde um die Sonne ist der Umlauf der übrigen Planeten um die Sonne so genau verbunden, daß man auch den letztern schon als eine Lehre der Pythagoräer ansehen muß, und daß einige wirklich nicht blos die Erde, die Venus und den Merkur, sondern auch alle übrigen Planeten um die Sonne geführt haben, kann man aus dem schließen, was vom Apollonius von Perga f. gesagt wird, daß er die Stillstände und Rückgänge aus einem Umlaufe des Mittelpunkts der Hauptbahn erklärte, welche Erklärung unvermeidlich nöthiget, den Mittelpunkt der Bahnen in die Sonne zu setzen; man betrachtet daher das ganze Copernikanische System als eine Meynung der italischen Schule.

Pto=

Ptolemäisches System.

Der größte Theil der Griechischen Philosophen und Astronomen, zu denen selbst Anaximander, Eudoxus, Hipparch und Aristoteles gehörten, blieb indeßen bey dem sinnlichen Scheine und der Unbeweglichkeit der Erde stehen. Man ordnete um die in der Mitte stehende Erde erst die Bahn des Mondes, dann die Bahn des Merkurs, dann die der Venus, der Sonne, des Mars, des Jupiters, des Saturns, und umgab dieses alles mit der achten Sphäre der Fixsterne. Die Venus und den Mercur ließen zwar einige um die Sonne laufen; die meisten aber führten sie in Kreisen um leere Mittelpunkte und ließen diese Punkte mit der Sonne zugleich um die Erde gehen, wodurch die Erscheinungen ebenfalls erklärt werden; dabey ward es streitig, ob diese beyde Planeten innerhalb oder außerhalb der Sonnenbahn um die Erde liefen. Zu des Plato Zeit nahmen die meisten das erste an. In dieser Gestalt wird nun das alte griechische System im Almagest des Ptolemäus dargestellt und mit großer astronomischer Geschicklichkeit zur Erklärung der Phänomene angewendet, daher hat es auch den Namen des Ptolemäischen Systems bekommen. Zwar war die Anordnung des Ganzen seit mehreren Jahrhunderten schon herrschend angenommen und die Theorie der Sonnenbahn bereits vom Hipparch ausgearbeitet worden; was aber den Lauf des Mondes und der Planeten betrifft, ist ganz das Werk des Ptolemäus selbst, welches er etwa 120 Jahre nach Christi Geburt ausgearbeitet hatte. Physische Mittel, welche diese wunderbare Bewegung bewirken sollten, giebt er gar nicht an, denn die Meynung von den in einander steckenden durchsichtigen Sphären, welche sich wie Zwiebelschalen drehen und die Planeten mit sich herumführen sollen, gehört vielmehr dem weit älteren Eudoxus zu, der jedem Planeten 4 Sphären gab, deren eine die tägliche Umdrehung, eine die eigne Bewegung, eine die Veränderungen der Breite und noch eine die Stillstände oder Rückgänge bewirkte. Da für Sonne und Mond nur drey nöthig waren, so zählte er deren 26, die hernach vom Kalippus und Polemarch, mit Beystimmung des Aristoteles auf 56 vermehrt wurden. Aristoteles führt dieses sonderbare System mit Beyfall an g).

Copernicanisches System.

Nicolaus Copernicus, geboren zu Thorn den 19ten Januar 1474, widmete sich der Sternkunde und fand im Ptolemäischen System besonders die Vorstellung sehr ungeheuer, daß sich der ganze Weltbau so schnell um die Axe drehen solle, als zur täglichen Bewegung erforderlich ist; er beschloß daher, alle Meynungen der Alten vom Weltbau zu sammeln und so fand er auch im Plutarch die Behauptungen der Pythagoräer, besonders des Philolaus. Der Gedanke, daß die tägliche Bewegung der Erde nur scheinbar sey und durch die Umdrehung der Erde um ihre Axe bewirkt werde fesselte ihn wegen seiner Einfachheit. In der Folge fand er beym Martianus Capella, daß man schon in dem Alterthume die Venus und den Merkur um die Sonne habe gehen laßen, dieß war ihm ein Strahl eines neuen Lichts; Copernicus erstreckte dieses auch auf Mars, Jupiter und Saturn, weil er gewahr wurde, daß

wenn

wenn diese Planeten um die Sonne giengen, sich ihre Stillstände, Rückgänge, verschiedene scheinbare Grössen, von selbst erklärten; da nun die meisten kleinen Körper schon um den größten bewegt wurden, so gesellte er ihnen auch die Erde bey und wieß ihr die Bahn zwischen der Venus und dem Mars an, die auf dieser Bahn von dem Monde begleitet wurde. Von diesem System war Copernicus schon im Jahr 1507. überzeugt, aber erst um 1530 vollendete er sein Werk De orbium coelestium revolutionibus. Libri. VI. welches Copernicus im Jahr 1543 zu Nürnberg drucken ließ, aber die Beendigung des Drucks nicht erlebte, indem er den 24ten May, 1543. an einem Blutsturz starb. Sein System fand im 16ten Jahrhundert nur wenige Anhänger, nemlich den Rhåticus, den Erasmus Reinhold in Wittenberg, der i. J. 1551 die neuen Tafeln nach dem System und den Beobachtungen des Copernicus herausgab, den Christoph Rothmann, Mästlin und Galilei. Indeßen hatte doch Copernicus die Mängel der Ptolemäischen Weltordnung fühlbar gemacht, daher man sich bemühete, neue Systeme zu erdenken, zu welchen außer denen des Fracastori, Raymund Ursus u. a. auch die Hypothese des Tycho de Brahe gehört, welche ein Mittelweg zwischen dem alten und neuen System war, indem er aus dem letzten so viel annahm, als möglich war, ohne dem Aristoteles und der damaligen Schriftauslegung zu widersprechen.

Tychonisches System.

Tycho de Brahe, geb. 1546. gest. 1601. machte sein System im Jahr 1588 bekannt b); er nahm die

Erde unbewegt als den Mittelpunkt desselben an und ließ um sie den Mond und in größrer Entfernung die Sonne umlaufen; aber den übrigen fünf Planeten gab er Bahnen, welche um die Sonne giengen, deren Mittelpunkt also durch die Bewegung der Sonne selbst im Kreise herumgeführt ward. Tycho hatte die Idee des Umlaufs um die Sonne vom Copernicus entlehnt, ob er gleich vorgab, daß ihn seine Beobachtungen der Parallaxe des Mars i. J. 1582 gezeigt hätten, daß uns dieser Planet in der Opposition näher als die Sonne steht, welches sich mit dem Ptolemäischen System gar nicht vertrage, daher ihm nichts übrig geblieben sey, als den Mars und die übrigen Planeten um die Sonne, diese aber um die Erde zu führen. Obgleich Tycho viele Anhänger fand, so gieng doch schon sein berühmter Schüler, Christian Longomontan (geb. 1562. gest. 1647) darinn von ihm ab, daß er die tägliche Bewegung aus einer Umdrehung der Erde herleitete. Dieses halbtychonische System, welches ein Mittelding zwischen dem Tychonischen und Copernicanischen war, fand jedoch keinen Beyfall.

Bestätigung des Copernicanischen Systems.

Zu Anfange des 17ten Jahrhunderts nahete der Zeitpunkt, der dem Copernicanischen System die Oberhand verschaffte. Es wurde nemlich das Fernrohr erfunden, durch welches Galilei das Ab- und Zunehmen der Venus und des Merkurs, das Daseyn der Jupitersmonden, die Aehnlichkeit des Monds mit der

der Erde, die Flecken der Sonne und deren Umdrehung um ihre Axe, theils entdeckte, theils bestätiget fand. Es ward unwidersprechlich gewiß, daß Venus und Merkur um die Sonne liefen, daß alle Planeten dunkel sind und von der Sonne erleuchtet werden, daß sich Weltkörper um Axen drehen können, daß sich es mit der Erde und ihrem Monde so wie mit dem Jupiter und seinen Monden verhalte, und daß sich die Sonne als der einzige leuchtende und vornehmste Körper unsres Systems auszeichne, welches alles den Galilei bewog, die Copernicanische Weltordnung zu begünstigen. Zwar erklärte man zu Rom i. J. 1615. das Copernicanische System für schriftwidrig und ketzerisch und Galilei selbst konnte der Gefahr nur dadurch entgehen, daß er versprach, bei der alten Lehre zu bleiben, aber er suchte demohngeachtet die Lehre des Copernicus zu vertheidigen, weswegen er im Jahr 1632 in Verhaft genommen, i. Jahr 1633 zum Widerruf genöthiget und zum lebenslänglichen Gefängnisse verurtheilt wurde, welches man im folgenden Jahre dahin einschränkte, daß er sich nicht ausser dem Florentischen Gebiet begeben solle, wo er 1642 starb. Gassendi, Lansberg, Bouillaud, Lipstorp, Wilkins, Zimmermann, vertheidigten das Copernicanische System und Kepler verschafte ihm vollends den Sieg, ja seine Entdeckungen gaben diesem System erst wahre Schönheit und Bestimmtheit. Auch Newton trug zur Bestätigung dieses Systems bey, indem er die wahren Ursachen von der Bewegung der Planeten um die Sonne erwies i).

a) Somn. Scip. I. 19.   b) Aristoteles de coelo, II. 13.   c) Plutarch. de placit. Philosoph. IU. 13. 17.

d) Ci-

Wendeltreppen. Wetterfahne.

d) Cicero Quaest. Acad. IV, 39. e) Neue vermischte Schriften von J. A. Eberhard. Prof. der Philosophie zu Halle. 1784. Halle bey Gebauer. f) im Almagest XII. 2. g) Aristotel. Metaph. XII. 8. h) De mundi aethereis recentioribus Phaenomenis liber secundus. Vranib. 1588. 4. maj. i) Gehler physik. Wörterbuch. IV. Th. S. 701. folg.

Wendeltreppen hat Palladius verbeßert und ihnen durch seine Kunst mehr Licht verschafft.

Jacobson technol Wörterbuch. IV. S. 635.

Wendezirkel, Wendekreise, Sonnenwenden, sind auf der Himmels- und Erdkugel zwey Kreise, die mit dem Aequator parallel laufen und von demselben um das Maaß der Schiefe der Ekliptik oder fast $23\frac{1}{2}°$ abstehen. Einige schreiben ihre Entdeckung dem Thales a), andere dem Anaximander zu b).

a) J. A. Fabricii allgem. Hist. der Gelehrs. 1752. 2 B. S 192. b) Acad. des Inscript. Tom. IV. pag. 23. 24.

Wenzel II. s. Groschen.

Werkmeister (Andreas) s. Orgel.

Werner s. Doctorwürde, Rechtsgelehrsamkeit.

Werner (Georg Christoph) s. Feuerspritzen.

Werner (Joh.) s. Meereslänge.

Westbeck s. Säemaschine.

Westindische Compagnie s. Handlungsgesellschaft.

Westphälisches Gericht s. Fehmgericht.

Wetschgy (Joh. Melchior) s. Geschwindschießen.

Wetterableiter s. Gewitterableiter.

Wetterfahne ist das Instrument, durch welches man erfährt, aus welcher Gegend der Wind herwehet; von dem darauf fallenden Regen rostet sie leicht und stockt dann, welchem Fehler Jacob Leupold dadurch abähnlich, daß er die ganze Spindel mit einer Hülse bedeckte, die oben geschlossen ist und daselbst auf einer harten stählernen Spitze läuft. Auch hat er zur genauen Anzeige der Gegenden des Windes einen Zeiger mit einer Tafel angebracht, welche oben an der Decke eines Zimmers oder an einer Wand, oder außen an einer Mauer befestiget wird, so daß man daran, wie an einer Sonnenuhr, die Veränderungen des Windes sehen kann.

Leupoldi Theatr. Staticum. p. 299. 300.

Wetterglas. Ein allgemeines Wetterglas erfand Herr Professor Martin Kuntz zu Königsberg; man findet die Beschreibung desselben in dem

Hamb. Magazin. 1753. IV. B. S. 269. 306.

Wetterlichter, St. Elmsfeuer, Castor und Pollux, sind rauschende und eine Zeitlang ohne Schaden fortdauernde Flammen, die man an den Spitzen der in der Luft erhabenen Körper, besonders an Metallen, bey Gewitterluft gewahr wird. Schon Plinius erzählt a), daß er Sterne auf den Lanzen der Soldaten und auf den Mastbäumen der Schiffe sahe, die mit Zischen von einem Orte zum andern hüpften; zwey solcher Sterne wären Vorbedeutungen einer glücklichen Fahrt und würden von den Schiffern Castor und Pollux genannt, aber ein einziger solcher Stern, den man Helena nenne, bedeute Unglück. Er meldet, daß man auch dergleichen bisweilen an den Häuptern der Menschen sehe. Auch Seneca, Hirtius, Livius und Plutarch gedenken dieser Erscheinungen. Neuere Beobachtungen hievon theils auf Schiffen, theils auf Thurmspitzen hat Reimarus gesammelt b). Jalabert und de Sauffure c) sahen auf den Alpen bey einem

354 Wetterlichter. Wettermännchen.

Gewitter aus ihren Fingern und aus einem metallenen Hutknopfe Funken fahren. Nicholson bemerkte Wetterlichter an den beyden Ohren seines Reitpferdes, wobey viele andere Personen das nemliche an ihren Pferden gewahr wurden und sogar der Kopf des einen Pferds ganz in Feuer zu stehen schien d). Am 16ten August 1773 bemerkte man auch an dem mit einem Blitzableiter versehenen Jacobithurme zu Hamburg ein Wetterlicht. Zu Hermannstadt ließen sich am 23. Febr. 1792. Abends gegen 7 Uhr, wo kein Gewitter, sondern Schneegestöber war, auf dem Thurmknopfe der großen evangelischen Pfarrkirche, kleine weiße, ins bläuliche spielende Flammen sehen, die ein Geknister verursachten und um halb 8 Uhr, wo es zu schneyen aufhörte, wieder verschwanden. Reimarus hält die Wetterlichter nicht sowohl für ein Zeichen des Abzugs der Electricität aus der Wolke selbst oder ihrem Wirkungskreise, als vielmehr für eine Gegenwirkung auf häufige in der Luft oder den Dünsten zerstreute Electricität, etwa so, wie man durch Spitzen, die von einem electrisirten Körper ausgehen, die Luft im Zimmer, besonders wenn viele Dünste darinn schweben, electrisiren kann e).

a) Plin. N. H. II. 37. b) Reimarus vom Blitze, 32-37 Erfahr. S. 73 folg. Hamburg. 1778 c) Hist. de l'acad. des Sciences. 1767. p. 33. d) Philos. Transact. Vol. LXIV. p. 351. e) Gehler phys. Wörterb V. B S. 1010.

Wettermännchen ist ein kleines hölzernes Männchen, welches durch sein Auf und Niedersteigen in einer gläsernen Röhre die Veränderungen des Wetters oder vielmehr der Schwere der Luft anzeigt. Otto von
Gueri-

Wettermännchen. Wetterschirm.

Guericke erfand und beschrieb es a), hielt aber das Mittel, wodurch das Männchen auf und niederstieg geheim, bis es Comiere, Prof. zu Ambrun bekannt machte und zeigte, daß das Männchen durch das darunter verborgene Queckſilber in einer Barometerröhre gehoben und niedergelaßen wird.

<small>a) In den Experiment. Magdeburgii. Lib. III. c. 20. p. 100. b) In den Act. Erudit. 1684. p. 26. folg.</small>

Wetterſchirm, Paratonnerre portatif, iſt ein mit einer metalliſchen Ableitung verſehener Regenſchirm, wodurch man ſeine Perſon gegen den Blitz ſichern kann, wenn man während eines Gewitters unter freyem Himmel zu ſeyn, genöthiget iſt. Bertholon de St Lazare und einige andere Naturforſcher haben dieſes Werkzeug vorgeſchlagen. Reimarus empfiehlt einen Schirm aus gewächſtem ſeidenen Zeuge, mit fiſchbeinernen Stangen, die an einen langen Spazierſtock befeſtiget ſind; zugleich müſſe man eine breite und hinlänglich lange metallene Treſſe bey ſich führen, die nöthigen Falls mit dem einen Ende oben am Knopfe des Stocks befeſtiget wird, und mit dem andern Ende in einiger Entfernung auf der Erde befeſtiget werden könnte. Der Stock würde ſodann in die Erde geſteckt, und wenn man ſich unter dem ausgebreiteten Schirm nieder ſetze, ſo habe man daran einen ſchützenden Körper, der den Stral auffange und mittelſt der metallenen Treſſe von dem Menſchen abwärts leite.

<small>Reimarus vom Blitze. Hamburg. 1778. §. 78. S. 221.</small>

Wettlauf. ſ. **Gymnaſtik.**

Wettrennen.

Wettrennen, war eine Uebung in den Gymnasien der Griechen und Römer, welche theils zu Fuße, theils zu Pferde, theils mit dem Wagen vorgenommen wurde. Das Wettrennen mit dem Wagen wurde von den Einwohnern zu Elis erfunden a). Seit dem Anfange des 15ten Jahrhunderts wurde zu Nördlingen ein Wettrennen zu Pferde gehalten, das von dem Hauptgewinnste dabey das Scharlachrennen genannt wurde; doch kann man dieses erst von dem Jahre 1442 an mit glaubwürdigen Urkunden belegen. In diesem angeführten Jahre wollte Anselm von Yberg (oder Eyberg), ein Schwäbischer Ritter, die Renner mit 700 Mann aufheben, wurde aber abgetrieben, weil man durch öftere Erfahrung belehrt, am Tage des Rennens die Bahn und die Stadt-Mauern mit Leuten und Geschütz besetzt hielt. Dieses Scharlachrennen wurde alle Jahre am Montage nach dem Frohnleichnams-Tage, auf einem großen Wiesenplatze, die Reichs- oder Kaysers Wiese genannt, gehalten. Der Magistrat schickte an den benachbarten hohen und niedern Adel, und an die Städte Einladungs-Schreiben und es fand sich eine große Anzahl Renner ein, worunter nicht wenige Fürsten und Grafen waren. Schon 1445 war Marggraf Albrecht von Brandenburg und Hans Graf von Oettingen bey dem Rennen. Alle ohne Unterschied mußten sich der festgesetzten Scharlachordnung unterwerfen, von welcher man noch Exemplare von 1463. 1464. und 1524 in dem Nördlingischen Archive findet. Hier war bestimmt, daß alle mannbare Leute, die ohne Wehr und Waffen wären und mit Sporren sich einfänden, zugelassen, und von dem Bürgermeister samt

Wettrennen.

ihren Pferden gezeichnet werden sollten, wenn sie vorher einen Gulden erlegt hätten. Noch vor dem Bezeichnen wurde untersucht, ob einer nicht weniger als 125 Pfund wog; wer weniger wog, mußte, nach einer Verordnung Maximilians I. vom Jahr 1493. sich das abgehende Gewicht an ziemlichen Orten anhängen lassen, wie es noch bey den Rennen in England geschieht, nur daß hier, nach einer Parlements-Acte vom Jahr 1727. jeder Renner 80 bis 90, der Deutsche aber 125 Pfund haben soll. Montags früh mit 5 Uhr mußten zu Nördlingen alle Renner auf der Rennbahn erscheinen und loosen; mit 7 Uhr fiel das Seil zum Einlaß, die Bürgermeister gaben das Zeichen zum Abrennen und wer zuerst das aufgesteckte Ziel von Stroh erreichte, der erhielt 36 Ellen Scharlach, der zweyte eine Armbrust, der dritte ein Schwerdt, der letzte unter allen bekam, wahrscheinlich für das Zurückbleiben zum Schimpf, ein Schwein. Bey entstandenen Irrungen mußten alle, auf ihr Angeloben, sich dem Ausspruche des Ammanns von Nördlingen unterwerfen. Das verdrüßliche Entscheiden dieser Händel setzte aber die Stadt mancher Fehde aus, daher die Nördlinger das Rennen gleich nach 1493 gar einstellen wollten; aber dem benachbarten Adel scheint an der Haltung desselben gelegen gewesen zu seyn, weil Kayser Maximilian I. i. J. 1496 ein Schreiben von Augsburg schickte, daß die Nördlinger wie gewöhnlich das Scharlachrennen halten sollten, weil viele Fürsten, Grafen, Ritter, und Knechte am Kayserlichen Hoflager Lust dazu hätten. Von dieser Zeit an dauerte das Wettrennen noch bis zu Ende des 16ten Jahrhunderts fort,

wo

158 Wettstreit. Widderhörner.

wo es dann eingestellt wurde. b). In den Nürnbergischen Annalen findet sich im Jahr 1477, bey Gelegenheit eines Armbrustschießens, die erste Nachricht von einem Wettrennen zu Pferde; man legte einen Gulden ein und es wurden drey Gaben gemacht, die erste war ein silbernes und vergoldetes großes Trinkgeschirr oder Scheueren für 40 Fl.; die zweyte ein silberner Becher für 14 Fl.; die dritte ein silberner Becher für 6 Fl. c).

a) Hygin. Fab. 274. Stollens Historie der Gelahrheit. Jena 1724. S. 64. X. b) Münsters Kosmographie, u. Journal von und für Deutschland. 1784. Aug. S. 143.
c) Journal von und für Deutschland. 1784. Jan. S. 46.

Wettstreit in der Musik, s. Musik.
Weynachtsgeschenke s. Neujahrsgeschenke.
Weynachtsinsel, Christmas Island, wurde am 25sten December 1777 von Cook entdeckt.
Wetzsteine entdeckte man zuerst auf der Insel Kos, von der sie auch im Lateinischen den Namen Cos erhielten.
Whistspiel soll zu Anfange dieses Jahrhunderts von Edmond Hoyl erfunden worden seyn. Der Herr Herzog von Aremberg, der das Gesicht verlohr und im Whistspiel sehr stark ist, hat einen mit einem besondern Mechanismus versehenen Tisch angegeben, durch dessen Hülfe er Whist spielen kann.
Widderhörner sind in der Kriegsbaukunst die niedrigen Streichplätze, die statt der Grabenscheeren zur Vertheidigung des Grabens von Belidor eingeführt wurden. Sie werden nach einem ausgehenden Bogen stein gemacht, damit man mit den Stücken den Graben desto besser bestreichen kann.

Jacobs

Jacobson technol. Wörterb. IV. S. 644?
Widemann s. Buchbinderkunst.
Widerstand bezeichnet in der Mechanik alles dasjenige, worauf eine Kraft so verwendet wird, daß sie ihre gewöhnlichen Wirkungen entweder ganz oder zum Theil nicht mehr äußern kann. Ueber den Widerstand fester Körper hat Galilei Untersuchungen angestellt und solche 1638 bekannt gemacht. Mariotte und Leibnitz haben in dieser Theorie einige Abänderungen gemacht, und Varignon hat diesen Gegenstand mit hinreichender Allgemeinheit sehr schön abgehandelt a).

Feste Körper, die sich in einer flüßigen Materie, z. B. Wasser oder Luft bewegen, verlieren in jedem Augenblicke auch einen Theil ihrer Geschwindigkeit, weil der geringe Zusammenhang der flüßigen Materie ihrer Bewegung widersteht; man nennt dieses den Widerstand der Mittel. Newton hat die Theorie der Lehre von dem Widerstande flüßiger Materien im zweyten Buche seiner Principien mit großer Allgemeinheit abgehandelt; aber Robins entdeckte i. J. 1752 bey Untersuchung der Bahn, welche abgeschoßene Kugeln in der Luft beschreiben, große Abweichungen von Newtons Theorie. Newton selbst erkannte auch, daß seine Theorie den Erfahrungen nicht allenthalben Gnüge leistete. b)

a) Mém. de l'acad. des Scienc. 1702. 1705. 1709.
b) Gehler physikal. Wörterbuch IV. Th. S. 747. folg.

Widogast s. Rechtsgelehrsamkeit.
Wiedeburg (Basilius) s. Nordlicht.
Wiedemann (Ludwig) s. Geschwindschießen.
Wiegleb s. Saumiat.

Wiehen s. Kutsche, Wegmesser.

Wiener-Chaise; dem Herrn Hof-Kupferschmidt Pflug in Jena verdankt man die Erfindung, die so genannten Wiener-Chaisen durch Spiralfedern bequemer zu machen.

Gothaischer Hof-Kalender 1788.

Wiesel (Johann) s. Fernglas, Microscop.

Wiesen; ein Pfarrer aus dem Pais de Vaux hat im Jahr 1763 bey der Akademie zu London die Pimpernell als eine Pflanze empfohlen, durch die man auch den Winter hindurch die Wiesen grün erhalten kann.

Zur Wässerung der Wiesen findet man im Leupold eine Maschine beschrieben. Ein Ungenannter hat zu dieser Absicht ein Wasserrad erfunden und solches 1792 bekannt gemacht; die Veranlassung dazu gab ihm die von Andreas Wirz, Zinngießer in Zürch, 1746 erfundene hydraulische Maschine.

S. Ueber die Wässerung der Wiesen und eine zu diesem Behuf eingerichtete Maschine. Dresden u. Leipzig, im Richterischen Verlage, 1792.

Wiesenkümmel, Karbe, Carum Carvi L. wird schon vom Plinius ein Hauptstück in den Küchen genannt a) und Hier. Tragus hält ihn in seiner Art für nützlicher als ein Gewächs in Arabien. Der Name Carum Carvi soll von καρος καρος herstammen; Caspar Bauhin behauptet in seinem Pinax, daß der Kümmel diesen Namen daher habe, weil er ehedem in Carien in grosser Menge wuchs b).

a) Plin. XIX. c. 8. b) Wittenberg. Wochenblatt 1770. St. 34.

Wild-

Wildrufe. Wilhelmsgroschen.

Wildruffe ist eine Art der Drehkunst, die im Jahr 1603 von dem Horndrechsler Georg Grün in Nürnberg erfunden wurde a). Im Jahr 1617 wurde diese Drehkunst in Nürnberg ein freyes Handwerk b), jetzt aber ist es gesperrt. Die Wildruffdreher verfertigen nemlich gewisse Hörner und Pfeifen, wodurch sie theils einen sehr langen und durchdringenden Schall zu Wege bringen, theils den Ruf des Wildes, theils auch das Pfeifen und Geschnader des Geflügels nachzuahmen wissen. Man kann diese Stücke einzeln, aber auch in dem so genannten Kukuk vereinigt haben; in dem letztern findet man erstlich den Ruf des Kukuks, dann, nach einer kleinen Verdrehung, den Ruf des Hirsches, des wilden Schweins, des Rehes, des Fuchses und der Hasen, dann das Geschnader der wilden Gänse und Endten, auch den Ruf der wilden Tauben.

a) Doppelmayr. S. 297. Merkwürdigkeiten der Stadt Nürnberg vom Hrn. v. Murr. S 735. Kleine Chronik Nürnbergs. Altdorf. 1790. S. 76. b) Curieuse Nachrichten von Erfindern und Erfindungen, Hamburg 1707. S. 162.

Wilhelmsgroschen sind eine sächsische Münze, wovon es zwey Gattungen gab. Die erste Gattung dieser Groschen ließ Wilhelm I. oder Einäugige, i. J. 1390 zu Freyberg schlagen; 80 derselben wogen eine Mark und 20 kosteten einen rheinischen Gulden. Die andere Gattung ließ Friedrich I. Kurfürst von Sachsen, und sein Bruder Wilhelm I. oder der Reiche, i. J. 1400 prägen; diese letztere Art führt auch den Namen der Fürstengroschen.

in Jacobſons technol. Wörterbuch. IV. S. 646.

Wilke ſ. Luftpumpe, Parkers-Maſchine, Papiniſche Maſchine, Pneumatiſch-chymiſcher Apparat, Turmalin, Wind-Schweremeſſer.

Wilke (Joh.) ſ. Sprache, Tachygraphie.

Wilkes ſ. Barometer.

Wilkie ſ. Schauſpiel.

Wilkins ſ. Mond.

Wilkinſon ſ. Schwimmjacke, Schwimmkamiſol.

Will (Joh.) ſ. Tachygraphie.

Willer (Georg) ſ. Bücherverzeichniß.

Willis (Thomas) ſ. Valveln.

Wilſon (Heinrich) ſ. Palaos-Inſeln, Pelew-Inſeln.

Wilſon ſ. Magnet, Microſcop, Phosphorus, Reibzeug, Turmalin.

Wilſon ſ. Schriftgießerey.

Wimmen (Nicol.) ſ. Schwimmkunſt.

Windbarometer ſ. Barometer.

Windbüchſe iſt ein Schießgewehr, welches ſo eingerichtet iſt, daß ſtark verdichtete Luft, anſtatt des Schießpulvers eine auf gewöhnliche Art in den Lauf geladene Kugel forttreibt. Man hat behaupten wollen, daß ein Nürnbergiſcher Bürger, Namens Guter im Jahr 1430 die Windbüchſe erfunden habe a), aber bewährte Nürnbergiſche Geſchichtsforſcher, als Herr von Murr in ſeinen Merkwürdigkeiten der Stadt Nürnberg, und Herr D. Siebenkees in der kleinen Chronik Nürnbergs, melden von dieſem Guter nichts. In der kleinen Chronik Nürnbergs wird zwar gemeldet b), daß man im Jahr 1429 in Nürnberg anfieng

Windbüchse.

fieng, mit Büchsen nach dem Ziele zu schießen, dieß waren aber keine Windbüchsen. Andere schreiben die Erfindung der Windbüchsen theils dem Prinzen Robert von der Pfalz, theils einem gewissen Douson c), theils einem Deutschen Paul Weber d) zu; allein Prinz Robert wurde erst 1619 geboren und damals waren die Windbüchsen schon bekannt; auch hat man keine Beweise, um diese Erfindung dem Douson und Weber zuschreiben zu können. Man muß gestehen, daß Zeit und Ort dieser Erfindung, wie auch der Name des Erfinders dieses Gewehrs noch unbekannt sind.

Die älteste Nachricht von einer Windbüchse findet man beym Musschenbrock, welcher meldet e), daß sich in der Gewehrkammer eines Herrn von Schmettau in Deutschland eine noch sehr unvollkommene Windbüchse, mit der Jahrzahl 1474 finde. Den Nürnbergischen Geschichtforschern zufolge erfand Hanns Lobsinger († 1570) zu Nürnberg die Windbüchsen um das Jahr 1560 f); da hier der Erfinder mit Namen, Ort und Jahr angegeben wird, so ist dieses Zeugniß immer von beträchtlichem Gewicht. Mersene führt an, daß ein französischer Künstler, Namens Marin, Bürger zu Lisieux in der Normandie, für den König Heinrich IV. der von 1589 bis 1610 regierte, eine Windbüchse g) verfertiget habe, woraus man schon sieht, daß hier nicht von der ersten Erfindung die Rede seyn kann. Eben so unrichtig ist es, wenn einige behaupten, daß ein Mechanikus in Amsterdam, Namens Barth. Koes h) um das Jahr 1660 die Windbüchse erfunden habe.

Windbüchse.

Im 17ten Jahrhundert, wo man die Eigenschaften der Luft durch Versuche kennen lernte, wurden diese Gewehre bekannter; Otto von Guericke erfand die Magdeburgische Windbüchse i), aus der man mit der Luft schießt, wie man sie an einem Orte findet; es wird eine ausgepumpte Kugel an den Lauf geschraubt, da dann die Luft, die in den luftleeren Raum hineinfährt, die Kugel, die im Lauf liegt, mit Gewalt heraustreibt. Nachher haben Nürnbergische Künstler größere Windbüchsen verfertiget, die den Namen der Windkanonen führten und 4 Pfund schwere Kugeln 400 Schritt weit durch ein 2 Zoll dickes Brett trieben k). Ein Nürnbergischer Meister erfand auch eine Art Windbüchsen, mit welchen man aus einem Lauf erst mit Pulver, dann mit Wind, wechselsweise schießen konnte; wenn ein solches Rohr einmal geladen war, konnte man zehn Schüsse nach einander damit thun. Er machte auch Pistolen, mit denen man, wenn sie einmal mit Wind geladen waren, sechsmal schießen konnte l).

Der berühmte D. Lieberkühn erfand die Windbüchse mit der messingenen Kugel, worinn das Ventilgehäuse ist, um sie mit Luft vollpumpen zu können; diese Kugel wird auf das Schloß der Büchse geschraubt m).

Ein gewisser Matthey zu Turin hat eine Windbüchse erfunden, welche dadurch geladen wird, daß man in ihrer Kammer 2 Unzen Schießpulver abbrennt. Das aus diesem Pulver entwickelte Gas, in dem engen Raume der Kammer zusammen gepreßt, reicht zu 18 Schüssen auf 60 Schritte weit. De la Condamine beschrieb diese Windbüchse i. J. 1757 n).

Herr

Windbüchse.

Herr Hofmechanikus Gropp hat die Windbüchse auch verbessert o).

Herr Meyer, Büchsenschäfter in Nordhausen, verfertiget eine neue Art Windbüchsen, deren Wind sich in starken eisernen Kolben befindet, mit einem Ventil. Eine solche Windbüchse faßt 500 Stöße einer guten Pumpe in sich und hat drey Rohre, die man, ohne die Büchse auseinander zu nehmen, geschwind auf dreyerley Art verändern kann; nemlich ein Flintenrohr zu groben Schrot, ein Vogelflintenrohr zu kleinen Schrot, und ein gezogenes Rohr, das eine Kugel auf 100 Schritt weit, 10 bis 12 mal durch ein tannenes einen Zoll dickes Bret treibt. Sie kostet 8 Louisd'or p).

a) Vollbeding Archiv der Erfindungen. S. 518. Gemeinnützige Kalender-Lesereyen von Fresenius. I. B. 1786. S. 48. b) Kleine Chronik Nürnbergs. 1790. S. 30. c) Curieuse Nachrichten von Erfindern und Erfindungen. Hamburg 1707. S. 162. d) Fabricii allgem. Historie der Gelehrsamkeit. 1752. I. B. S. 226. e) Musschenbroek Introd. ad. philos. nat. T. II. §. 2111. seq. f) Merkwürdigkeiten der Stadt Nürnberg. S. 732. Kleine Chronik Nürnbergs. 1790. S 68. g) Mersenne Phaenomena pneumatica prop. 32. h) Universal-Lexicon IV. unter Büchse. Jablonskie II. 1786. Wittenberg. Wochenblatt 1777. St. 9. i) Er beschrieb sie in den Experimentis novis magdeburgicis. p. 112. 113. k) Gehler physikal. Wörterbuch. IV. S. 769. 770. l) Curieuse Nachrichten. S. 31. folg. m) Jacobson technol. Wörterbuch IV. S. 648. n) Extrait d'un Journal de Voyage d'Italie. Mém. de Paris. 1757. p. 405. o) Reichs-Anzeiger 1793. Nr. 8. S. 60. p) Reichs-Anzeiger 1796. Nr. 25 S. 252. folg.

Winde.

Winde sind die Bewegungen der Luft im Luftkreise. Nach den Berichten der Alten lehrte Aeolus, ein Sohn des Hellen, nach andern ein Sohn des Jupiters und der Alceste, die Griechen um die Zeit des Trojanischen Kriegs die vier Hauptwinde kennen a); er soll auch die Kunst erfunden haben, die Veränderungen des Windes entweder aus den Gestirnen, oder durch ein Experiment mit dem Rauche vorherzusagen und wurde deswegen zum Gott der Winde gemacht b). Neocles lehrte die Athenienser zuerst, den Winden Opfer zu bringen c). Andronicus Cyrrestes theilte die Winde zuerst in acht Klassen ein und errichtete zu Athen einen achteckigten Thurm, wo an jeder Seite der Name eines Windes geschrieben stand; oben drauf setzte er einen kupfernen Triton, der einen Stab in der Hand hatte, den er allemal nach der Gegend hinkehrte, wo der Wind herkam d).

Karl der Große gab den Winden deutsche Namen e).

Die Natur der beständigen Ostwinde, die auf dem Weltmeere zwischen den Wendekreisen wehen, hat Halley zuerst erforscht f). Dieser Ostwind, der noch einige Grade über die Wendekreise hinausweht, zieht sich nordwärts der Linie mehr nach Nordost, und südwärts derselben nach Südost, je nachdem der Stand der Sonne ist; steht die Sonne in den nördlichen Zeichen, so zieht sich dieser Wind auf der Nordseite weniger nach Norden, dagegen aber auf der Südseite mehr nach Süden; beym Stande der Sonne in den südlichen Zeichen geschieht gerade das Gegentheil. Halley nimmt als Ursache dieser beständigen Winde mit Recht die Erwärmung des Luftkreises durch die

Son-

Sonne an. D'Alembert behauptete 1746 g), daß der Mond in der Luft eben so, wie im Meere, eine Ebbe und Fluth verursache und daß hieraus ein beständiger Luftstrom von Osten nach Westen entstehe, welches man als eine Ursache bey der Erklärung des beständigen Ostwinds mit zu Hülfe nehmen müsse. Die Theorie der Winde ist noch weit von ihrer Vollkommenheit entfernt; der Kanzler Bacon gab 1664 an der Lehre von den Winden ein schönes Beyspiel seiner Methode, gesammelte Erfahrungen zu ordnen und von ihnen zur Entdeckung der Gesetze und physischen Ursachen fortzuschreiten h). Colepreß, Garden, Wargentin, Strahl, Sauffure und de Lüc haben noch über die Theorie der Winde geschrieben. Herr Hube bestreitet Halley's und D'Alemberts Erklärung der beständigen Ostwinde und leitet diese von der Umdrehung der Erde her, welche die Punkte des Aequators schneller, als die Stellen der Parallelkreise fortführt; die Luft von den Halbkugeln der Erde strömt immer nach der Linie zu, weil hier die Hitze am größten ist, hier wird die leichtere Luft immer erhoben und unten von beyden Seiten durch schwerere Luft ersetzt, die nach und nach über die schneller nach Osten sich drehende Punkte kommt; da sie nun diese Geschwindigkeit nicht augenblicklich annehmen kann: so bleibt sie gegen die Oberfläche der Erde nach Westen zurück und verursacht dem Körper, der schnell durch sie hingeführt wird, die Empfindung eines östlichen Windes i). De la Coudraye leitet die regelmäßigen Winde von der Sonne her, welches auch schon Christlob Mylius 1746 annahm k).

a) Diod.

a) Diod. V. c. 7. Plin. VII. sect. 57. b) Universal. Lex. I. p. 663. c) Aelian de Animal. Lib. VII. c. 27. d) Salmasius ad Solin. p. 879. e) Kercards Lehrbuch der Berlinischen Realschulen II. S. 255. f) Philosoph. Transact. nr- 183. p. 151. g) d'Alembert reflexions sur la cause generale des vents, piece, qui a remporté le prix par l'acad. royale de Prusse, pour l'année. 1746. à Berlin 1747. h) Baconis historia naturalis et experimentalis de ventis. 1664. i) Hube Ueber die Ausdünstung u. s. w. Leipzig. 1790. k) Gehler phys. Wörterb. IV. S. 758.

Winde, Rad an der Welle, Radwelle, Radwinde, Haspel, deren man sich zum Fortbringen schwerer Lasten bedient, soll Artemon von Klazomene um das Jahr 3500 n. E. d. W. erfunden haben a). Sie gehört in der Mechanik zu den einfachen Potenzen, und war auch dem Pappus bekannt b). Der Engländer Gullet zu Hevon erfand eine Maschine, womit auf eine sehr leichte und bequeme Art Wasser, Steinkohlen, Erze u. s. w. aus den Gruben ausgewunden werden können. Sie wird durch ein Rad getrieben, das 10 Fuß im Durchmesser hat und dessen Bewegung leicht verursacht, aber auch leicht gehemmt werden kann; die ganze Maschine ist von einfacher Zusammensetzung c). Auch Herr Charles Castelli, Professor der Physik zu Mayland, erfand eine Winde, durch die man beträchtliche Lasten, vermittelst der Thiere, heben und fortschaffen kann; mit einer geringen Veränderung dient sie auch dazu, Barquen unter den Brücken wider die reissendsten Ströme fortzuschaffen. Ein Modell davon kostet zwey Zechinen d). Vergl. Hebel, Krahn.

a) Curieuse Nachrichten von Erfindern und Erfindungen. Hamburg. 1707. S. 162. b) Gehler physikal. Wör-

Windforscher. Windmesser.

Wörterbuch III. S. 617. c) Lauenburgl. Gem. Kalender. 1776. d) Esprit des lourmaux. Janvier. 1791. T. I. p. 385.

Windforscher s. Windzeiger.
Windhosen s. Schwimmhosen.
Windkugel s. Aeolipila.
Windlate s. Orgel.
Windmesser, Anemometer, sind Werkzeuge, welche die Stärke und Geschwindigkeit des Windes angeben. Alle Windmesser sind entweder Maschinen, die durch Windflügel umgetrieben werden, oder sie bestehen aus einer ebenen Fläche, die den Windstoß auffängt, um seine Kraft und Geschwindigkeit aus dem Winkel zu bestimmen, um welchen diese Fläche gehoben oder aus der vertikalen Richtung gebracht wird. Ein guter Windmesser muß folgende Eigenschaften haben: 1) er muß einfach und dem Verderben nicht leicht unterworfen seyn, 2) er muß sich selbst nach den verschiedenen Richtungen des Windes drehen, 3) er muß die verschiedene Stärke des Windes angeben und auf seinem Grade stehen bleiben, 4) mehrere nach einerley Grundsätzen gemachte Windmesser müssen unter einerley Umständen gleiche Resultate geben.

Der älteste Windmesser mit den Windflügeln ist der, welchen Wolff im Jahr 1708 erfand a); er bestand aus einer Welle mit vier Windflügeln, die Welle hat einige Schraubengänge, die als Schraube ohne Ende in ein Stirnrad eingreifen, mit dessen Axe rechtwinklicht der Arm eines Hebels verbunden ist, an dessen Ende ein Gewicht hängt. Bey Windstille steht dieser Arm lothrecht herabwärts; beym Umlaufe der Flügel wird

wird er aber mit der Axe des Rads gedreht und das Gewicht gehoben, dieses Werkzeug zeigt aber nur den stärksten Stoß des Windes an, der in der Zeit der Aussetzung die Flügel traf.

Ons-en-Braye erfand und beschrieb b) im Jahr 1734 einen Windmesser mit Windflügeln, der so eingerichtet ist, daß ein ganz mäßiger Wind das Rad schon zum Laufen bringt und daß sich die Umläufe des Rads schon von selbst zählen. Er zeigt und bemerkt auf einem Papiere, was für Winde und in welchen Stunden sie gewehet haben, ihre Richtung und Geschwindigkeit, auch wie sich die letztere geändert hat. Die ganze Maschine steht im Zimmer und wird durch ein auf dem Dache befindliches horizontales Windrad gedreht. Dieser Windmesser des Ons-en-Braye, der zugleich mit einer Uhr verbunden ist, scheint indessen nicht französischen Ursprungs zu seyn, denn Leupold beschrieb schon 1724 c) ein ähnliches Werkzeug, welches der Hof-Juwelierer Dinglinger in Dresden in seinem Hause errichten ließ. Auch giebt Leupold im Theatro aërostatico schon mehrere Einrichtungen an, welche die Veränderungen des Windes selbst aufzeichnen.

Schober bediente sich eines Windmessers mit Windflügeln, an die eine Glocke so angebracht war, daß sie jede sechs Umläufe eines Rads durch einen Schlag anzeigte, und so erfuhr er durch Zählung der Schläge in einer Minute die mittlere Umlaufsgeschwindigkeit der Flügel d).

Die Anemometer der zweyten Klasse, wo eine ebene Fläche den Windstoß auffängt, sind einfacher; die

erste

erste Nachricht von einem solchen Windmesser, ohne Meldung des Erfinders findet man in den Transactionen e). Bouguer beschreibt f) einen Windmesser, der noch immer einer der besten bleibt. Ein Blech von ein Quadratfuß Fläche wird dem Winde senkrecht entgegen gehalten; dieser treibt es mit daran befestigten Stiele in ein Futteral hinein, an dessen Boden eine Spiralfeder entgegen drückt. Ein stärkerer Wind treibt also den Stiel tiefer hinein, als ein schwächerer, und durch einen Sperrkegel wird der Stiel festgehalten, daß er nicht wieder zurück kann. So kann man sehen, wie tief ihn der Wind hineingetrieben hat, und versuchen, wie viel man Gewicht braucht, ihn eben so weit hineinzutreiben. Alle diese Windmesser zeigten indessen nur die relative Gewalt der Geschwindigkeit des Windes an; keiner diente dazu, die absolute Geschwindigkeit des Windes, und zwar durch bloße Beobachtung, ohne alle Rechnung, zu bestimmen. Der Professor Zeiher, der erst in Wittenberg war und dann nach Petersburg gieng, gab daher einen Windmesser an, der seiner Meynung nach, dem letzten Zweck Gnüge thun sollte. Er bediente sich dazu des von Bouguer erfundenen Windmessers, den er an einer besondern Vorrichtung anbrachte, die ihm dazu behülflich war, eine Scale für die absolute Geschwindigkeit des Windes verzeichnen zu können g).

Der Herr Coadjutor von Dalberg erfand und beschrieb h) im Jahr 1781 einen Windmesser, der vor den gewöhnlichen viele Vorzüge hat. Er schlägt statt der gewöhnlichen Fläche einen großen Schirm von Eisenblech vor, der durch die Fahne dem Winde immer ent-

Windmesser.

entgegen gehalten wird. Dieser Schirm bewegt sich unten in Augeln und oben wird er durch einen Drat, der über eine an der Spindel befindliche Rolle hinunter in das Zimmer des Beobachters geht und ein Gewicht trägt, gegen die Spindel zurückgehalten. Bey jedem Windstoß tritt der Schirm weiter oder weniger aus der vertikalen Stellung und hebt dadurch das Gewicht im Zimmer. Dieses Gewicht befindet sich an einem Hebel, durch deßen eigne Einrichtung die Stärke des Windstoßes angegeben wird; auch kann zu gleichem Endzweck eine Wage mit einer Spiralfeder angebracht werden. Dieser Windmesser ist zugleich mit einem Windzeiger und mit einer Vorrichtung zur Bestimmung der Neigung des Windes gegen den Horizont verbunden, welche beyde im Zimmer beobachtet werden können.

Brequin de Demenge erfand auch einen Windmesser i).

Herr Kandidat Oertel in Ronneburg gab eine sinnreiche Einrichtung eines Windmessers an, der aus einer vom Winde gehobenen Platte besteht und sich mit andern nach ähnlichen Grundsätzen verfertigten vergleichen läßt k).

Im Jahr 1789 beschrieb Herr M. Chr. G. Herrmann, Pastor in Cämmerswalde, einen von ihm verbeßerten Wind-, Regen- und Trockenheits-Beobachter l). Er verband nemlich mit dem Windmesser, der aus einer vom Winde gehobenen Platte besteht, eine Vorrichtung, durch welche selbst in Abwesenheit des Beobachters vermittelst einiger in gewisse Fächer geworfenen Würfel vier und zwanzig Stunden lang von

Zeit

Windmesser.

Zeit zu Zeit die Stärke des Windes nach verschiedenen Graden bemerkt wird. Alle Viertelstunden z. B. fällt ein Würfel aus und legt sich gerade in dasjenige Fach, welches der Wind seiner verschiedenen Stärke nach gerade in diesem Augenblicke vor die Oefnung bringt; auf dem Würfel ist die Viertelstunde angezeigt, um welche er herausfiel. Es werden aber hier nur diejenigen Windstöße bemerkt, die gerade mit dem Ende einer Viertelstunde zusammentreffen.

Eine ganz neue Art Windmesser beschrieb Herr Wasserbau-Director Woltmann in Hamburg i. J. 1790 m).

Michael Lomonosow hat auch eine Verbesserung an dem Windmesser angebracht n).

D. Velisson beschreibt o) einen neuen Windmesser, den er auf seinem Hause von dem Uhrmacher Droz hat errichten lassen und wozu ihm eine kleine Klappermühle, die am Ende einer hölzernen Windfahne angebracht war, den ersten Gedanken gab. Vier Windmühlenflügel sind an einer Axe fest, diese hat einen Zahn, welcher in ein Rad mit 100 Zähnen greift, das durch eine daran angebrachte Schnecke einen Hammer hebt, so daß bey 100 maliger Umdrehung der Axe jedesmal ein Schlag mit einem Hammer auf eine Glocke verursacht wird. Erfolgen nun die Schläge schnell, so ist der Wind stark, ausserdem aber schwach. Dieser Windmesser, den Herr Droz für einen Friedrichsd'or verfertiget, zeigt auch die Richtungen des Windes nach den Weltgegenden an.

Die erste besondere Theorie der Anemometrie hat Mich. Christoph Hanov in seiner Anemometria nova 1749

1749 entworfen. Nachher hat auch Joh. Ernst Zeiher eine Theorie bekannt gemacht p).

Man hat es auch versucht, die Stärke des Windes durch den Ton der Pfeifen und Saiten zu bestimmen. Leupold q) beschreibt eine solche Windpfeife, die bey stärkerem Winde einen höhern Ton angiebt. Kircher hat auch schon in seiner Musurgie und Phonurgie mehrere Instrumente, worunter auch eine mit 15 Darmsaiten bespannte Art von Lauten war, beschrieben, welche stärker oder schwächer tönte, wenn man sie dem Luftzuge aussetzte. Dieß sind aber bloße Spielwerke.

a) Wolff Elem. mathes. universae, T. II. Aërometr. §. 182. und dessen Elem. Astronom. 1709. b) Mém. de l'Acad. des Sciences de Paris. 1734. p. 133. c) Leupold Theatr. mach. geu. §. 515. d) Hamburg. Magazin. IX. B. 2. und 3. Stück. e) Transact. No. 24. p 444. f) Bouguer Manoeuvre des vaisseaux. g) Die Beschreibung desselben findet man im Wittenbergischen Wochenblatt. 1772. 5. B. 34 Stück. S. 174. h) Anemometre proposé aux amateurs de meteorologie à Erfort. 1781. i) Lichtenbergs Magazin für das neueste der Physik. 1781. I. B. 1. St. S 93. k) Ebendaselbst VI. B. 1. St. S. 89.) l) Mechanischer verbesserter Wind- Regen- und Trockenheits-Beobachter von M. Ch. G. Herrmann. Freyberg und Annaberg 1789. m) Theorie und Gebrauch der Hydrometrischen Flügels, oder zuverlässige Methode, die Geschwindigkeit der Winde und strömenden Gewässer zu beobachten. Hamburg 1790. und neuere Abhandlungen der königl böhmischen Gesellschaft der Wissenschaften. Prag. 1795. II. B. n) Comment. Petropol. nova. T. II. p. 128. o) Beobachtungen und Entdeckungen aus der Naturkunde von der Gesellschaft Naturforschender Freunde in Berlin. 1790. p)

In

Windmühlen.

In den Comment. Petropol. T. X. p. 101. q) Leupold
Theat. aëroſtat. c. 1. §. 122. 131.

Windmühlen ſind ſolche Mühlen, die vermittelſt ihrer Flügel von Wind getrieben werden und theils zum Mahlen des Getreides, theils auch an Orten, wo keine Flüſſe ſind, dazu dienen, das Waſſer in die Höhe zu treiben. ꝛc. Man hatte erfahren, daß das Waſſer die Kraft beſitze, Mühlenſteine zu treiben, und ſchloß daraus, daß der Wind eben dieſe Kraft habe; man ſuchte ihn alſo zum Treiben der Mühlſteine anzuwenden und erfand die Windmühlen. Viele glauben, daß ſie in den Morgenländern, wo wenig Waſſer iſt, und zwar in Aſien, im zwölften Jahrhundert, erfunden und bey Gelegenheit der Kreuzzüge nach Europa gebracht worden wären. Einige meynen a), daß ſie ſchon im Jahr 1040 durch die Kreuzzüge nach Frankreich und England gekommen wären; allein man hat keinen Beweis dafür, auch war damals noch nicht einmal der erſte Kreuzzug angegangen. Andere hingegen halten die Windmühlen, welche in Anſehung der Art, ſie nach dem Winde zu drehen, entweder in deutſche oder holländiſche eingetheilt werden, für eine Erfindung der Deutſchen, wie denn auch die deutſchen Windmühlen, wo das ganze Gebäude ſich auf einem Zapfen herumdrehen läßt, die älteſten zu ſeyn ſcheinen.

Die älteſte Spur von den Windmühlen hat Mabillon entdeckt; ſie befindet ſich in einem Diplom von 1105, welches Mabillon bekannt machte und worinn der Windmühlen gedacht wird. Um dieſe Zeit waren ſie alſo in Frankreich bekannt b). Vor

1143

1143 waren sie schon in England bekannt. Im Jahr 1332 schlug Bartolomeo Verde den Venetianern vor, eine Windmühle anzulegen, und i. J. 1393 ward in Speyer eine gebaut. Die holländischen Windmühlen, wo nur das Dach mit den Flügeln und ihren Axen beweglich ist, sollen gegen 1650 von einem Künstler aus Flandern erfunden worden seyn. Im Jahr 1408 war zwar schon eine Windmühle zu Alkmaar, deren man sich bediente, um das Wasser aus dem Lande zu schöpfen und wegzuschaffen; sie war aber noch unbeweglich; daher man sie auf Flößen setzte, um sie nach dem Winde drehen zu können.

Eine Windmühle mit horizontalen Flügeln wurde von dem Marquis Dugreſt erfunden.

Herr Doinet erfand 1780 zu Paris eine Windmühle mit 8 Flügeln, die sich durch verschiedene Vortheile vor den bisher bekannten auszeichnet. Sie dreht mehrere Mühlensteine zugleich oder besonders, je nachdem der Wind stark ist; sie ändert sich von selbst nach dem Winde, und setzt mit wenig Kosten auch andere Manufakturen, als Papier= Sägemühlen u. s. w. in Bewegung c).

Der Abbé Fleury hat eine neue Windmühle erfunden, die eben so schnell und haushälterisch mühlt, wie eine Waſſermühle, ohne daß man nöthig hat, die Flügel nach der Windseite zu drehen d).

Herr M. Charles Castelli, Professor der Physik zu Mayland, erfand eine Windmühle, die sich nach allen Winden dreht, die ganze Stärke des Windes auffängt und benutzt, selbst wenn der Wind übermäßig stark geht. Man kann auch ihre Wirksamkeit hemmen, ohne

Windmühlen.

ne die Flügel abzunehmen. Das Modell kostet 5 Zechinen.

Herr Johann Gottfried Sattler zu Budißin, wohnhaft in der Wendischen Gasse Nr. 241. kündigte im Jahr 1791 an c), daß bey ihm die Zeichnung einer Horizontal-Windmühle mit zwey Mahlgängen, zwey Graupengängen und Schneidemühle, zu haben sey; diese Windmühle braucht nie vor Wind gedreht zu werden, sie kann im vollen Gehen aus und eingesegelt werden und er ist für deren Gaugbarkeit Bürge; sie kostet, nebst der Erklärung dazu 10 Thaler.

Auch Herr Roth hat eine neue Windmühle angegeben und solche der Königl. Böhmischen Societät der Wissenschaften bekannt gemacht f).

Die Franzosen haben es zuerst versucht, Windmühlen an den Schiffen anzubringen, um immer frisches Mehl zu erhalten. La Peyrouse bediente sich ihrer auf seinen Seereisen g).

a) Vollständige theoretische und praktische Geschichte der Erfindungen. Zürich. 1789. III. B. S. 64. b) Antipandora I. S. 446. c) Hamburg Correspondent vom Jahre 1780. Nr. 148. Artikel: Cleve. d) Gothaischer Hof-Kalender 1788. e) Anzeiger 1791. 4tes Quartal Nr. 144. S. 1094. f) Neuere Abhandlungen der Kö, nigl. Böhmischen Gesellschaft der Wissenschaften. Prag. 1795. II Band, der die Geschichte dieser Societät von 1791 bis 1795 enthält. g) Magazin für das Neueste aus der Physik fortges. von Voigt. 1795. X B. 2 St. S. 24. 25.

Windorgeln s. Orgel.
Wind-Regen-und Trockenheits-Beobachter s. Windmesser.

BuschHandb. d.Erf. 8.Th. M Wind-

Windsägemühle ist eine Sägemühle, die vom Winde getrieben wird; eine solche wurde bey London i J. 1633 erbaut, aber sie gieng wieder ein; auch 1767 oder 1768 wurde eine solche bey Limehouse, in der Nähe von London, durch James Stansfield erbaut, aber sie wurde vom Pöbel niedergerissen, jedoch kurz darauf wieder erbaut.   Vergl. Windmühle.

Wind-Schweremesser, Anemobarometer, hat Herr Professor Wilke erfunden a). Vorrichtungen, die das Tagregister der Beobachtungen dabey selbst aufzeichnen, haben Leupold b) und Ons-en-Braye c) vorgeschlagen. Vergl. Windmesser.

 a) Lichtenbergs Magazin. III B 2 St. S. 107-112.
 b) Leupold Theatr.acroltatic. Tab. XXII.   c) Mém. de l'Acad. de Paris. 1734. p. 123.

Windsor s. Tapeten.

Windwage ist so viel als Windmesser, daher ich auf dieses bereits angezeigte Instrument verweise und hier nur noch anmerke, daß auch Poleny eine Windwage erfand a). Auch Gerlach, ein Professor in Wien, erfand im Jahr 1766 eine Windwage, mit der man die Stärke des heftigsten Windes in der größten Richtigkeit abwägen kann b). Herr Wilke hat eine merkwürdige Entdeckung zu einem Anemobarometer gemacht; das Quecksilber im Barometer wird durch den Druck der vom Winde getroffenen Fläche in die Höhe getrieben, und die Größe seines oder des aufgelegten Spiritus Steigers giebt die Grade der Stärke des Windes c).

 a) Jacobson technol. Wörterbuch. IV. S. 660. unter Windwage.   b) Gemeinnützige Kalender-Leseregen von Fre-

Windzeiger.

Fresenius. I B. 1786. S. 48. c) III Band der neuesten Schwedischen Abhandlungen aus der Naturlehre, Haushaltungskunst und Mechanik für das Jahr 1782. nach der Kästnerischen Uebersetzung 1784 Leipzig. No. XII.

Windzeiger, Anemoscop, ist ein Werkzeug, dessen man sich bedient, die Richtung des Windes zu bemerken. Das einfachste und gewöhnlichste Anemoscop ist die Wetterfahne auf den Thürmen und Häusern; gleiche Dienste thun die Flaggen an den Masten der Schiffe. Andronicus Cyrrestes errichtete schon einen Windzeiger zu Athen a), siehe Winde. Leupold verbesserte die gemeine Wetterfahne, siehe Wetterfahne.

Um die Richtung des Windes im Zimmer und genauer, als durch den blosen Anblick der Wetterfahne zu betrachten, kann man die Fahne, die sich sonst um eine unbewegliche Spindel dreht, an einer beweglichen Spindel fest machen, welche mit der Fahne zugleich umgedreht wird. Diese Spindel kann durch das Dach bis an die Decke des Zimmers laufen, in welchem man die Beobachtungen machen will; und unten mit einem Getriebe versehen werden, welches in ein bezahntes Rad greift, dessen Axe bis ins Zimmer geht, und mittelst eines darauf gesetzten Zeigers auf einer an die Decke gezeichneten Windrose den Wind bezeichnet. Soll aber die Windrose vertikal an der Wand des Zimmers stehen, so läßt man das Getrieb der Spindel in ein vertikal stehendes Kronrad greifen, dessen Axe horizontal durch die Wand geführt wird und den Zeiger trägt. Hat das Getrieb eben soviel Zähne als das Rad, so macht eine Umdrehung der Fahne auch eine Umdrehung des Zeigers aus und indem sich die Fahne gegen verschiedene Punkte des Horizonts wendet, kehrt sich auch der Zeiger gegen die gleichnamigen Punkte der Windrose. So beschrieb Ozanam dieses Werkzeug b). Kircher setzt noch eine kleine Statue hinzu, die durch einen verborgenen Magnet vom Zeiger herumgeführt wird und die Richtung des Windes mit einem Stäbchen anzeiget c). Leupold hat unter dem Namen der Plagoscope mehrere Abänderungen dieses Instruments beschrieben, worunter eine kleine portative auf einen Kompaß gesetzte Windfahne merkwürdig ist, die man überall aufstellen kann, um die Abweichung des Windes von der Richtung der Magnetnadel zu bemerken d); auch beschreibt er eine Maschine, welche die Veränderungen des Windes eine Zeitlang auf ein Papier verzeichnet e); einige Jahre später machte Ons=en Bray dieses Instrument des Leupold in Frankreich als eine neue Erfindung bekannt f).

Werkzeuge, woran sich der schwächste Zug der Luft erkennen läßt, erfand Herr Romain in Paris, als er damit beschäftiget war, die Hülle der Aerostaten ganz undurchdringlich zu machen g).

Herr Landriani hat mit dem Herrn Moscati einen Anemometrograph zu Stande gebracht, der in Abwesenheit des Beobachters die verschiedene Richtung des Windes aufzeichnet. Diese Maschine hat auf dem meteorologischen Observatorio zu Mayland schon mehrere Jahre gute Dienste gethan h).

a) J. A. Fabricii allgem. Hist. der Gelehrs. 1752. 2 B. S 200. b) Ozanam Recreations mathematiques. T. II. c) Gehler physikal. Wörterbuch. I. S. 102. d)

d) **Leupold** Theatr. Staticum. P. III. c. 10. e) Ibid.. P. III. c. 9. f) Anemometre qui marque de lui même sur le papier non seulement les vents, qu'ils fait pendant les 24 heures et à quelle heure chacun a commencé et fini, mais auſſi leurs differentes viteſſes ou forces relatives par **Mr.** Ons-en-bray. in den Mém. de l'acad. royale de Paris. 1714. p. 123. g) Lichtenbergs Magazin. II. B. 4. Stück. S. 218. 1784. h) Neuere Abhandlungen der königl. böhm. Geſellſchaft der Wiſſenſchaften. Prag. 1795. II. B.

Winkelmaaß, Winkelhacken, wurde, nach Diodors a) Berichte, von dem griechiſchen Künſtler Dädalus erfunden; Goguet aber b) ſetzt dieſe Erfindung in ſpätere Zeiten. Plinius ſchreibt dieſe Erfindung, wenn anders unter norma nicht blos der Maaßſtab, ſondern auch, wie einige meynen, das Winkelmaaß zu verſtehen iſt, dem Theodor von Samos zu c).

a) Diodor. IV. 76. 77. Handbuch der griechiſchen Alterthümer. p. 364. b) Goguet vom Urſprung der Geſetze. II. Th. S. 184. c) Plin. VII. 56.

Winkelmeſſer, Goniometer, heißt überhaupt ein jedes Inſtrument, wodurch ſich die Größe des Winkels beſtimmen läßt; beſonders aber alle Schräg- und Winkelinſtrumente, wodurch man jeden auf dem Papiere oder Felde gegebenen Winkel abnehmen, deſſen Maaß erfahren und an einem andern Orte auftragen kann. Das Werkzeug beſteht aus zwey gleichbreiten, über einander gelegten und zuſammen genieteten Linealen, die am Kopfe abgerundet ſind und ſich leicht öfnen laſſen. Man hat aber auch andere Arten der Winkelmeſſer, z. B. einen, der aus vier Linealen beſteht und vortheilhafter zu gebrauchen iſt. Der erſte Erfinder deſſelben iſt noch

noch nicht bekannt, vielleicht entstand dieses Instrument aus dem Winkelmaaße oder Winkelhacken, indem man die beyden Lineale, die den Winkelhacken bildeten, da, wo sie fest waren, beweglich machte. Leonhard Zubler aus Zürch erfand einen Winkelmesser, der aus drey Linealen mit Visiren besteht ; Leupold hat ihn im Theatr. arth. et geometrico abgebildet und Herr Joh. Laur. Jul. von Gerstenbergk in Jena hat ihn so verbessert, daß er zugleich als Höhenmesser und Distanzmesser dient. Im Jahr 1684 hat Chapotot den Winkelmesser zu verbessern gesucht a). Nachher erfand der Professor Mayer in Göttingen einen Winkelmesser. Der Spiegelsextant, den Johann Hadley 1731 erfand, dient ebenfalls dazu. Winkel zu Wasser und zu Lande zu messen, und Herr Professor Johann Leonhard Späth zu Altorf hat Untersuchungen über die Wirkung dieses Instruments angestellt. Ein Megameter ist ein Instrument, große Winkel am Himmel z. B. große Distanzen des Mondes von den Firsternen zu messen. Der Abt Rochon verfertigte 1767 ein Megameter und machte es 1768 in einer Abhandlung bekannt. Ein Schottländer Watts, der durch seinen erfindrischen Geist berühmt ist, bediente sich des Kunstgriffs des Rochon. Einen neuen amphidioptrischen Winkelmesser erfand G. F. Brander und beschrieb ihn 1772. Ein Goniometer oder einen Winkelmesser zur Messung der Winkel bey Krystallen erfand Herr Carangeot b). Auch Herr M. Hill in Scarborough erfand einen sehr genauen und bequemen Winkelmesser, der i. J. 1788. beschrieben wurde c).

Herr

Winkelmesser. Winter.

Herr Heinrich Cotta in Zillbach bey Meiningen hat einen Winkelmesser zum Auftragen aller mit dem Astrolabio, vorzüglich aber mit der Boussole, gemessenen Winkel erfunden und 1792 angezeigt. Ein solches Instrument von Messing kostet einen Louisd'or d).

Herr F. K. Hartig erfand ein wohlfeiles Winkelmeßinstrument, welches als Astrolabium, Scheibe, Meßtisch, Boußole, Quadrant, Dendrometer und Wasserwage gestellt, und bey Forst- und andern Messungen sehr vortheilhaft gebraucht werden kann; er gab 1796 die Beschreibung dieses Instruments, mit Kupfern, zu Frankfurt am Mayn, bey Varrentrapp heraus.

Die Methode, Winkelmesser einzutheilen, die auch bey Eintheilung gerader Linien gebraucht wird, rührt von Jacob Bernoulli her.

a) Acta Erudit. 1684. p 420 421. b) Lichtenbergs Magazin. 1783. 2 B. 2. St. S. 65. c) Transactions of the Society instituted. at London for encouragement of Arts etc. Vol. VI. 1788. (Rubrik V. Mechanik.) d) Reichs-Anzeiger 1792. Nr. 156. S. 1542. folg.

Winkler s. Electricität, Electrisirmaschine, Gewitter, Gewitterableiter, Nordlicht, Reibzeug.

Winkler (Benedict) s. Natur- und Völkerrecht.

Winter (Georg) s. Mörser.

Wippe ist ein Instrument, mittelst dessen die Knöpfe auf den Schäften der Stecknadeln befestiget werden. Auf einem niedrigen Tische ist in der Mitte ein Amboß befestigt, der in seiner Mitte eine kleine Grube und von derselben bis zum Rande eine kleine Rinne hat. Ueber diesem hängt, in einem Gerüste, ein anderer Stempel mit gleichen Vertiefungen, der mit einem Bleygewichte beschwert ist, und durch das Niedertreten eines Schemels oder Steigbügels, der, so wie der obere Stempel, durch einen Faden mit einem oben am Gerüste befindlichen Hebel verbunden ist, gehoben werden kann, und durch sein Gewicht genau auf den untern herunter fällt. Der Arbeiter greift mit der linken Hand einen Knopf aus einem Gefäße auf einen Schaft, den er in die Vertiefung des Amboßes bringt und, nach der Befestigung, mit der rechten in ein anderes Gefäß wirft. Ehe dieses Werkzeug, welches mehrere Abänderungen leidet, erfunden wurde, sollen die ersten Nadeln mit einem Hammer aus freyer Hand geschlagen worden seyn. Wenn es gewiß wäre, daß die Zeichnung in der Uebersetzung von Garzoni Piazza. 1641. Seite 536. den Nadelmacher vorstelle: so könnte man daraus schließen, daß die Wippe damals noch nicht bekannt gewesen sey.

Beckmanns Anleit. zur Technologie. Göttingen 1787. S. 490.

Wirkung. Herr von Maupertuis versteht unter der Größe der Wirkung, bey Bewegungen, die durch Kräfte hervorgebracht werden, das Product aus der Maße des bewegten Körpers in seine Geschwindigkeit, und in den Raum, den er durchlauft. Er stellt sich nemlich vor, wenn ein Körper aus einem Orte in den andern gebracht werde, so sey die Wirkung desto größer, je größer die Maße des Körpers, je schneller die Bewegung, und je länger der Raum sey, durch den ein Körper gehe. In diesem Sinne ist, nach der Entdeckung des Herrn von Maupertuis, bey den Gesetzen des

des Gleichgewichts, des Stoßes, der Zurückwerfung und Brechung u. s. w. die Größe der Wirkung allemal ein Kleinstes. Man nennt diesen Satz das Gesetz der kleinsten Wirkung, das Gesetz der Sparsamkeit a.) Aus einem Briefe, den Leibnitz an Herrmann schrieb, erhellet zwar, daß Leibnitz diese mathematische Wahrheit schon gekannt hat, aber Maupertuis behält das Verdienst, daß er dieselbe mit ihrer richtigern Bestimmung für sich entdeckt und auf eine scharfsinnige Art aus den Naturgesetzen entwickelt hat b). Euler zeigt c), daß man daraus die Krümmung federhafter Bleche bestimmen könne, und daß bey den Centralbewegungen das Produkt der Geschwindigkeit in das Element der Bahn, gleichfalls ein Kleinstes sey, welches eine der schönsten Anwendungen dieses Gesetzes auf die Bewegung der Planeten, und der geworfenen Körper, denen nichts widersteht, ausmacht. Die Holländer Martin Martens und Anton Brugmanns zeigten, daß die Minima, welche bey den Größen der Bewegungen vorkommen, nicht erste Gesetze, sondern Folgen aus den Eigenschaften der Körper sind, daß man also das Gesetz der Sparsamkeit in keinem Falle anwenden dürfe, wenn man nicht schon aus andern Gründen vorher wisse, daß dabey die Wirkung ein Kleinstes seyn müsse d).

a) Mém. de l'acad' des Sc. de Paris. 1744. b) Gehlers physikalisches Wörterbuch. IV. S 793-797. c) Euleri Methodus invexiendi curvas maximi minimive proprietate gaudentes. Genevæ. 1744. 4. Additam. II. d) Gehler a. a. O.

Wirkungskreise, electrische Wirkungskreise, electrische Atmosphären oder Einflüße, sind der Raum innerhalb dessen ein electrisirter Körper auf andere benachbarte durch Vertheilung d. i. durch Zurückstoßung der gleichartigen und Anziehung der entgegengesetzten Electricität, merkliche Wirkungen äußert; oder allenfalls die in diesem Raume befindliche Luft auf welche der electrisirte Körper wirkt. Wilke und Aepinus haben seit 1757 in ihren Schriften den ersten Grund zu richtigern Kenntnißen von den electrischen Wirkungskreisen gelegt. Wilke entdeckte das wahre Gesetz der electrischen Wirkungskreise, daß nemlich jeder electrisirte Körper in andern, die in seinen Wirkungskreis kommen, eine der seinigen entgegengesetzte Electricität zu erwecken sucht, welches Gesetz mit dem Gesetz des Anziehens und Zurückstoßens einerley ist. Versuche, die auf dieses Gesetz hätten führen können, hatten schon Otto von Guericke, ferner die Jesuiten in Peking i. J. 1755, vorzüglich Canton und Franklin in den Jahren 1753 und 1755 angestellt. Aepinus leugnete 1759 zuerst das Daseyn eigentlicher aus electrischer Materie bestehender Dunstkreise, und führte dafür die richtigere Benennung der Wirkungskreise ein; den Namen der Atmosphäre ließ er nur unter der Bedingung zu, wenn man darunter die Luft verstehen wolle, welche den electrisirten Körper umgiebt und auf seine Electricität wirkt. Nach dieser richtigern Vorstellung hat die Electricität ihren Sitz blos im Körper selbst und auf deßen Fläche; nur die Wirkungen ihres Anziehens und Zurückstoßens sind es, die sich bis auf eine gewisse

Wei-

Weite merklich äußern, und dadurch die Grenzen des Wirkungskreises bestimmen.

Herr Lichtenberg führte die Vorstellungsart und Bezeichnung ein, daß die in den Körpern enthaltene positive Electricität $+$ E, aber die negative $-$ E genannt wurde.

Jedes $+$ E oder $-$ E, welches innerhalb seines Wirkungskreises eine Vertheilung bewirkt, scheint diese Zeit über in eben dem Maaße schwächer oder unwirksamer zu werden, in welchem die von ihm bewirkte Vertheilung stärker ist; hört aber die Vertheilung auf, so scheint auf einmal die ganze vorige Stärke dieses $+$ E oder $-$ E zurück zu kehren. Volta entdeckte zuerst, daß diese scheinbare Schwächung blos eine nothwendige Folge der Verwendung des $+$ E auf die hervorgebrachte Vertheilung sey, und Herr Lichtenberg führte den bequemen Ausdruck ein, das $+$ E, welches eine Vertheilung bewirkt, werde gebunden, höre aber die Wirkung auf Vertheilung auf so werde es frey, oder seine vorige Intensität kehre ohne Verlust in ihrer ganzen Stärke zurück. Herr de Lüc hat, statt des Namens electrische Wirkungskreise, die Benennung electrische Einflüße eingeführt.

Gehler physikal. Wörterb. IV. S. 800 $\div$ 811.

Wirsung s. Pancreatischer Gang.

Wirsung (Christoph) s. Sonnet.

Wirthshaus s. Gasthof, Schenke.

Wirz (Andreas) s. Pumpe, Spiralpumpe.

Wisky ist ein Fuhrwerk, das 30 Fuß hoch von der Erde ist und 1786 in Frankreich erfunden wurde.

Ahlpandora 1789. III. S. 218.

Wisogast. Woche.

Wisogast s. Rechtsgelehrsamkeit.
Withering s. Microscop, Parkers Maschine.
Witmannstadt (J. A.) s. Sprache.
Witry (de) s. Luftart, dephlogistisirte Luft.
Wiesen (Nicol.) s. Taucherglocke.
Witt (Wilhelm de) s. Neu=Holland.
Wittikind s. Geschichte.
Wladislaus IV. s. Posten.
Woche ist eine Zeit von sieben Tagen. Diese Zeiteintheilung ist sehr alt und war bey allen Völkern des Alterthums gewöhnlich. Einige, z B. de la Lande a), meynen, daß die Mondsphasen zu dieser Zeiteintheilung Gelegenheit gegeben hätten; man sahe nemlich, daß der Mond seine Gestalt in einem Monate viermal änderte, man zählte daher die Tage, die während einer jeden Veränderung verflossen und fand, daß sieben Tage dazu gehörten, daher man den Monat in vier Wochen und die Woche in sieben Tage eintheilte. Diese Meynung hat aber Widerspruch gefunden. Herodot b) und Dio Cassius c) halten die Woche oder die Periode von sieben Tagen für eine Erfindung der Egyptier. Die Veranlassung dazu sollen sie von den sieben Planeten genommen haben, unter welche sie das Regiment gleich vertheilten und die Tage der Woche darnach benannten. Andere vermutheten, daß eine alte Tradition von den Tagewerken der Schöpfung, die man auch in den Schriften Mosis findet, zu dieser Zeiteintheilung Gelegenheit gegeben habe d). Blondel leitet die Ordnung, nach welcher die Tage den Planeten zugehören, wobey man immer vom ersten zum vierten springt, von dem musikalischen Intervall

der

Woche: Wohlstandslehre

der Quarte her, welches die Grundlage der alten Tonleiter ausmachte e). Die Griechen theilten ihren Monat anfangs in drey Decaden ein; erst spät gaben sie der Woche sieben Tage f). Als Peru erobert wurde, fand man bey den Peruanern schon den Gebrauch, die Tage in Wochen einzutheilen, wovon auch jede aus sieben Tagen bestand.

    a) De la Lande Astron. Lib. VIII. 1514. b) Herodot Lib. II. c) Dio Cassius Hist. rom. Lib. XXXVII. d) Anaxandors I. S. 38. e) Blordel Historie du Calendrier Romain. p. 13. seq. f) Goguet vom Ursprunge der Gesetze. III. S. 100. 101.

Wochenschriften; ihr Erfinder war der Engländer Richard Steele gegen das Jahr 1700; die ersten Wochenschriften, die er schrieb, waren der Schwätzer und der Zuschauer, an beyden war Addison Mitarbeiter. Im Jahr 1741 kam die erste Nürnbergische moralische Wochenschrift heraus, welche der Redliche betitelt war.

    Kleine Chronik Nürnbergs. Altdorf 1790. S. 95.

Wohlgemuth (Michael) s. Formschneidekunst, Holzschnitt, Kupferstecherkunst.

Wohlstandslehre zeigt, wie sich der Mensch verhalten soll, um sich Freunde zu erwerben. Der erste, der das natürliche Decorum von dem politischen, auch jenes von dem Iusto und Honesto genau unterschied, und zur Ausführung dieser Lehre einen guten Grund legte, war Christian Thomasius. Er leistete dieses

    in den Fundamentis juris naturæ et gentium und
    in den Cautelis circa studium decori. s. Stolle Historie der Gelahrheit. Jena. 1724. S. 663.

Wolf

Wolf. **Wolfskraut.**

Wolf oder **Wolff** (Christian von) s. Aerometrie, Figur, Grießholz, Heber, Linie, Logarithmen, Luftpumpe, Manometer, Mathematik, Metaphysik, Microscop, Mond, Multipliciren, Nordlicht, Ofen, Philosophie, Physik, Schatten, Springbrunnen, Windmesser.

Wolf (Consistorial-Secretaire in Hanover) s. Kronenleuchter.

Wolframskönig ist ein Metall, welches die Gebrüder Don Juan Joseph und Fausto de Luyart in dem Wolfram oder Tungstein entdeckten.

> J. J. u. F de Luyart chemische Zergliederung des Wolframs und Untersuchung eines neuen darinn befindlichen Metalls überseßt von F. A. C. Gren. Halle 1786.

Wolframssäure ist eine eigne von Scheele 1781 entdeckte Säure, welche den Kalk des Wolframmetalls ausmacht, und im Tungstein oder Schwerstein mit Kalkerde vereinigt ist.

> Neue Schwedische Abhandlungen. B. II. 1781. S. 89.

Wolfskraut, Eisenhütlein, Aconitum, ist ein giftiges Kraut, welches aber 1762 durch die Versuche des kayserlichen Leibarztes Anton Freyherrn von Störk zuerst als ein nüßliches Heilmittel in verschiedenen Krankheiten, und pulverisirt, als ein Mittel gegen den Krebs bekannt wurde.

> Stoerkii Libellus, quo demonstratur, aconitum non solum tuto posse exhiberi usu interno hominibus, verum et esse remedium in multis morbis maxime salutiferum. Vindob. 1762.

Wol

Wolke. Wolkenhöhe.

Wolke s. Stenographie, Sprache, Universal-Sprache. Wolken entstehen nach Herrn Hube theils durch Erkältung, auch aus brennbaren Luftmassen, wenn sie viel Wasser aufgelößet haben, welches geschieht, wenn sie unten stark erwärmt worden sind und schnell genug aufsteigen, um stark genug erkältet zu werden, ehe sie noch ihre Dünste der angrenzenden trockneren Luft mittheilen können. Da aber Erkältung und brennbare Luft noch nicht die Entstehung aller Wolken erklären, so nimmt Herr Hube noch die Electricität dabey zu Hülfe. Die Electrisirung der obern Atmosphäre bringt nach H. Hube die schuppigen Wolken, die man Lämmer nennt, zuweilen auch einen mit feinem Nebel bedeckten Himmel hervor, der sich immer mehr verdickt und oft in einer halben Stunde ganz dunkel wird. Diese Theorie gründet sich jedoch auf Voraussetzungen, die noch durch keine directen Erfahrungen bestätiget sind.

Gehler phys. Wörterbuch. V S. 1025—1029

Wolkenhöhe. Die geometrische Methode, die Wolkenhöhe auf dieselbe Art zu messen, wie man die Höhe eines Thurms mißt, zu dessen Fuße man nicht kommen kan, ist unsicher, weil sich Ort und Gestalt der Wolke unaufhörlich ändern und entfernte Beobachter nie versichert seyn können, bey gleichzeitigen Winkelmessungen genau einerley Punkt der Wolke zu treffen. Inzwischen hat Riccioli solche Messungen veranstaltet, und versichert, die Höhe der Wolken nie über 25000 Fuß gefunden zu haben. Jacob Bernoulli ersand und beschrieb 1688 die Methode, die Wolkenhöhe durch die Abendröthe zu erforschen, indem man

die

die Zwischenzeit von dem Augenblicke an, wo die Sonne die Gipfel der Bäume, Häuser oder Thürme nicht mehr färbt, bis an den Augenblick, wo sie auch die bestimmte Wolke nicht mehr färbt, genau bemerkt, und daraus die Höhe der Wolke bestimmt a). Da aber der Weg der letzten Sonnenstralen durch den Luftkreis, wegen der verschiedenen Dichte und Beschaffenheit der Dünste am Horizonte, gar sehr veränderlich ist, so wird auch diese Methode unsicher. Nach dem was man auf den höchsten Bergen beobachtet hat, scheint sich die Höhe mancher Wolken bis auf eine Meile über die Erdfläche zu erstrecken b).

a) Nová ratio metiendi altitudines nubium, in act. Erudit. Lipſ. an. 1688. p. 98. b) Gehler physikal. Wörterbuch. IV. S. 816.

Wolle-Bereitung. Daß die Kunst, Wolle zu bereiten sehr alt seyn muß, sieht man aus der sorgfältigen Schaafschur der Alten a). Nach dem Plinius erfanden die Egyptier die Wollbereitung; nach dem Isidor aber die Minerva, welcher zu Ehren, um dieser Erfindung willen, in der Stadt Lucretia, in Apulien, ein Tempel erbaut wurde. Justin meldet, daß die Athenienser die Wollbereitnng erfunden hätten b), aber Polydor erzählt, daß Minerva erst die Athenienser in dieser Kunst unterrichtet habe; besonders will man der Minerva die Erfindung der Wollspinnerey zuschreiben.

In Bechers närrischer Weisheit ist ein Instrument angegeben, womit ein Junge in einem Tage 100 Pfund Wolle von den Geishaaren, d. i. von den harten, rauhen und spitzigen Haaren in der geschornen Schaafwolle reinigen kan c)

Zum

Wolle-Bereitung. Wollen-Kämmerey 193

Zum Knüppen der Wolle hat Herr Hughe eine Maschine erfunden, die diese Arbeit sehr erleichtert d).

Die Gattin eines Kays. Croaten-Offiziers meldete um das Jahr 1779 in Wien, daß sie das Geheimniß wisse, aus 100 Pfund schlechter Ungarischer Wolle, 75 Pfund gute Spanische Wolle zu bereiten. Sie gieng von Wien nach London, wo sie, nach gemachter Probe, 8000 Pfund Sterling zur Belohnung erhielt e).

a) 1 Mos. 31, 19. Kap 38, 12. 13. b) Iustin. II. cap. 6. c) Jablonskie allgem. Lex. Leipzig. 1767. I. S. 571. d) Londner Transactionen Vol. VII. S. 187. e) Meusels Miscellaneen artistischen Inhalts. Erfurt. 1781. 6ter Heft. S. 30.

Wollen-Kämmerey. Die Kunst, Wolle zu kämmen, war schon zu des Ulysses Zeit bekannt a); Helena schätzte vorzüglich eine Wollkämmerin von Lacedämon b).

Es ist bekannt, daß unter den besten Kohlen, deren man sich zur Erwärmung der Kämme in den Kammtöpfen bedient, oft so genannte Platz-Kohlen sind, die, bey erfolgter Explosion der in denselben verschlossenen Luft, oft sehr weit Funken umherwerfen und, wenn dieses des Nachts geschieht, Feuersgefahr verursachen. Je mehrere Kammtöpfe in großen Wollen-Manufakturen in einem Zimmer beysammen stehen, desto grösser ist die Gefahr. Der nachdenkende Innhaber einer durch ihre Solidität seit einer langen Reihe von Jahren beliebten Wollen-Manufaktur in Erfurt hat daher in seiner Wollen-Kämmerey daselbst eine solche Einrichtung getroffen, wodurch die Möglichkeit eines solchen Unglücksfalls gehoben wird, und noch andere Vortheile erreicht werden. Diese Nachricht erfuhr man bereits 1792 c), und im Jahr 1793 machte der Herr Erfinder, unter der ausdrücklichen Bedingung, daß sein Name nicht genannt würde, seine Erfindung, zum Besten des Publikums, bekannt, sie ist folgende: der gewöhnliche Kammtopf steht in einem Kessel von Eisenblech, der im Umfange etwas weiter ist, und der Zwischenraum wird mit Sand ausgefüllt. Dieser Kessel wird mit einem ebenfalls blechernen, aber mit einem übergehenden und genau passenden Falz versehenen, Deckel, des Abends, wenn die Kämmer von der Arbeit gehen, geschlossen. Platzen nun noch Kohlen, so kann kein Funke mehr herausfahren; allein dieß geschieht nicht einmal, weil dieser Dämpfer die Kohlen sogleich auslöscht. Dadurch werden also auch viel Kohlen erspart, die sonst vergebens ausglimmen würden. Auch springen die Töpfe, weil sie im Kessel fest stehen, seltener, und geschieht es ja, so hat man keine Feuersgefahr zu fürchten d).

Edmund Kartwright in Donkaster in England ersand vor einigen Jahren eine Wollkämme-Maschine, die alle 12 Stunden 240 Pfund vollkommen zubereiteter Wolle liefert und weder Wärme noch Oel bey ihren Kämmen braucht e).

a) Homer Odyss. χ. 420. Vergl. Homer Hymn. Ceres. 144. b Homer Il. γ. 388. c) Anzeiger 1792. Nr. 40. S. 322. 323. d) Anzeiger 1793. Nr. 1. u. 2. S. 5. 6 e) Journal für Fabrik, Manufaktur, Handlung und Mode. 1796. November. S. 352.

Wollfärberey erfanden die Lydier in der Stadt Sardes zuerst a). Wollene Tücher auf jeder Seite anders zu

fär-

färben z. B. auf der einen Seite roth auf der andern
blau, haben die Engländer zuerst erfunden und diese
Kunst sehr geheim gehalten; aber Baumé in Frankreich hat zuerst entdeckt und durch Versuche herausge-
bracht, daß die Engländer die Farbe auf jeder Seite,
nicht im Kessel, sondern mit einer Bürste auftragen b).

a) Plin. VII, 56.   b) Halle fortgesetzte Magie. 1 B.
S. 544. 1788.

Wolraben (Joh. Jac.) s. Randschrift, Rändelwerk.

Wood (J.) s. Egenpflug, Platina.

Worlidge (John) s. Säemaschine.

Worm (Olaus) s. Wormische Beinchen.

Wormische Beinchen sind gewisse dreyeckigte kleine
Knochen am Kopfe, und zwar in der Sutura cranii Lam-
poides, welche Olaus Worm († 1654), Lehrer der
Arzneykunde zu Kopenhagen im Jahr 1628 zuerst entdeckte, daher sie auch nach seinem Namen benannt
wurden.

J. A. Fabricii Allgem. Hist. der Gelehrs. 1754.
3 B. S. 1088.

Woulfe s. Salpeteräther, Salzäther, Salzsäure.

Wrabez s Wundarzneykunst.

Wrede s. Luftpumpe.

Wreen (Christoph) s. Bewegung der Körper, Mechanik,
Mondkugeln, Physik, Stoß der Körper, Zeichnerinstrument

Wright (Edward) s. Kräuterkunde, Land- und Seekar-
ten, Schiffahrt.

Wülste, welche die Frauenzimmer über den Hüften tragen, sind durch die Kreuzzüge nach Europa gebracht

worden und rühren von dem Wohlgefallen der Araber an einer dicken und fetten Taille her. In der Folge entstanden aus den Wülsten die Paniers und Pofchen.

Wunsch f. Schall.

Würfel, Cubus. Zu der Aufgabe der Verdoppelung des Würfels gab folgendes die Veranlaßung: auf der Insel Delus war eine Pest; die Einwohner fragten daher das Orakel, was für ein Mittel sie gegen dieses Uebel brauchen sollten, und erhielten zur Antwort, daß sie den Altar des Apollo noch einmal so groß machen sollten. Dieser Altar bestand aus einem Würfel, daher entstand die Aufgabe, die Seite eines Würfels zu finden, der zweymal so groß sey, als ein anderer gegebener Würfel. Hippocrates Chius nahm zuerst wahr, daß diese Aufgabe mit derjenigen übereinkomme, welche fordert, zwischen zwey gegebenen Linien zwey mittlere Proportional-Linien, in beständigem Verhältniß zu finden a). Archytas von Tarent, der mit Plato lebte, erfand die Methode, wie man zwischen zwey gegebenen Linien zwey mittlere Proportional-Linien finden könne b) Hierauf erfand Diokles die krumme Linie Cissois, die zum zweyten Geschlecht gerechnet wird, und Nicomedes, 200 Jahre vor Christi Geburt, die Comhois, die man zum dritten Geschlechte zählt; beyde wußten durch Hülfe dieser Linien zwischen zwey geraden Linien zwey mittlere Proportional-Linien zu finden c). Andere wollen auch die Verdoppelung des Würfels dem Griechen Menechmus zu schreiben, der mit Plato lebte und ein Schüler des Eudoxus war d).

a)

Würfelspiel. 197

a) Wolf mathemat. Lex. Leipzig. 1716. unter Colia-
cum Problema. b) Nachrichten von dem Leben und
den Erfindungen berühmter Mathematiker. 1788. I Th.
S. 23. Allgem. hist. Lex Leipzig. 1709. I. S. 185. a.
c) Busch Handbuch der Erfind. 1792. III. Th. S. 349.
unter Linie. d) Nachrichten von dem Leben u. Erfindungen berühmter Mathematiker. I Th. 1788. S 196.

Würfelspiel. Die Erfindung desselben verliert sich in
dem grauesten Alterthume und da es mehrere Arten
desselben giebt, so werden auch mehrere Erfinder davon genennt. Plato in seinem Phädrus schreibt die
Erfindung des Würfelspiels und eines bey den Griechen gewöhnlichen jeu d'adresse, welches mit unserm
Kegelspiel eine Aehnlichkeit hat, dem egyptischen Theut
oder Hermes zu; aber Herodot erzählt, daß die Lydier Würfelspiele zur Zeit der Theurung erfunden hätten,
um sich durch Hülfe dieses Spiels den Hunger erträg-
licher zu machen; sie hätten nemlich an dem einen Tage gegessen und an dem andern gefastet und sich die
Zeit mit diesem Spiele vertrieben. Nach andern soll
Palamedes in dem Lager der Griechen vor Troja eben
dieses Spiel, als Zerstreuungsmittel und Zeitvertreib
der vom Streit ermüdeten Griechen, erfunden oder
wenigstens eingeführt haben a); er heiligte die von
ihm erfundene Würfel der Fortuna zu Argos b).
Man spielte das Würfelspiel entweder mit drey vier-
eckigten oder mit vier länglicht runden Knöcheln c);
die Zahl dieser Knöchel soll Euripides bis auf 40 vermehrt haben d). Bey den Römern wurde das Würfelspiel verboten e). Nach der Erzählung des Tacitus
liebten die alten Deutschen das Würfelspiel so sehr,
daß sie auf einen Wurf ihr Leib und Leben setzten f).

N 3 daß

Das musikalische Würfelspiel ist keine französische, sondern eine deutsche Erfindung, denn es war lange vor 1787 in Deutschland bekanut.

a) Plin VII. 56. b) Wehrs von den Schreibmassen und vom Papier. S. 31. c) Sueton. in Augusto. c. 71. d) Polyd. Vergil. de rerum inventoribus. p. 154. e) Horat. Carm. Lib. III. Od. 24. f) Pandora. 1787. S. 180.

Wundarzneykunst wurde unter allen Zweigen der Arzneykunde zuerst von den Menschen bearbeitet, welches die Kriege nothwendig machten. Nach dem Bericht des Plinius bestand die Wissenschaft der ersten Aerzte blos in Ausübung der Wundarzneykunst a). Die Egyptier halten den Apis b), die Griechen aber den Centauren Chiron für den Erfinder der Wundarzneykunst c). Chiron war ein Thessalier, der nach einigen 1300 Jahre vor Christi Geburt lebte; einige glauben, sein Name habe Gelegenheit gegeben, diese Wissenschaft Chirurgie zu benennen d), andere e) aber behaupten, Chirurgie habe den Namen von χεις die Hand, weil es bey dieser Kunst auf eine geschickte Hand ankomme, und Chiron selbst habe von ihr den Namen bekommen. Dieser Chiron, welcher für einen Sohn des Saturn und der Philyra gehalten wird, unterrichtete den ersten Aesculap, einen Sohn des Apollo, in der Wundarzneykunst, und man erzählt, daß dieser Aesculap die Wunden zuerst verbunden habe f), daher ihn Cicero gar zum Erfinder der Wundarzneykunst macht; Aesculap unterrichtete wieder seine beyden Söhne, den Podalirius und Machaon in dieser Kunst. Auch von der Art, wie die Alten die Wunden behan-
del

delten, sind einige Nachrichten vorhanden. Als Menelaus von einem Pfeile verwundet wurde, ließ er den gedachten Machaon rufen, welcher die Wunde betrachtete, das Blut heraussog und einen schmerzstillenden Verband darauf legte g), der gewöhnlich aus dem Saft einer bittern zerstoßenen Wurzel bestand h); vorher aber wusch man die Wunde mit laulichtem Wasser i). Auch die alten Deutschen ließen sich das Blut aus ihren Wunden saugen, weil dadurch die Heilung befördert wird, aber das übrige überließen sie der Natur k). Achilles entdeckte zuerst die gute Wirkung des Grünspans bey der Behandlung der Wunden, denn er heilte den Telephus mit dem Rost seiner Lanze, deren Spitze von Kupfer war l). Die Söhne des Autolycus verbanden die Wunden des Ulysses und stillten das Blut mit Worten m); der Aberglaube mischte sich also auch hier frühzeitig ein. Auch der Knoten, den Herkules erfand, wurde zur Heilung der Wunden gebraucht n).

Statt der Messer bedienten sich die ältesten Wundärzte scharfer Steine; noch zu Mosis Zeit bediente o) man sich bey der Beschneidung eines scharfen Steins; auch wurden die Leichname von den Balsamirern mit einem scharfen Stein aus Aethiopien geöffnet p). Jesaias, der um das Jahr der Welt 3200 lebte, kannte bereits die erweichende Kraft der Feigen q). Zu seiner Zeit war auch der Gebrauch der Pflaster und die schmerzstillende oder heilende Kraft des Oels bekannt r), und Jeremias gedenkt unter dem Namen der Salbe des Balsams von Mekka, der seit den ältesten Zeiten zur Heilung äußerlicher Schäden gebraucht wurde s).

Hippocrates war noch Arzt und Wundarzt zugleich; ihm verdankt die Chirurgie viele Verbesserungen. Nach der Zeit des Herophilus erst wurde die Wundarzneykunst von der Arzneykunst getrennt e).

Diokles Carystius, der kurz nach dem Hippocrates lebte, erfand ein Instrument, womit man ein in der Wunde zurückgebliebenes Stück Eisen von einem Pfeile oder Wurfspieße aus der Wunde ziehen könne; er erfand auch eine Art von Kopfbandagen, die lange Zeit hernach seinen Namen behalten hat u).

Archagathus, ein Sohn des Lysinias aus Peloponnes, brachte im Jahr 535 n. E. R. die Wundarzneykunst nach Rom v).

Unter den Arabern machte sich Algazel zu Bagdad, im zwölften Jahrhundert, in der Wundarzneykunst berühmt w). Ferner that sich unter den Arabern Albukasis, der auch Alfaharavi heißt, in der Chirurgie hervor. Avicenna und Rhaces kannten sie zwar, gaben sich aber nicht damit ab.

Die Aerzte der Schule zu Salerno lehrten im eilften und zwölften Jahrhundert die Chirurgie x), und Rogerius von Salerno ist der erste unter den Latinobarbaris, der ein eignes Werk von der Chirurgie geschrieben hat y).

Der erste deutsche Wundarzt, der eine Chirurgie in deutscher Sprache, zum Unterricht seiner Schüler, herausgab, war Hieronymus Braunschweig, der eigentlich Saler hieß und aus Straßburg gebürtig war; der Titel seines Buchs ist: Braunschweig Buch der Cirurgia, Hantwirkung der Wundarzney durch Hansen

sen Schonnsperger. Augsburg 1497. Mit Holz-
schnitten z).

Die Chirurgiam curtorum per infitionem oder die
Kunst, verlorne Glieder z. B. Nasen, Lippen, Beine,
durch ähnliche künstliche Glieder zu ersetzen, erfand
Vincentius Viaxeus im 15ten Jahrhundert; doch
schreiben einige diese Erfindung dem Petrus Bojanus,
andere aber dem Sicilianer Branca zu aa). Die
erste Beschreibung dieser Kunst lieferte Gaspar Tagli-
acozza im Jahr 1597. bb).

Ambrosius Paräus, der bey dem König Karl IX in
Frankreich Leibchirurgus war, rieth zuerst im 16ten
Jahrh. bey Abnehmung der Glieder das Binden der
Blutgefäße an cc). Um diese Zeit erfand auch J.
Michault eine chirurgische Maschine.

Von den Schußwunden schrieb Alphonsus Ferrus
oder Ferrius, der bey dem Pabst Paul III im 16ten
Jahrhundert Leibarzt war, zuerst; er erfand auch ein
Instrument, die Kugeln aus den Wunden zu ziehen,
welches Alphonsinum genannt wurde; er zeigte auch
zuerst, die carunculam vesicæ zu cutiren dd).

Die Chirurgiam transfusoriam, da man einem Kranken Menschen Blut abzapft und dafür das Blut von
einem gesunden Thiere in die Ader leitete, erfand der
Hallische Arzt Libavius im Jahr 1615. Vergl. Blut.

Die Chirurgiam infusoriam, da man flüßige Arzneyen in die Adern goß kannte der Engländer Wren
und gedachte derselben im Jahr 1657 gegen Boileau;
der D. Major hörte hiervon, dachte darüber nach und
schrieb zuerst den Prodromum Chirurgiæ infusoriæ;
dieser Joh. Dan. Major legte sich selbst diese Erfindung

dung bey ee), welches auch Joh Sig. Elzholz hat ff), man kann aber diese Methode für eine Erfindung des Libavius halten, indem nur der Stoff, den man eingoß, verändert wurde. Von diesen beyden Arten der Chirurgie wird kein Gebrauch mehr gemacht.

Im 17ten Jahrhundert that sich ein Gelehrter in der Schweiz, Wilhelm Fabricius von Hilden, als Erfinder in der Wundarzneykunst hervor.

Die Kunst, Glieder ohne Messer abzunehmen, wobey kein Tropfen Blut verloren geht und also auch keine Verblutung Statt findet, hat Herr Wrabez, Doktor der Wundarzneykunst zu Prag 1782 bekannt gemacht, und Herr Doctor Ploucquet hat sie 1786 erwiesen gg).

Herr Herm. Jos. Brünninghausen erfand eine neue Methode, den Bruch des Schenkelbeinhalses ohne Hinken zu heilen und machte sie 1789 in einer eignen Schrift bekannt.

a) Plin. XXIX. c. 1. b) Agrippa de vanit Scient. c. 15. c) Nat. Com. IV. 12. d) Forkels Geschichte der Musik 1 Th. S. 248. e) Nat. Com. IV. 12. f) Cicero de natura Deor. Lib. III. c. 22. g) Homer. Iliad. IV. v. 213. h) Ibid. Lib. XI. v. 845. 846. i) Ibid. Lib. XIV. v. 6. seq. k) Tacitus de moribus Germ. c. 7. l) Plin. XXV. sect. 19. m) Homer. Odyss. XIX. v. 457. n) Plin. XXVIII. c. 6. o) 2 Mose 4, 25. p) Herodot II. n. 56. q) 2 Könige 20, 7. r) Jesaid 1, 6. s) Jerem 8, 22. t) Moehsen Geschichte der Wissenschaften in der Mark Brandenburg. 1781. S. 294. u) Universal-Lex. VII. p 965. v) Plin. XXIX. c. 1. w) J. A. Fabricii allgem Hist. der Gelehrs. 1752. 2 B. S. 812. x) Geschichte der Wiss. in der Mark Brandenb. von Moehsen. 1781. S. 297. y) J. A. Fabricii allg. Hist. d. Gelehrs. 1752. 2 B.

2 B. S. 813. z) Beyträge zur Geschichte der Wissenschaften in der Mark Brandenburg von Moehsen. 1783. S. 204. aa) J. A. Fabricii allgem. Hist. der Gelehrs. 1752. 2 B. S. 1051 bb) Ebendas. 3 B. 1754. S. 572. cc) Ebendas. 3 B. S. 561. dd) Ebendas. 3 B. S. 545. ee) Ebendas. 3 B. S. 1037. ff) Ebendas. 3 B. S. 1086. gg) Antipandora II. S. 556.

Wundbalsam; der spanische Arzt Franziscus Arcäus erfand einen Wundbalsam, der noch in der Mitte des achtzehnten Jahrhunderts gebraucht wurde. Arcäus lebte im 16ten Jahrhundert.

J. A. Fabricii allgem. Hist. der Gelehrs. 1754. 3 B. S. 529.

Wundererde s. Sächsische Wundererde.
Wundersalz, Sal mirabile Glauberi, das zum Abführen gebraucht wird, erfand Joh. Rudolph Glauber; ein noch reineres Wundersalz erfand Stahl.

Halle Fortgesetzte Magie II B. 1789. S. 32.

Wundwasser ist eine ziemlich alte Erfindung. Der Herr General-Chirurgus Theden fand es in seiner Praxis bewährt und machte es bekannter.

Allgem. Lit. Zeitung. Jena. 1791. Nr. 122.

Wurfmaschine, die dem Getreide eben die Dienste leistet, die man durch das Wurfen desselben erhält, nemlich die Reinigen des Getreides vom Staube zur Absicht hat, wurde von Liungquist angegeben.

Abhandlungen der Schwedischen Akademie XIV. S. 213.

Wurfpfeil s. Pfeil.
Wurfschaufel oder die Wanne zum Werfen des Korns, war schon dem Homer bekannt*). Virgil erzählt,

daß

daß die Ceres den König Celeus gelehrt habe, Wurf-
schaufeln zu machen. Bey den Alten war dieses Instrument dem Jacchus geheiligt b).

a) Homer Odyss λ. v. 127 b) Virgil. Georg. I v. 166.

Wurfspieß, nebst dem dazu gehörigen Riemen, erfand
Aetolus, ein Sohn des Mars a). Die Uebung mit
dem Wurfspieß soll Aesculap erfunden haben b). Einen besondern Wurfspieß, der jaculum pilatum hieß,
erfand C. Marius; wenn er auf den Feind abge-
schoßen war, zerbrach er, ein Theil davon blieb im
Schilde oder im Körper steckend, der andere blieb an
der Schnur c).

a) Plin. VII. c. 56. S. 57. b) Galenus de Sanitate
tuenda. Lib. I. c) Plutarch. in Mario. L. I. Hofmanni
Lex. univerf. Contin. Basil. 1683. T. I. p. 890.

Wurmser s. Oelmalerey.

Wurst; die Blutwurst wird für eine Erfindung der Lydier gehalten, denn man erzählt von ihnen, daß sie zuerst eine besondere Speise erfanden, die aus Blut und
Gewürzen bereitet war und Caryca genannt wurde a).
Die Cervelatwürste sollen aus Italien stammen b).

a) Hübners Natur und Kunst-Lex. 1746. S. 432
b) Jablonsky Allg. Lex. Leipzig. 1767. II. S. 1808.

Wurstwagen wird für eine deutsche Erfindung gehalten.
Antipandora III. 1789. S. 212.

Wurzel; die Wurzel aus einer Gleichung zu ziehen, ist
so viel, als den Werth in Zahlen zu finden, der eine
unbekannte Größe hat. Aus Quadratgleichungen
konnten die Araber die Wurzel ziehen. Aus cubischen
Gleichungen hat Scipio Ferreus, und aus quadrato-
qua-

quadratischen Gleichungen hat Ludovicus Ferrariensis, die beyde im 16ten Jahrhundert lebten, die Wurzeln auszuziehen zuerst gezeigt a). Franciscus Vieta († 1603) erfand eine allgemeine Methode, aus allen Gleichungen in der Algeber, die keine Rational-Wurzel haben, die Wurzel durch die Näherung zu suchen b). Der Engländer Harriot, der 1621 starb, fand zuerst, daß so viel falsche Wurzeln in einer Gleichung seyn können, als einerley Zeichen in der Gleichung auf einander folgen, wenn man sie auf nichts reducirt; ferner, daß so viel wahre Wurzeln in einer Gleichung seyn können, als Abwechselungen des † und — darinn anzutreffen sind c). Cardan entdeckte zuerst die Mehrheit der Wurzeln im Positiven und Negativen bey den Gleichungen d). Im Jahr 1629 zeigte Albert Girard zuerst, daß jede cubische Gleichung zwey negative und eine positive oder zwey positive und eine negative Wurzel habe e) Cartesius führte die negativen Wurzeln zuerst in der Geometrie und Analyse ein. Allgemeine Regeln, wie man aus jeder gegebenen Größe die verlangte Wurzel ziehen kan, erfanden Newton und Halley; Wolff hat dieses auf eine leichtere Art gezeigt f).

a) Wolff mathemat. Lex. unter extractio radicis ex aequatione. b) Wolff mathemat. Lex. Leipz. 1716. S. 1164. c) Ebendas. S. 1165. d) Nachrichten von dem Leben u. Erfind. berühmter Mathem. 1788. 1 Th. S. 56. e) Ebendas. S. 113. f) Wolff Elem. Analys. §. 77. 12

Wurzelaxt; eine Wurzelart, womit man den Eichheistern die Pfahlwurzel mit einemmale abnehmen kann, und die auch zu allem andern, was auszurotten ist,

ge-

gebraucht werden kann, erfand der Schmid und Uhrmacher Gramann zu Lemnie, im Amte Calenberg. Anzeiger 1792. Nr. 43. 44. p. 350.

Wurzelbauer (Benedict) s. Springbrunnen.
Wurzelbau (von) s. Micrometer.
Wyllich (Fräulein von) s. Stickerkunst.

X.

Xaca s. Philosophie.
Xenophanes s. Mond, Philosophie.
Xenophon s. Geschichte der Gelehrsamkeit, Jagd, Kriegskunst, Kryptographie, Noten, Philosophie, Reitkunst, Staatskunst, Tachygraphie.
Xerxes s. Posten.
Xi,hoamiti s. Mauer.

Y.

Yao s. Gesetze.
Yellouvoak oder gelbes Eichenholz, das jetzt als ein neues Färbemittel zum Handel gebraucht wird, ist eine holzschwammige Substanz, die ziemlich einer Holzrinde gleicht, die halb im Wasser verfault ist. Sie hat die Farbe, die den Bauchhaaren der Hirschkühe eigen ist; ihr Geschmack ist bitter und zusammenziehend, wie der von der Chinarinde. Herr Bunel, Negociant, von Rouen, der den Auftrag bekommen hatte,

diesen Artikel für Rechnung eines amerikanischen Handelshauses verkaufen zu lassen, welches ein Privilegium darüber auf sechs Jahre erhalten hatte, bat im Jahre 1785 einen Freund, Versuche damit anzustellen, ob damit gelb gefärbt werden könnte, und dieser Freund fand, daß nicht nur gelb, sondern auch grün und orangegelb damit gefärbt werden könnte.

Journal für Fabrik, Manufaktur, Handlung und Mode. 1793. Februar. S. 92.

Yeou-tsao s. Haus.
Y me-ou s. Pfeil.
Yne-khang s. Tanzkunst.
Yong tcheng s. Himmelskugel, Polarstern.
Ypecacuanha ist ein bekanntes Brechmittel, dessen Gebrauch der berühmte Helvetius in Europa bekannt machte.

Reichsanzeiger 1796. Nr. 228. S. 6037.

Yver s. Lichter.

Z.

Zach (von) s. Mondsvulkane, Sonnentafeln.
Zackenlinien, sind eine neue Art, einen Paß oder ein Lager zu verschanzen, die der Herr von Clairac in seinem Ingenieur de Campagne angegeben hat. Sie besteht aus rechtwinklichten Redans oder Sägewerken, von welchen immer eins hinter dem andern, so wie sie sich von dem Ende der zu flankirenden Linie ent-

208 Zähmung der Thiere. Zahlen, Ziffern

fernen, dergestalt angebracht ist, daß das flankirende dadurch vervielfältiget und nachdrücklich gemacht wird. Jablonskie Allgem. Lex. Leipz. 1767. II. S. 1812. Zähmung der Thiere lehrte Fou-hi bey den Chinesen.
Goguet vom Ursprunge der Gesetze III. S. 268.

Zäunen, Zainen, heißt so viel, als das gegossene Metall in dünne Stäbe bringen. Man versteht aber auch unter den Zäunen die schmalen Streifen von Messingblech, die mit der großen Scheere des Messingwerks zerschnitten werden, und woraus hernach auf dem Dratzuge der Messingdrat gezogen wird. Eine Maschine, vermittelst welcher durch ein Wasserrad, das sonst durch Menschenhände getriebene, beschwerliche und der Gesundheit nachtheilige Zäunen, weit leichter und geschwinder verrichtet wird, gab 1787 ein Schlosser, Knoll, von Eßlingen gebürtig, den Goldschlägern in Augsburg an. Er hat auch die Erlaubniß erhalten, solche bey einem Silberhammer zu errichten.

Kunst- Gewerb- und Handwerksgeschichte der Reichsstädt Augsburg. II Th. 1788. S. 105.

Zahlen, Ziffern, sind gewisse Zeichen, deren man sich zum Zählen und Rechnen bedient. Daß die Kunst zu zählen sehr alt ist, beweisen die Schriften Mosis, in denen sehr viele Zahlen vorkommen. Die meisten Völker setzen diese Erfindung in ein hohes Alterthum zurück. Die Griechen meynten, Pallas oder Minerva habe das Zählen erfunden a), und die Chineser sagen, Li-cheou habe die Zahlen bey ihnen in Ordnung gebracht b). Einige theilen die Zählzeichen in natürliche und willkührliche, und verstehen unter den natürlichen

chen solche, auf welche die Menschen durch die Natur selbst geleitet wurden. Man vermuthet nemlich, daß sich die Menschen anfangs der Finger zum Zählen bedienten und daß man eben deswegen Zehn Zahlzeichen angenommen, weil der Mensch an beyden Händen zehn Finger habe. Indeßen gab es doch ein Volk unter den Thraciern, welches nur bis auf vier zählte c). Diejenigen Zahlzeichen, die von der Gestalt der Finger und Hände entlehnt sind, nennt man nun natürliche; dergleichen waren die römischen Zahlzeichen, die ursprünglich von den Fingern und Händen entlehnte Hieroglyphen sind. Die Gestalt eines Fingers drückte man aus durch I, die Gestalt der ganzen Hand durch u, woraus die V entstand; aus zwey, mit den Spitzen an einander gestellten V entstand die X, welche die Zahl der Finger an beyden Händen anzeigte d). Indeßen bedienten sich die Alten nicht bloß der Finger, sondern auch anderer Hülfsmittel zum Zählen. Die alten Egyptier zählten mit Steinchen, die sie von der Rechten zur Linken stellten e); eben dieses thaten die alten Griechen, nur mit dem Unterschied, daß sie die Steinchen von der Linken zur Rechten stellten. Die amerikanischen Völker bedienten sich zum Zählen langer Schnuren von verschiedener Farbe mit Knoten f). Die Erfindung der willkührlichen Zahlzeichen haben einige den Phöniziern zugeschrieben und behauptet, daß der Phönizer Thaut, mit Erfindung der Buchstabenschrift, zugleich gewisse Zahlzeichen angegeben habe; andere haben ihre Erfindung den Egyptiern zugeschrieben; besonders vermuthet Biacchini, daß die senkrechten und horizontalen Linien auf den Obelisreu die Zahlzeichen der Egyptier seyn müßten, weil sie auf den Obelisken die Zahl des Goldes, Silbers, der Waffen und der Pferde anzuzeigen pflegten, welche die unterjochten Völker, als Tribut, an sie bezahlen mußten; die senkrechten Linien sind, seiner Meynung nach, die Einheiten; eine Querlinie darüber bedeutete 10, zwey Querlinien darüber so viel als 100, drey Querlinien aber 1000. g).

Die Griechen bedienten sich zu den Zahlzeichen erst der Anfangs-Buchstaben ihrer Zahlwörter; aber nachher brauchten sie hierzu ihre Buchstaben, so wie sie im Alphabet folgten und legten ihnen die Bedeutung ihrer Zahlen bey h). Eben so bedienten sich auch die Hebräer, die Römer, so wie die meisten Völker des Alterthums, der Buchstaben, um ihre Zahlen auszudrücken, wodurch ihnen aber das Rechnen beschwerlicher wurde, als uns. Die Lateiner änderten ihre natürliche Zahlzeichen dahin ab, daß sie dafür die Buchstaben I (Eins), V (Fünf), X (Zehn), L (Funfzig), C (Hundert), D (Fünfhundert), M (Tausend), annahmen.

Viele sind der Meynung, daß unsere jetzige Zahlzeichen von den ältesten Alphabeten der Phönizier, Egyptier, oder Griechen herrühren; besonders hält Huetius i) unsre Zahlzeichen für verderbte griechische Buchstaben; Herr Professor Klügel, erklärt sie hingegen für eine morgenländische Schrift, die aus Egypten stamme, und von den Egyptiern wären diese Zahlzeichen, vielleicht nach des Campyses Einfalle, nach Indien, und von den Indianern zu den Arabern gekommen k). Andere haben die Erfindung unsrer Zahlzeichen den Arabern zugeschrieben, welches aber von

meh-

Zahlen.

mehreren bezweifelt worden ist l). Wallisius hat gezeigt m), daß selbst ein Araber, Alsepadi, in einem arabischen Manuscript, welches in der Bodlejanischen Bibliothek zu Oxfurt verwahrt wird, die Erfindung der jetzigen Zahlzeichen den Indianern zueignet. Auch redet der Mönch Planudes, der im 13ten Jahrhundert lebte, von den neun Indianischen Charakteren, und die Null nennt er τζιφρα, welches von Tzephera, vacuus, inanis suit, herkommt; hieraus entstand das Wort Ziffer. Doch wollen einige wenigstens die Null für eine Erfindung der Araber halten. Von den Indianern sollen diese Zahlzeichen zu den Persern, und von diesen zu den Arabern gekommen seyn n).

Weidler o) hat zu erweisen gesucht, daß die jetzigen Zahlzeichen schon im 6ten Jahrhundert n. C. G. einigen europäischen Weltweisen bekannt gewesen wären; die meisten behaupten aber, daß die Zahlzeichen erst im zehnten Jahrhundert durch die Araber oder Saracenen nach Spanien, von da aber durch den Franzosen Gerbert, der nachher, als Pabst, Sylvester II hieß, um das Jahr 970 nach Frankreich gebracht wurden p). In Deutschland wurden sie erst um das Jahr 1250 gebräuchlich q).

a) Livius Lib. VII. c. 3. b) Goguet vom Ursprunge der Gesetze. III. S. 273. c) Aristotel. Lib. problem. Sect. XV. Probl. 3. d) Heumanni Conspectus Reipubl. liter. 1761. p. 14. e) Herodot. II. p. 34. f) Histoire des Incas II. p. 53. g) Goguet vom Ursprunge der Gesetze. I Th. III B. II Kap. S 226. folg. h) Mem de l'academie des Inscript. XXIII Mem. p. 416. i) Petrus Daniel Huetius Demonstratio Evangelica. propos. IV. de libris historiæ Moysis. cap. 10. §. 3. k) Anmerkungen zu den römischen Zifern vom Herrn Professor Klügel im Hanno­verischen Magazin 1 65. 73tes Stück. l) Vossius de Scientiis mathematicis c. 7. m) Wallisii Opera arithm. c. 9. f. 45. Vol. I. Oper. mathemat. n) Stolle Historie der Gelahrheit. Jena 1724. S. 303. o) Weidleri Dis­sert. de characteribus numerorum vulgaribus et eorum aetatibus. p) Nachrichten von dem Leben und Erfin­dungen berühmter Mathematiker. 1783 l Th. S. 12. q) J. A. Fabricii Allgem. Hist. der Gelehrs 1752. l B. S. 4;8.

Zahn s. Camera obscura, Hydromantisches Gefäß, Mi­crometer, Microscop.

Zahnarzneykunst. Für den ältesten Praktiker in dieser Kunst wird der dritte Aesculap, ein Sohn des Arsip­pus und der Arsinoe gehalten, welcher das Ausbre­chen der Zähne erfand a). Auch die Kunst, sich, statt der ausgefallenen Zähne, dergleichen von Elfenbein einsetzen und solche mit Gold befestigen zu lassen, ist sehr alt, denn in den Gesetzen der 12 Tafeln war ge­boten, daß das Gold, womit jemanden die Zähne be­festiget waren, den Todten nicht abgenommen, sondern mit ihnen begraben, oder verbrannt werden solle b).

Der Schlüssel, womit man die Zähne ausnimmt, ist eine Erfindung der Engländer, daher er auch der englische Schlüssel genannt wird.

Herr Joseph Hirsch, Hof-Zahnarzt zu Weimar und Meiningen, der sich gegenwärtig in Ilmenau aufhält, hat 1789 einen Geißfuß zum Ausbrechen der Zähne erfunden, der gegen die Mitte sichelförmig gebogen ist, damit bey starkwangigen Personen das Fleisch der Wange in der ausgebogenen Krümmung ruhen kann. Auch hat Herr Hirsch ein Blutstillendes Mittel bey

Zahn­

Zahnlücken entdeckt; er sah nemlich 1786 in Straßburg einem Pergamentmacher zu, wie er die dünnen Häutchen vom Pergament abschabte, und nahm zufälliger Weise ein solches abgeschabtes Stückchen Haut in die Hand, dann auch in den Mund, und merkte, daß es eine Säure bey sich hatte, die er sich aus der Zubereitung des Pergaments erklärte. Dieses sowohl, als das zarte Wesen der Haut selbst brachte ihn auf den Gedanken, ob man nicht dieses Mittel mit Vortheil statt der Charpis wider die Verblutungen in den Zahnlücken anbringen könne. Er nahm daher solche vom Pergament abgeschabte Häutchen, die äußerst fein sind, that sie in stark blutende Zahnlücken und ließ mit den Zähnen darauf beißen. Dieses Mittel schlug ihm nie fehl und er hat die heftigsten Verblutungen nach ausgenommenen Zähnen damit gestillt.

Herr Dubois de Chemant zu Paris hat künstliche Zähne erfunden, die die Weiße der natürlichen Zähne haben. Er verfertiget sie aus einem mineralischen Teig, der sehr hart wird; er setzt auch ganze und halbe Gebiße oder Reihen Zähne ein und weiß ihnen durch angebrachte Federn die nöthige Befestigung und Bewegung zu geben c).

Der Zahnarzt Ricci der jüngere, in Frankreich, hat das Mechanische seiner Kunst merklich vervollkommnet; er hat die Struktur der Pelikane verbeßert, auch eine Methode des Zahneinsetzens zu einem und mehreren Zähnen erdacht, durch welche den Zahnbedürftigen das häufige Ab- und Anbinden entbehrlich gemacht wird; er hat sich Mittel verschafft, den Wallroßzahn und das Porzellan, woraus er seine künstliche Zähne verfertiget, vor Verderbniß zu sichern; auch besitzt er Mittel wider das Uebelriechen des Mundes, das von hohlen Zähnen verursacht wird d).

<blockquote>
a) Cicero de natura Deor. Lib. III. c. 22. b) Salmuth ad Pancirollum de reb. Mem. deperd. Francof. 1660. P. I. Tit. 61. c) Gothaischer Hof-Kalender. 1791. S. 64. d) Principes d'Odontolochnie par Ricci le jeûne, Chirurgien — demême etc. 1794. Paris, chez Mequignon l'ainé.
</blockquote>

Zaleucus s. Gesetze, Kleiderordnung.

Zambeccari s. Luftschifffkunst.

Zamehl (Gottfried.) s. Rondeau.

Zamolxis s. Gesetze, Philosophie.

Zange bey den Egyptiern erfand sie Vulkan a); nach andern aber ein König auf Cypern, nemlich Cinyras, Agriopas Sohn, und des Adonis Vater b).

<blockquote>
a) Goguet v. Urst. d. Gesetze 1Th. II B. 4.Kap. S. 154. b) Plin. VII. c. 56.
</blockquote>

Zanichelli s. Fieberrinde, Kastanienbaum.

Zankeisen erfand um 1540 Hanns Ehemann, ein Kunst-Schlosser zu Nürnberg, der 1551 starb.

<blockquote>
Merkwürdigkeiten der Reichsstadt Nürnberg. S. 731.
</blockquote>

Zappen; der natürliche Zappen kommt von dem Rücken der Kameele. In Genf wurde er nachgemacht und zu Ueberziehung der Uhrgehäuse, Bücher und Scheiden gebraucht. Am vollkommensten machte ihn der Silberstecher Georg Adam Buschmann (geb. 1697. † 1756) zu Augsburg nach, nachdem er 14 Jahre daran zugebracht hatte; er kam dem natürlichen Zappen fast ganz gleich, auch erhielt er 1736 vom Rath zu Augsburg ein ausschließendes Privilegium darüber.

Zarlino, Zaubergeldbüchse.

Kunſt- Gewerb- und Handwerksgeſchichte der Reichsſtadt Augsburg von Paul von Stetten dem jüngern. 1779. S. 261.

Zarlino ſ. Intervallum.

Zaſius (Ulrich) ſ. Rechtsgelehrſamkeit.

Zachrauſtes ſ. Geſetze.

Zauberbrunnen, intermittirender Brunnen, iſt ein kleiner Springbrunnen der abwechſelnd Waſſer giebt und darauf wieder eine Zeitlang ausſetzt. Es hat mit dieſer Maſchine faſt eben die Bewandniß, wie mit einem Stechheber, deſſen obere Mündung man mit einem Finger verſchloſſen hat. An dem Steigen und Fallen des Waſſers im Baſſin merkt man leicht, wenn der Brunnen zu ſpringen anfangen oder aufhören will; in dieſen Augenblicken befiehlt der Künſtler der Maſchine zu ſpringen oder aufzuhören und die Maſchine ſcheint dem Befehle zu gehorchen, daher hat ſie den Namen Zauberbrunnen erhalten. Wolff hat zwey Arten ſolcher intermittirenden Brunnen angegeben und man ſucht durch ihre Einrichtung die Natur der intermittirenden Quellen zu erklären.

Wolff Elem. Hydraul. Probl. 36.

Zaubergefäß iſt ein beſonderes Gefäß mit Waſſer, worinn man alles ſchwimmen ſieht, was entweder gegenüber ſteht oder ſich vorbey beweget. Dieſes Gefäß, welches P. Zahn zur Beluſtigung erfand, iſt eine Art von Camera obscura.

Jacobſon technol. Wörterbuch. IV. S. 685.

Zaubergeldbüchſe iſt eine Büchſe, die den Werth eines hineingeworfenen Stück Geldes durch das electriſche Feuer

Zaubergemälde.

Feuer anzeigt. Herr J. C. Gütle in Nürnberg
erfand sie.

Zaubergemälde oder magisches Bild, ist eine belegte
Glastafel, welche, wenn sie mit Electricität geladen
und berührt wird, einen heftigen Schlag giebt, aber
mit gehöriger Vorsicht sich ohne Schlag berühren läßt
und auf diese Art zu einem artigen Versuche dient.
Dieses Zaubergemälde, welches zu den berühmtesten
electrischen Belustigungen gehört, wurde von Kinners-
ley erfunden, aber Franklin beschrieb es zu rst im Jahr
1751, und Wilke that i. J. 1758. Vorschläge zur
bessern Einrichtung desselben. Man nehme einen Kupferstich, etwa von einem König, schneide das Brust-
bild heraus, vergolde dessen hintere Seite, und klebe
es mit dünnen Gummiwasser auf eine Tafel von Glas
so, daß die Vergoldung aus Glas kommt und eine
Belegung desselben abgiebt. Auf die andere Seite
der Glastafel klebe man den übrigen Theil des Kupfer-
stichs so auf, daß dessen rechte oder vordere Seite aus
Glas kommt, damit von vorn gesehen das ganze Bild
in seiner gehörigen Lage erscheine, obgleich das Brust-
bild vor dem Glase, und der übrige Theil des Kupfer-
stichs hinter demselben ist. Die hintere Seite der
Glastafel und des darauf geklebten Papiers überziehe
man nun mit Goldblättchen, lasse aber den obern
Theil frey. Zuletzt fasse man das ganze Bild am
obern nicht vergoldeten Theile an, und setze eine kleine
auf beyden Seiten vergoldete Krone auf das Haupt
des Königs. Wird nun diese auf beyden Seiten
belegte Glastafel schwach geladen und einer Person in
die Hand gegeben, daß selbige die hintere Vergoldung
mit

mit berührt, so wird diese Person, wenn sie die Krone vom Haupte des Brustbilds abnehmen oder nur anrühren will, einen Erschütterungsschlag erhalten. Der Experimentator aber, der das Bild jederzeit am obern nicht vergoldeten Theile anfaßt, wird die Krone ohne Schlag berühren und dieses als einen Beweis seiner Treue angeben können.

New exp. and observ on electricity in serveral letters to Mr Collinson. London. 1751. übersetzt von Wilke: B. Franklins Briefe von der Electricität. Leipzig. 1758. S. 37

Zauberkarten erfand Herr J. C. Gütle in Nürnberg. Das electrische Feuer zeigt auf dem dabey befindlichen Zauberspiegel den Werth und die Farbe gewählter Karten an.

Zauberkunst, Magie, heißt überhaupt die Kunst, Wirkungen hervorzubringen, welche die natürlichen Kräfte der Körper zu übertreffen scheinen. Sonst wurde die Zauberey in die übernatürliche und natürliche eingetheilt. Unter der übernatürlichen Magie verstand man die Fähigkeit, durch Hülfe der Geister, Wirkungen hervorzubringen, welche die Kräfte der Natur übersteigen; sie war entweder Theurgie, weiße Kunst, bey welcher gute Geister wirkten, oder Dämonurgie, schwarze Kunst, bey welcher böse Geister wirkten. Diese Eintheilung der Magie ist blos eine Geburt der Unwissenheit und des Aberglaubens, denn jetzt wissen wir, daß alle Erscheinungen in der Welt sich auf natürliche Ursachen gründen a). So ungegründet die übernatürliche Zauberey selbst ist, so fabelhaft sind auch die Nachrichten von ihrem Ursprunge. Im Bochart b) wird erzählt, die übernatürliche Zauberey sey vor der Sündfluth zu der Zeit erfunden worden, da sich die Engel in die Töchter der Erde verliebten, da sie denn auch zugleich die Zauberey mit auf die Erde gebracht und die Menschen darinn unterrichtet hätten; diese Sage gründet sich auf die Mißdeutung einer Schriftstelle c), wo man unter den Kindern Gottes die Engel verstehen wollte, da doch nur fromme Menschen darunter zu verstehen sind. Die Alten erzählten ferner, Cham habe sich nicht getrauet, die Bücher von der Zauberey mit in die Arche zu nehmen, sondern habe noch vor der Sündfluth die Lehrsätze dieser Kunst auf harte Körper, die dem Wasser widerstanden, eingegraben, welche Körper er versteckte und nach der Sündfluth wieder hervorsuchte d). Daher man ihn selbst für den Erfinder der Zauberkunst hielt. Cham unterrichtete seine Söhne, Chus und Mizraim darinn; der älteste, nemlich Chus, soll unter die Perser gegangen seyn, die ihn Zoroaster nannten e) Wahrscheinlicher ists, daß der Aberglaube von Zauberey unter den Chaldäern aus der Astrologie zuerst entsprang. Andere hielten den Zoroaster, einen Weltweisen der Perser, oder nach andern, einen König der Bactrianer, der vom Ninus überwunden und getödtet wurde, für den Erfinder der Zauberkunst f), welcher die Perser und Meder darinn unterrichtete g); andere melden aber, daß die Zauberey des Zoroasters nichts anders, als sein eingeführter Gottesdienst gewesen sey h). Das berühmteste Collegium der persischen Magier aus Zoroasters Schule war in der von Gengiskan nun zerstörten

ten Stadt Balch oder Balk, am Flusse Oxus, der jetzt Amu heißt i). Die Thracier hielten den Virithous k), und die Egyptier, wie auch die Griechen, den Mercurius für den Erfinder der Zauberey l). In Thessalien, welches sonst Atracia hieß, war die Magis sehr beliebt, daher sie auch ars atracia hieß m).

Die natürliche Magie ist die Kunst, durch behenden oder doch nicht in die Augen fallenden Gebrauch natürlicher z. B. magnetischer oder electrischer Kräfte, solche Wirkungen hervorzubringen, die Unwissenden wunderbar vorkommen. Bey dieser Magie ist ebenfalls Schein und Täuschung mit im Spiele, indem man durch Geschwindigkeit die wirkenden Mittel verbirgt, oder die Aufmerksamkeit der Zuschauer davon ab und auf Nebendinge leitet; es gehöret aber auch viele Kunst dazu, indem man die Mittel dazu aus der Mathematik, Mechanik, Perspectiv, Physik, Chymie und andern Wissenschaften entlehnen muß. Diese Art der Magie war schon den egyptischen Priestern bekannt, welche vermittelst derselben die Wunder des Moses nachahmten. In Deutschland wurde die natürliche Magie durch den Albertus Magnus bekannt n). Roger Bacon, der im 13ten Jahrhundert lebte, verstand schon so viel von der natürlichen Magie, daß er sich gegen den Vorwurf der Zauberey rechtfertigen mußte o). Aehnliche Bücher schrieben in späteren Zeiten Johann Baptista Porta (Magiae naturalis s. de miraculis rerum naturalium Libri IV. Neap. 1558) auch der P. Schott (Magia universalis naturae et artis. Frf. 1657), der aber, wie sein Lehrer Kircher, bey vieler Gelehrsamkeit nicht hinlänglich reife Urtheilskraft

kraft zeigt. Balthasar Becker behauptete in seiner bezauberten Welt ebenfalls, daß alle Zauberey nur Täuschung sey.

Sammlungen von physikalischen und mathematischen Kunststücken hat man schon von einem französischen Schriftsteller vom Jahr 1634 (Recreations mathematiques. Rouen. 1634), den Schwenter in Altorf (Mathematische und physische Erquickstunden. Nürnberg 1651) ins Deutsche übersetzte und Vermehrungen hinzufügte, wozu Harsdörfer noch zwey Theile (Nürnberg 1651 u. 1653) lieferte, die aber den erstern am Werthe nachstehen. Besser sind Ozanams Sammlungen physikalischer und mathematischer Kunststücke (Recreations mathematiques et Physiques, à Paris, 1697. II. Tom.); die vollständigste ist die Sammlung des Guyot (Nouvelles recreations phys. et mathemat. Paris. Vol. VII.).

Um die Verbreitung der Kenntnisse in der natürlichen Magie haben sich verdient gemacht Wiegleb (Natürliche Magie. Berlin und Stettin. 1779. mit Eberhards Abhandlung von der Magie begleitet, fortgesetzt von Rosenthal, Berlin. 1789), Funk (Natürliche Magie Berlin und Stettin 1783.) Halle (Magie in Versuchen, Berlin 1783. und Fortgesetzte Magie. Berlin 1788 u. s. w.), Hellmuth durch seine Volksnaturlehre zur Dämpfung des Aberglaubens. Braunschweig, 2te Aufl. 1788.

<small>a) T. Tiedemann Disputat. de quæstione, quæ fuerit artium magicarum origo. Marburgi. 1787. b) Bochard Geograph. sacra. Lib. IV. cap. 1. c) 1 Mose 6, 2. d) Cassian. Collat. VIII. cap. 21. e) Gregor. Furon. Hist. Francor. Lib. I. cap. 5. Bochart. l. c. f) Isidor. Orig. Lib. VIII. c. 9. Justin. Lib. I. c. 1. Isid. Orig. Lib. XIV.</small>

XIV. c. 3. g) Cedrenus. p. 33. h) Plato in Alcibiade. I. p. 441. C. i) Agathon. Carlsruhe. 1785. I Th. S. 51. die Note.. k) Lactant. Comment ad Lib. I. Thebaid. Stat. v. 106. l) Isidor. Orig. l. b. VIII. c. 9. m) Statii Thebaid. Lib. I. v. 106. n) Reimm. Hist. lit. Vol. VII. p. 208. o) Rogeri Baconis Opus majus ad Clementem IV. Pontif. rom. ex MS. codice Dublinensi primum edidit S. Jebb. M. D. London. 1733.

Zauberlaterne ist eine Maschine, welche durch Hülfe eines Hohlspiegels und zweyer erhabener Gläser, kleine auf Glas gemalte Figuren in beträchtlicher Größe an der Wand eines finstern Zimmers darstellt. Die Zauberlaterne entstand aus der Camera obscura und ist eigentlich das erste Lampenmicroscop; sie unterscheidet sich vom Sonnenmicroscop hauptsächlich dadurch, daß beym letztern das Sonnenlicht, bey der Zauberlaterne aber Lampenlicht gebraucht wird, welches letztere freylich weder so viel Erleuchtung, noch Vergrößerung, als das erstere giebt, daher nimmt man zur Zauberlaterne Gläser von größeren Brennweiten, die nicht so stark vergrößern; und braucht deren lieber zwey, damit man ihren Abstand von einander ändern und das Bild in verschiedenen Entfernungen deutlich machen kann. Lange Zeit diente sie nur zur Vergrößerung durchsichtiger Gegenstände; man war aber auch wieder darauf bedacht, sie zur Vergrößerung undurchsichtiger Gegenstände einzurichten, und daraus entstand hernach das Sonnenmicroscop. Euler gab schon eine Vorrichtung an, undurchsichtige Gegenstände, welche von der Nordseite erleuchtet werden müssen, durch die Zauberlaterne abzubilden a).

Zauberlaterne.

Man hat lange darüber gestritten, wer der eigentliche Erfinder der Zauberlaterne sey. Dzanam b) meynte, Roger Baco, der im 13ten Jahrhundert lebte, habe sie schon gekannt; aber es ist ungegründet. Auch trug man sich mit einer Erzählung, daß ein Künstler dem Kayser Rudolph II († 1612) alle Kayser, vom Julius Cäsar an, in Lebensgröße vorgestellt habe und deßwegen für einen Zauberer gehalten worden sey; man weiß aber nicht, wie viel von dieser Sage wahr ist, und wäre sie auch wahr, so könnte jene Wirkung auch ohne Zauberlaterne hervorgebracht werden, wie aus dem folgenden erhellen wird.

Andere haben geglaubt, daß D. Johann Faust schon Gauckeleyen mit der Zauberlaterne vorgenommen habe. Daß ein Johann Faust zu den Zeiten des Trithemius (geb. 1462, gest. 1519) gelebt habe, ist, wie aus den unten angeführten Schriften c) erhellet, außer Zweifel; dieß kann man aus den Briefen des Trithemius p. 312 ersehen; auch schrieb Conrad Geßner an den Joh. Crato (Lib. I. epist. 1.), daß Faust nicht gar lange gestorben sey d). Dieser Faust war nicht einerley Person mit dem Buchdrucker dieses Namens. Erst studirte er Theologie, dann Medicin und wurde Doctor. Eine alte Erfurter Chronik meldet von ihm, daß er daselbst von der Universität Erlaubniß erhalten habe, ein Collegium über den Homer zu lesen, in welchem er die Helden des Homers so deutlich beschrieb, als wenn er sie alle gesehen hätte. Da nun die Studenten schon gehört hatten, daß Faust unerhörte Dinge verrichten könne: so hätten sie ihn ersucht, die Helden des Homers aus dem

Zauberlaterne. 223

dem Stabe hervorkommen zu lassen und sie ihnen zu zeigen. Doctor Faust bestellte die Studenten nach einiger Zeit zu sich, brachte sie in eine finstere Kammer und verbot ihnen zu sprechen (weil ihnen die Schatten Helden natürlich auf vorgelegte Fragen nicht antworten konnten). Er ließ hierauf einen Helden nach dem andern hervortreten, und da er merkte, daß sie zuletzt über den einäugigen Riesen Polyphem in Furcht geriethen, den er mit einem rothen Bart und ein Paar Schenkeln im Munde, als wenn er einen Menschen gefressen hätte, und mit einem eisernen Spieß in der Hand, vorgestellt hatte, so that Faust, als ob er den Riesen nicht wieder fortbringen könnte, er winkte ihm, daß er fortgehen sollte, aber der Riese blieb stehen. Man vernahm zu gleicher Zeit einen Stoß mit einer eisernen Stange, den man dem Riesen zuschrieb und wodurch das ganze Haus erschüttert wurde; hierüber gerieth alles in die größte Bestürzung. Die Furcht vor dem gräßlichen Riesen machte auf zwey Studenten einen solchen Eindruck, daß sie sich einbildeten und überall ausbreiteten, er hätte sie bereits mit seinen Zähnen angepackt gehabt und auffressen wollen e). Man hat hieraus schließen wollen, daß Faust die Zauberlaterne gekannt habe; allein die Wirkungen, die er zu Erfurt mit den Helden des Homers hervorgebracht haben soll, lassen sich eher durch einen cylindrischen Hohlspiegel erklären, der gewöhnlich aus Frauenglas gemacht wird. Man kann damit Bilder in der freyen Luft vorstellen und zwar so, daß man den Apparat verbergen kann. Kircher stellte mit einem solchen Spiegel die Himmel-

fahrt

fahrt Christi so vor, daß alle Bilder in der freyen Luft zu schweben schienen. Zuweilen stellte er dadurch ein brennendes Licht in freyer Luft dar und hielt den Finger in die Flamme f).

Ozanam meynte g) auch Schwenter habe schon, in den Mathematischen Erquickstunden. Nürnberg. 1651 Sechster Theil. 31te Aufgabe, die Zauberlaterne beschrieben; aber auch dieses ist nicht richtig, denn Schwenter redet nur von einem Hohlspiegel, der das Licht ungeschwächt in große Entfernungen wirft, und eine Schrift daselbst lesbar macht.

Bis jetzt ist es noch immer am wahrscheinlichsten, daß der Jesuit Athanasius Kircher (geb. 1602. zu Geysa bey Fulda, gest. 1680.) der Erfinder der Zauberlaterne ist h), welcher durch die Einrichtung der Camera obscura, bey welcher Porta kleine Bilder draußen vor die Oefnung stellte, die durch ein Linsenglas im dunkeln Zimmer vergrößert dargestellt wurden, auf die Erfindung der Zauberlaterne geleitet worden seyn soll i). Schon im Jahr 1646 führt Kircher in einer seiner Schriften k, so viel an, daß man auf einen Hohlspiegel ein Gemälde bringen und dessen Abbildung vermittelst eines davor gestellten Lichts und Glases auf eine Wand in einem dunkeln Orte werfen könne, wovon er sich viel zur Bekehrung der Gottlosen versprach, wenn man ihnen zur rechten Zeit den Teufel an der Wand darstellte. Doppelmayer l) erzählt, daß J. F. Griendel von Ach, auf Wankhausen, in der Mitte des 17ten Jahrhunderts eine Zauberlaterne verfertiget und verkauft habe. Caspar Schott mußte sie 1657, wo er seine magiam naturalem herausgab,

noch

noch nicht kennen, denn er gedenkt ihrer nicht. Dechales erzählt m), daß er im Jahr 1665 bey einem Gelehrten aus Dännemark, der durch Lion reisete, zuerst
eine Zauberlaterne gesehen habe. Im Jahr 1671 lieferte Kircher eine deutliche Beschreibung der Zauberlaterne, mit saubern Zeichnungen, woraus erhellet, daß
Kircher schon die sehr gewöhnlichen Schieber mit Glas-
gemälden gebraucht hat.

Christoph Treßer zu Augsburg, der um 1683 lebte,
verfertigte eine Zauberlaterne, die bey Nachtzeit die
Stelle einer Uhr vertrat, indem sie die Stundenzah-
len an die Wand warf, die so wie der durch ein Uhrwerk in Bewegung gebrachte Zeiger, auf dem Glase
angebracht waren o). Man erzählt, daß Marcus
Antonius Cellius zu Rom im Jahr 1685 die Zauberlaterne so einrichtete, daß sie zum Nachzeichnen gebraucht werden konnte; es war nicht die Zauberlaterne, sondern die Camera obscura.

Im Jahr 1702 sprach der P. Zahn schon sehr
umständlich von dem Gebrauch der Zauberlaterne zu
Kunststücken und gab dazu viele Abbildungen p).
S'Gravesande q) bemerkte, daß die Zauberlaterne noch
nicht zur gehörigen Vollkommenheit gebracht sey.
Man hat daher darauf gedacht, dieses zu bewerkstel-
ligen, und sich bemüht, bewegliche Bilder z. B eine
Windmühle, die sich umdreht, darzustellen, welches
dadurch erhalten wird, daß man die beweglichen Theile, z. B. die Flügel, auf eine besondere Glasscheibe
mahlt, welche umgedreht, oder sonst der Absicht ge-
mäß bewegt wird. Diese wichtige Verbesserung der
Zauberlaterne, daß man Bilder mit Bewegungen an

Zauberlaterne.

der Wand vorstellen kann, rührt vom Professor Eh‍renberger in Coburg her, der dieselbe im Jahr 1713 in einer Disputation, die er als Adjunktus in Jena schrieb, bekannt machte r). Der Apparat dazu wird auch beym Nollet und Brisson beschrieben. Man lernte hierbey den Verlust der alten Glasmalerey be‍dauern, weil die Oelfarben nicht durchsichtig sind, und man sich also blos mit Saft- und Wasserfarben be‍gnügen muß.

a) Euleri Emendatio laternae magicae et microscopii so‍laris. in Nov. Comment. Petrop. T. III. p. 363. b) Oza‍nam Recreat. math. T III. p. 247. c) Ioh. Conrad Dür‍zii Differtatio epiſtol. de Ioh. Fauſto ſcripta, 1676. in Schell‍horn. Amoenitat. litter. Tom. V. p. 50 - 80. Ioh. Geo. Neumanni Disquiſitio hiſtor. de Fauſto Praeſtigiatore. Viteb. 1683. Chr. Henr. Weisſii Diſſert. de Doctore, quem vocant, Ioh. Fauſto, circuli Vitebergenſis olim habitatore. Altenb 1728. C. A. Heumanns gründl Nachricht von D. Fauſten; in den Hannöverischen Beyträgen zum Nutzen u. Vergn. 1759. S. 610. folg. d) Merkwürdigkeiten der Stadt Nürn‍berg. S. 699. e) J. C. Motſchmanni Erfordia litterata continuata. p. 412 Verzeichniß einer Samlung von Bildnißen berühmter Aerzte; von J. C. W. Moehsen. 1771. f) Schottus in Magia Catoptrica. p. 150. g) Oza‍nam Recreat. math. T. III. p. 247. h) Nachrichten von dem Leben und Erfindungen berühmter Mathematiker. 1788. 1 Th. S. 167. i) Ebendas. S. 223 k) Kirche‍ri Ars magna Lucis et Umbrae. Romae. 1646. fol. p 9 s. l) Doppelmayers Historische Nachrichten von Nürnber‍gischen Künstlern, S. 112. m) Dechales in mundo ma‍themat. Tom. III. Dioptr. Lib. 2. prop. 20. p. 696. n) Kircheri Ars magna Lucis et Umbrae. Amst. 1671. fol. o) Kunst - Gewerb - und Handelsgeschichte der Reichsstadt Augsburg von Paul von Stetten dem jün‍gern

gern. 1779. S. 172. p) Zahn Oculus artificialis telediop-
tricus. Herbip. 1685. fol. edit. secunda. Norimb. 1702
p. 726. seq. q) S'Gravesande Phys elem. mathem. Vol.
VII. p. 173. r) Bonif. Henr. Ehrenbergeri novum et cu-
riosum laternae magicae argumentum. Ienae. 1713. 4.

Zauberperspectiv, magisches Perspectiv, ist ein Werkzeug, welches den unerfahrnen glauben macht, daß er
durch undurchsichtige Körper sehe; es besteht eigentlich aus zweyen aneinander gesetzten Polemoscopen und
scheint aus Hevels Polemoscop entstanden zu seyn, ob
es gleich erst von den neueren Sammlern mathematischer Spielwerke beschrieben wird. Vorschläge, mehrere Spiegel so zu stellen, daß man darinn sehen kan,
was an Orten vorgeht, von denen man durch eine Mauer u. s. w. abgesondert ist, kommen schon im Roger
Baco, Porta u. s. w. vor; auch beym Schwenter in
seinen mathematischen Erquickstunden, Sechster Theil,
18 Aufgabe.

Gehler physikal. Wörterbuch. IV. S. 845. folg.

Zauber-quodlibet erfand Herr J. C. Gütle in Nürnberg;
auf 16 Tafeln sind 128 Figuren, diejenige, welche sich
eine Person in den Sinn genommen, wird durch das
electrische Feuer auf der Zaubertafel angezeigt.

Zauberräthsel erfand Herr J. C. Gütle in Nürnberg.
Achtzehn Räthsel werden auf so viel Tafeln durch das
electrische Feuer auf dem Zauberspiegel aufgelöset.

Zauberringe, Hexenzirkel, sind sehr schöne Flecken,
welche aus einem Mittelpunkte und einigen concentri-
schen Ringen bestehen, die sich auf den Metallflächen
zeigen, wenn man den electrischen Schlag einer Bat-
terie aus einer Metallfläche in die andere gehen läßt,

wozu

228 . Zauberringe. Zauberspiegel.

wozu man sich des allgemeinen Ausladers bedienen und statt der Knöpfe ein Paar polirte Uhrgehäuse daran befestigen kann. Priestley entdeckte diese electrische Zauberringe im Jahr 1766, und Tyberius Cavallo gab ihnen den Namen Zauberringe oder Hexenzirkel a). Man verglich sie nemlich in England mit den Hexenzirkeln, die man bisweilen auf Grasplätzen findet, und dem Einschlagen des Blitzes zuschreibt, obgleich manche sie lieber von Pilzen und Erdschwämmen herleiten wollen b).

a) Antipandora I. S. 470. b) Gehler physikal. Wörterbuch III. S. 855

Zauberspiegel wurde im Jahr 1639 von dem Jesuit Athanasius Kircher erfunden. Es war ein runder, schwarzer Spiegel, der zwanzig Zoll im Durchmesser hatte, und die Gegenstände in einer Entfernung von 4 bis 5 Schuh, nach ihrer natürlichen Größe in freyer Luft schwebend darstellt. Im Jahr 1644 machte er die ersten Versuche damit und stellte Blumen und Bilder durch Hülfe desselben dar. Der jetzige Besitzer dieses Spiegels, Herr von Rittig, erfand eine solche Direction des Spiegels, wodurch das Verschwinden und Wiederkommen bewirkt werden und das Gegenbild eines jeden Menschen in freyer Luft erscheinen kann a).

Den großen electrischen Zauberspiegel, oder eine Maschine, auf welcher die sonderbaresten Erscheinungen durch Electricität hervorgebracht werden erfand Herr J. C. Gütle in Nürnberg und machte solche 1792 bekannt. Sie stellt einen Tisch vor, auf welchem eine

Art

Art eines Monuments in antiken Geschmack stehet, das den ovalrunden Zauberspiegel enthält. Die meisten magnetischen Belustigungen, die Guyot und andere beschrieben und gemacht haben, geschehen hier durch Elektricität, und noch eine Menge anderer, die nicht durch den Magnet zu bewirken sind. Die Maschine steht ganz frey, hat weder geheime Züge, noch Richtungen und läßt sich überall hinstellen und verschieben, ohne an ihrer Wirkung gehindert zu werden. Dieses Kunstwerk gewährt über Hundert Veränderungen, mehr als Siebenzig Einsätze, und der auffallendsten Belustigungen damit ist noch eine weit größere Zahl. Sie berechnet ingeheim gewählte Zahlen, schließt vorgelegte Rechnungen, bestimmt verborgene Zahlen, erräth geheime Kartenkünste, Räthsel u. s. w. zeigt den Werth verborgener Geldsorten, giebt ganze Antworten und Orakelsprüche und noch vieles anderes mehr. Alles zeigt sich im Feuer oder Blitz und verschwindet augenblicklich wieder. So ein scharfsinniges Werk der Kunst diese Maschine ist, so kann sie doch leicht durch ein jedes Kind, das gar keine Kenntniß davon hat, behandelt werden. Auch an äußerlicher Schönheit ist nichts daran gespart worden, sie ist mit Malerey, Bildhauerarbeit, Vergoldungen geziert und das Ganze ist lakirt b).

a) Lichtenbergs Magazin für das Neueste aus der Physik. 1787. IV B. 4.-St. S. 141. Erlanger Real-Zeitung. 1792. Nr. 14. den 17 Febr. S. 119. b) Intelligenzblatt der Allgem. Lit. Zeitung. Jena. 1792. Nr. 89.

Zauberuhr. Herr Hofrath D. Beireiß zu Helmstädt besitzt ein Uhrwerk, das er selbst angegeben und als es aus den Händen der Arbeiter kam, wahrscheinlich noch mit irgend einer mechanischen Vorrichtung versehen hat. Es ist eine Stutzuhr, die eine Elle hoch ist, auf einem unbehängten Tische, in einem mit Glasscheiben versehenen Gehäuse frey steht und keine Verbindung mit dem Tische oder mit der Wand hat. Sie geht gewöhnlich nicht, fängt aber sogleich an, zu schlagen, wenn man eine gewisse Linie mit dem Finger in der Luft vor ihr zieht; sie schlägt hierauf so lange fort, bis man einen andern Zug ebenfalls mit dem Finger in der Luft macht. Man berührt hierbey die Uhr niemals, man kann 5 und mehrere Schritte von ihr entfernt seyn, nur muß man gerade vor die Uhr hintreten. Hält man den Finger auf einen gewissen Punkt gerichtet, der sich auf der rechten Seite des Zifferblatts ausser dem Mittelpunkte, ein wenig oberwärts, befindet, so spielt die Uhr verschiedene annehmliche Flötenstücke. Herr Hofrath Beireiß versichert, man könne mit der Uhr im Freyen und 1000 Schritte weit von derselben stehen, und doch müsse sie schlagen, wenn der Zug getroffen werde. Ich liefere diese Nachricht, wie ich sie finde, denn ich habe keine Gelegenheit gehabt, dieses mechanische Kunststück zu sehen oder zu prüfen. Daß eine solche Uhr möglich ist, daran zweifle ich nicht; der Kenner mechanischer Kunstwerke wird aber den Zug mit dem Finger in der Luft gerade vor der Uhr blos für das Täuschungsmittel, hingegen das dadurch commandirte Schlagen und Schweigen der Uhr, wie auch das Spielen des Flötenwerks für die Wirkung eines im Fußboden des Zimmers verborgenen und in Bewegung gesetzten Mechanisnismus halten, der, so wenig es auch den Schein hat, doch mit der Uhr in Verbindung steht. Doch gebe ich gern zu, daß hier auch eine andere Art des Mechanismus Statt finden kann.

Herr J. C. Gütle in Nürnberg erfand die electrische Zauberuhr, welche die auf einer verdeckten Uhrtafel bezeichnete Zahl auf der electrischen Uhrscheibe anzeigt.

Zaum. Sophocles schreibt in seinem Oedipus die Erfindung des Zaums dem Neptunus zu a); aber Natalis Comes b) macht den Bellerophon, einen Sohn des Glaucus, Königs in Ephyra oder Corinth, zum Erfinder des Zaums; die Poeten dichten von ihm, daß er sich auf den geflügelten Pegasus wagte und auf diesem die ungeheure Chimära erlegte. Plinius nennt den Pelethronius als den Erfinder des Zaums c); Pelethronius war aber kein Mann, sondern ein Berg in Thessalien und das Volk, das ihn bewohnte, hießen die Pelethronier, welches die Centauren waren, daher auch Virgil dieses Volk die Pelethronier nennt d), und Paláphatus die Erfindung des Zaumes den Centauren zuschreibt e).

a) Hofmanni Lex. univerſ Baſil. 1677. T. II. p. 116.
b) Natal. Comes IX. 4. c) Plin. VII. c. 56. d) Virgil. Georg Lib. III. v. 115. cum Notis Thomæ Farnabii. Amſtelodami. Typis. Iph. Blaey, 1650. Nota k. p. 69.
e) Hofinanni Lex, univerſ. l. c.

Zeachen ſ Neuholland.
Zegers (Herkules) ſ. Landſchaftenmalerey.
Zeichenkunſt, Zeichnerkunſt, iſt eine Kunſt, die Geſtalt wirklicher und eingebildeter Gegenſtände, durch Linien,

auf einer ebenen Fläche, darzustellen. Die Zeichenkunst wurde wahrscheinlich eher erfunden als die Schreibekunst, weil die letztere schon mehr Abstraction erfordert, als die erste, die bloße Nachahmung der Natur war, worauf der Mensch leicht verfallen konnte. Auch muß sie natürlich eher als die Malerkunst bekannt gewesen seyn, weil diese erst aus der Zeichenkunst entstand, woraus man auf ihr Alter schließen kann; ob sich gleich dieses nicht genau bestimmen läßt, so wenig als der Erfinder der Zeichenkunst. Man hat die Frage aufgeworfen, ob es wohl möglich gewesen sey, ein Gebäude wie die Arche, ohne vorher entworfene Zeichnung, wenn sie auch noch so unvollkommen war, aufzuführen, und ob nicht also die Menschen vor der Sündfluth schon einige Kenntniß im Zeichnen gehabt haben müßten? Es wäre zwar nicht unmöglich, da die Natur dem Menschen vielfältige Veranlaßung gäb, auf die Zeichenkunst zu verfallen, doch hat man keinen sichern Beweis für dieses hohe Alter der Zeichenkunst. Einige meynen, daß folgendes die Veranlaßung zur Erfindung der Zeichenkunst gegeben habe; der Mensch habe gesehen, daß die dem Waßer nahe Gegenstände in demselben abgebildet wurden; dieß hätte ihn veranlaßt, die Natur nachzuahmen und das Bild solcher Gegenstände in dem Sande oder auf eine andere Art nachzuzeichnen. Die meisten stimmen darinn überein, daß die Zeichenkunst ihren Anfang von dem Schatten genommen habe, den die Körper im Sonnenschein warfen, indem man diesen Schatten mit einer Linie umzog, die dem Umfange genau folgte; als hernach der Schatten verschwand, blieb die Umfangslinie übrig, wel-

welche mit der Figur des Körpers Aehnlichkeit hatte a). Anfangs ließ man die Umriße der Figuren, wie sie waren; aber in der Folge zog man auch innerhalb des Umrisses einige Linien und brachte Licht und Schatten an.

Man vermuthet, daß die Zeichenkunst in Egyppten, zugleich mit den Hieroglyphen, zur Zeit des Hermes Trismegistus, ihren Anfang genommen habe; denn die Hieroglyphen bestanden aus Umrißen oder Figuren der Thiere, die man mit einer Farbe ausfüllte und waren also mit Farbe ausgefüllte Zeichnungen. Die Egypptier halten den Gyges aus Lydien für den Erfinder der Zeichenkunst, welcher, da er einmal beym Feuer stand, seinen Schatten an der Wand sah und ihn mit Kohle nachzeichnete. Auch wird der Egypptier Philocles für den Erfinder einer Art der linearischen Malerey gehalten.

Unter den Griechen soll die Zeichenkunst durch den mit Linien umzogenen Schatten eines Menschen, nach andern aber durch den Schatten eines Pferdes, entstanden seyn. Man erzählt nämlich, daß Corinthia, die Tochter des Dibutades, eines Töpfers von Sicyon, der aber nacher zu Corinth lebte, einen Liebhaber hatte, der sie einige Zeit verlaßen mußte; sie sann daher auf Mittel, sich den Schmerz über seine Abwesenheit zu erleichtern, und da sie seinen Schatten an der Wand gewahr wurde, den das Oellicht einer Lampe dahin warf, so reizte sie die Liebe, sich dieses Bild zu verschaffen; daher zog sie an der Wand eine Linie, die dem Umfange des Schattens genau folgte und dieß war der Anfang der Zeichenkunst unter den Griechen d).

Andere meynen, daß Crato aus Sicyon dadurch, daß er den Schatten eines Jünglings und eines Weibes auf einer weißen Tafel entwarf, den Grund zur Zeichenkunst gelegt habe e); wenigstens war er einer der ersten, der den Schatten der Figuren an die Wände malte f). Auch wird Saurias, ein Maler von Samos für den Erfinder der Umriße gehalten, indem er den Schatten eines in der Sonne stehendes Pferdes nachzeichnete g). Aus solchen Umrißen entstand die linearische Malerey, die mit dem Griffel geschah und die, wie Winkelmann und Caylus glauben, später als das Formen erfunden wurde; in Egyppten soll sie der bereits genannte Philocles, in Griechenland aber Eleanthes von Corinth eingeführt haben h). Dieser Eleanthes malte in dem Tempel der Diana Aphionia die Eroberung der Stadt Troja und die Geburt der Minerva i) Ardices van Corinth, der bey dem Cleanthes und Philocles lernte, zeichnete nicht nur die Umriße der Figuren, sondern zog auch innerhalb derselben Linien, um dadurch die einzelnen Theile des Gegenstands auszudrücken; eben so zeichnete auch Telephanes aus Sicyon; beyde mußten aber noch neben ihre gezeichnete Figuren schreiben, was sie bedeuten sollten k).

Johann Cousin, ein Mahler von Souci, bey Sens, der 1589 lebte, brachte die Zeichenkunst in gewisse Regeln, die er in ein Buch verfaßete und heraus gab l).

a) Acad des Inscripr. XIX. p. 254. b) Plin. VII. sect. 37. c) Allgem. Künstler Lex. Zürch. 1763. S. 656. d) Plin. XXXV. c. 12. u. sect. 45. e) Goguet vom Ursprunge der Gesetze. II Th. S. 152. f) Allgem. Künstler-Lex. Zürch. 1 63. S. 640. g) Ebendaf. S. 660. h) Plin. XXXV. c. 3. i) Allgem. Künstler Lex.

Zeichenmaschine.

Lex. Zürch. 1763. S. 638. k) Ebendas. S. 632. und Erstes Suplement 1767. S. 304. l) Allgem. Künstler-Lex. Zürch. 1763. S. 143. 144.

Zeichenmaschinen, Zeichnerinstrumente, sind solche Werkzeuge, die das Abzeichnen natürlicher Gegenstände oder auch wirklicher Zeichnungen sehr erleichtern.

Leupold in Leipzig erfand Instrumente, womit man die verzogenen und unkenntlichen Bilder, die aber unter gewissen Spiegeln in ordentlicher sehr kenntlicher Gestalt erscheinen, und welche geometrisch zu zeichnen viel Mühe kosten, auf eine mechanische Weise sehr behend zeichnen kann a). Werkzeuge, durch deren Hülfe man allerhand Gegenstände mit leichter Mühe perspectivisch aufs Papier bringen kann, erfanden Christoph Wreen, Benjamin Bramer und P. Cherubin b). Marco Antonio Cellio in Rom gab 1685 eine tragbare Camera obscura an, die vorzüglich dazu diente, Kupferstiche, Gemälde und Risse geschwind abzuzeichnen c). Eine andere tragbare Camera obscura, die ebenfalls zum Zeichnen sehr bequem eingerichtet ist, erfand Reinthaler in Leipzig d). Eine Zeichnermaschine zu perspectivischen Zeichnungen erfand Johann Heinr. Lambert, geb. zu Mühlhausen im Sundgau 1728. † 1777 e). Der Herr Hofmechanikus Schmidt in Jena hat ebenfalls eine Universal-Maschine zum Abzeichnen nach der Natur angegeben f). Ein allgemeines Zeichnerinstrument ohne Gläser, durch welches auch der Unerfahrne in der Zeichenkunst, nach der Natur alles geschwind und pünktlich zeichnen kann, beschrieb H. Joh. Leonhard Hofmann in einer 1780 zu Anspach, bey Haueisen, auf vier Bogen herausge-

kom-

kommenen Schrift mit Kupfern, unter dem Titel: Anweisung zur Verfertigung und zum Gebrauch des allgemeinen Zeicheninstruments ohne Gläser u. s. w.

Um den natürlichen Unterschied der Gesichtszüge beß Menschen und Thieren richtig anzugeben erfand Peter Camper eine besondere Maschine, die aus einem viereckigen, rechtwinklichten Bret besteht, auf welchem ein viereckigtes, rechtwinklichtes Rähmchen aufgerichtet ist. Dieses besteht aus kleinen Latten, die mit gleichweit entfernten Löchern durchbohrt sind, in welche nach Gefallen lothrechte und horizontale, oben und unten befestigte und schräg niederwärts laufende Fäden gezogen werden können, wobey das Auge so gerichtet wird, daß der schräge Faden mit dem senkrechten in eins zusammentrifft. Hieraus ergeben sich die Schneidepunkte, um mit Sicherheit zu zeichnen, und vornemlich die vom Mund längst des Nasenbeins und der Stirn schräge gezogene Linie, nemlich die Gesichtslinie g).

Mehrere Nachrichten von Zeichnerinstrumenten findet man unter den Wörtern: Polychreste=Maschine Scenographum, Transparentspiegel, Universal=Maschine, Verkleinerungs=Maaßstab.

a) Jablonskie Allgem. Lex. Leipzig. 1767 II. S. 1432. b) Grün mathemat. Werkschule; weitere Eröfnung von J. G. Doppelmayer. 1741. S. 29=36. c) Acta Erudit. 1687. M. Dec. d) Jablonskie a. a. O. unter Camera. e) Nachrichten von dem Leben u. den Erfind. berühmter Mathematiker. 1788. 1 Th. S. 171. f) Königl. Großbrit. Geneal. Kalender. Lauenburg. 1780. g) Erlanger gelehrte Zeitung 1792. 47 St. S. 410.

Zeichensprache ist eine solche, worinn man sich verabredeter Zeichen bedient, deren Deutung sonst niemanden be-

bekannt ist, um einem andern seine Gedanken mitzutheilen. Die Alten bedienten sich hierzu der Finger
und schrieben diese Erfindung, vermittelst der Finger
andern seine Gedanken mitzutheilen, der Polymnia zu a).
Die Morgenländer bedienen sich der Blumen hierzu; man schickt z. B. jemanden einen Blumenstrauß;
der andere weiß dann aus der Gattung der Blumen,
aus ihrer Farbe und aus der Zusammenstellung derselben sicher zu errathen, was man dadurch zu erkennen geben wollte b). Zwey korsikanische Abbe's, nemlich die
Herrn Guiliani und Liccia boten dem Paoli eine Zeichensprache an, die sie den fliegenden Courier nannten
und die der Herr von Pigneron in Frankreich verbessert hat. Die Damen von Genua theilen sich ihre Gedanken von einem Belvedere zum andern durch Hülfe
verschiedener kleiner Pavillons mit. Als dem Paoli
ein Bote geschickt wurde, sprach er zu ihm: „erzählt
wieder, was ihr da gesehen habt; der Bote hatte ein
Schnupftuch einen Zirkel und eine Tabatiere auf dem
Tische gesehen, das konnte er jedermann erzählen und
doch wurde dadurch nichts verrathen, weil niemand
die Deutung davon verstand. Bey Gelegenheit einer
öffentlichen Freudensbezeigung sagte Paoli zu dem Courier, den er nach London schickte: „erzählt dem
Lord N. was ihr gesehen habt und weiter nichts."
Der Bote that dieses in London und der Lord rief
aus: „also hat euer General Korsika verlaßen?" Bey
der Zurückkunft des Couriers war Paoli wirklich schon
in Livorno c).

Zu den Zeichensprachen gehören auch noch manche
Arten der Kryptographie, ferner die Telegraphie; s.
Kryptographie, Telegraphie.

a)

Zeichner. Zeilon.

a) Cassiodorus Variar. Lib. IV. epist. 51. b) Gemeinnützige Kalender, Leserenen von F. A. Fresenius. I B. 1786. S. 23. 24. c) Tagebuch eines Weltmanns. Frankfurt a. M. 1775. p. 8. folg.

Zeichner. Herr E. Jaquet Droz, der Sohn des Hrn. P. Jaquet Droz, hat 1777 einen künstlichen Zeichner verfertiget. Er stellt ein Kind von zwey Jahren vor, das auf einem Tabouret sitzt, und mit Bleystift mit starken und schwachen Strichen, je nachdem es nöthig ist auf eine Tablette den Entwurf zu einem Gemälde macht, daßelbe schattirt und auch das Unvollkommene verbessert. Es hält oft die Hand von der Zeichnung, um das gezeichnete besser zu betrachten und bläst den Staub, den der Bleystift zurück ließ, von der Zeichnung weg.

Kön. Großb. Gen. Kal. Lauenburg. 1780.

Zeichnung mit Bleystift auf Pergament haltbar zu machen, siehe Pergament.

Zeiger an der Sonnenuhr s. Sonnenuhr.

Zeither s. Fernglas, Magnetnadel, Microscop, Thermometer, Windmesser.

Zeilon, Ceylon, eine Insel bey Asien, wurde 1506 durch den Laurentius, einem Sohn des Franziscus Almeida entdeckt, der im Namen des Königs von Portugal davon Besitz nahm. Nach andern entdeckte sie Jacobus Lopez de Siquaire, Admiral einer portugiesischen Flotte, im Jahr 1509. Die Holländer kamen 1602 dahin und 1606 bekriegten sie die Portugiesen und nahmen ihnen ihre Besitzungen ab. Im Jahr 1796 nahmen die Engländer diese Insel in Besitz.

Allgem. Hist. Lex. Leipzig. 1 Th. 1709. S. 605.

Zeit;

Zeit. Zeithalter.

Zeit; die erste Definition von derselben gab Archytas von Tarent, der mit Plato lebte. -

Universal-Lex. II. S. 1254.

Zeithalter ist eine Uhr, welche dazu dient, die Meereslänge zu bestimmen. Schon Gemma Frisius gab im Jahr 1530 den Rath, die Meereslänge durch Uhren oder Zeitmesser zu bestimmen. Huygens wandte im Jahr 1669 die ersten Penduluhren, wiewohl vergeblich zur Bestimmung der Meereslänge an. Im Jahre 1714 wurden in England auf die Bestimmung der Meereslänge bis auf einen Grad 10000, bis auf 2/3 Grad 15000, und bis auf einen halben Grad 20000 Pfund Sterling zur Belohnung gesetzt. Seit dem Jahre 1726 bekam man wieder Hofnung, die Meereslänge durch Uhren zu finden, denn um diese Zeit verfertigte der Engländer Heinrich Sully, der sich in Frankreich aufhielt, die erste Seeuhr, er starb aber zu Bourdeaux, ehe er sie prüfen konnte. Der Engländer John Horrison, geboren 1693 zu Wragby in Yorkshire, kam 1728 mit der Zeichnung einer Seeuhr, die er Time-Keeper d. i. Zeithalter nannte, nach London, wo Graham ihm rieth, diese Maschine erst fertig zu machen. Im Jahr 1735 hatte er seinen Zeithalter zu Stande gebracht, und 1736 wurde er auf einer Seereise nach Lissabon vom Kapitain Roger Wills geprüft, der auch ein vortheilhaftes Zeugniß darüber ausstellte. Im Jahr 1739 verfertigte er eine grössere Seeuhr und 1749 die dritte, wodurch er sich schon die Copleyische goldene Medaille erwarb. John Harrison arbeitete immer an der Verbesserung dieser Uhr, und den 18ten November 1761 trat sein ältes-

älterer Sohn William Harrison mit einer neuen Seeuhr eine Reise nach Jamaika an, die 81 Tage dauerte, und die Uhr wich noch nicht um einen halben
Grad ab, daher er zwar den ganzen Preiß verlangte, er bekam aber nur 2500 Pfund Sterling
und das übrige wurde auf eine zweyte Probe gesetzt,
die 1764 auf einer Reise nach Barbados gemacht
wurde, wo die Uhr noch weniger abwich, daher
ihm das Parlement 10000 Pfund Sterling bewilligte;
er hatte zwar den ganzen Preis verlangt und drei Zeithalter zur Prüfung auf die Sternwarte nach Green-
wich geliefert, aber Maskelyne fand den Zeithalter,
dessen man sich auf der Reise nach Barbados bedient
hatte, sehr ungleich im Gange, man behauptete, daß
er nicht mit den Beobachtungen der Astronomen über-
einstimme, und so mußte sich Harrison mit dem halben Preise begnügen a). Ein Deutscher, Namens
Thiele aus Bremen, machte noch etwas eher, als
Harrison, eine solche Seeuhr; allein er meldete sich
erst in London, als die Prämie schon an Harrison be-
zahlt war. Indessen haben selbst die Engländer die
Uhr des Thiele zweckmäsiger und sinnreicher gefunden,
als die des Harrison war. Die Uhr des Harrison
hatte noch den Fehler, daß die Spindel der Unruhe
mit ihren Lappen zu sehr mit dem Räderwerk, wie bey
den gemeinen Taschenuhren, in Verbindung stand.
Thomas Mudge erfand aber eine vollkommnere Seeuhr und gab dem Grafen von Brühl ein Modell des
von ihm erfundenen freyen Stoßwerks, wonach Jo-
siaß Emery ein Taschenchronometer oder einen tragba-
ren Zeithalter verfertigte, den er 1782 zu Stande
brach-

Zeithalter.

brachte. Admiral Campbell nahm 1784 einen von Mudge selbst verfertigten Zeithalter mit nach Neufoundland, und die Genauigkeit dieser Uhr überstieg alles, was man zu hoffen wagte, denn sie bestimmte nach einer Fahrt von 4 Wochen die Länge von St. John bis auf sechs Secunden b). Die wegen der Erfindung der Meereslänge niedergesetzte Commission erkannte dem Erfinder 500 Pfund Sterling zu c). Auch die englischen Uhrmacher Arnold und Kendal verfertigten im Jahr 1772 Seeuhren, letzterer nach Harrisons Art, ersterer aber nach einer noch einfacheren Einrichtung. Cook prüfte drey von Arnold und eine von Kendal verfertigte Uhr auf einer Reise nach dem Südpol und sie bestimmten die Länge des Orts bis auf 1/5 oder 1/6 Grad. In Frankreich verfertigten Berthoud und Julien le Roi Seeuhren, welche von Pingré und de Borda auf den Seereisen in den Jahren 1767, 1769 und 1770 geprüft d) wurden und man fand, daß der Irthum in sechs Wochen nicht über einen halben Grad betrug, daher auch le Roi († 1785, 68 Jahr alt) den Preis erhielt, den die Akademie der Wissenschaften 1773 auf eine solche Uhr gesetzt hatte.

Herr Armand zu Rendsburg im Hollsteinischen hat zwey Seeuhren zu Stande gebracht, die die Meerslänge bis auf einen halben Grad angaben e). Wie sich, vermittelst der Chronometer, die Längen der Oerter zu Wasser und zu Lande sehr genau bestimmen laßen, wenn man über dieses mit einem Instrument versehen ist, die Höhe der Sonne an einem Orte genau zu meßen, deßen Breite bekannt ist und deßen

Zeithalter. Zeitmaschine.

Länge man finden will, hat Herr Joh. Leonh. Späth, Professor der Mathematik und Physik zu Altdorf erläutert f). Vergleiche Meereslänge.

    a) Nachrichten von dem Leben und den Erfindungen der berühmtesten Mathematiker. 1788. 1 Th. S. 132. b) Three regifters of a pocket-chronometer, and the obfervations from which they were collected by Count de Brühl. London. 1785. c) Lauenburgl. Kal. 1780. d) Allgem. Lit. Zeitung. Jena. 1796. Intelligenzblatt. Nr. 104. e) Lichtenbergs Magazin. für das Neueste in der Physik. III B. 2 St. S. 148. 1785. f) Photometrische Untersuchung über die Deutlichkeit, mit welcher wir entfernte Gegenstände vermittelst dioptrischer Fernröhre beobachten können u. s. w. Leipzig. 1789. S. 51.

Zeitigung der Baumfrüchte. Herr Lancry zu Paris hat durch Versuche an Apricosen und Pflaumenbäumen bewiesen, daß die Früchte derselben viel eher reif und auch größer werden, wenn man in der Blüthenzeit einen zwey bis drey Linien breiten Ring von der Rinde bis auf den Splint wegnimmt.

    Anzeiger. 1791. vom sechsten Jul. N. 4. S. 29. 30.

Zeitmaschine; eine astronomische Zeitmaschine erfand der Schullehrer Schaudt (geb. 1739), der in dem zu dem Balingischen Oberamte gehörigen Dorfe Onsimettingen, im Würtenbergischen, lebte und diese Maschine 1790 bekannt machte. Sie enthält den scheinbaren Umlauf der Sonne, des Mondes und der Venus um einen Globus. Die Firsterne sind von der ersten bis zur fünften Größe genau angegeben. Dabey ist eine gewöhnliche Stunden = und Minutenuhr, aber auch auf zwey besondern Platten noch ein Tag Wochen

chen- und Monatszeiger, wie auch ein doppelter Jahrs-
zeiger angebracht, wovon der eine in 100, der andere
in 8000 Jahren seinen Kreis vollendet. Durch eine
sehr leichte Umdrehung, kann auch ein Anfänger der
Sternkunde oder wer nur einige Kenntniß vom Kalender hat, sich alle Sonnen- und Mondsfinsternisse
selbst angeben, er mag nun solche aus der vergangenen
oder zukünftigen Zeit, mit dem gleichzeitigen Stande
der Gestirne, vor sich zu sehen verlangen. Der Erfinder schätzt diese Maschine auf 80 Louis d'or.

Zeitmesser, musikalischer Zeitmesser, Taktmesser, Chronometer, ist ein Instrument, durch welches das Tempo
oder Zeitmaß in der Musik sehr richtig bestimmt werden kann. Schon Loulin hatte einen musikalischen
Zeitmesser erfunden, den D'ons Embray 1732 beschrieb und verbesserte a). Dion. Diderot schrieb im
Jahre 1748 ebenfalls vom musikalischen Zeitmesser,
aber er verwarf ihn b). Im Jahre 1782 erfand der
Mechanikus Pelletrio zu Paris einen Zeitmesser für
die Tonbewegung c). Auch Davaux beschrieb einen
musikalischen Zeitmesser i. J. 1784 d). Renaudin in
Paris erfand 1786 einen Zeitmesser, wodurch man in
den Stand gesetzt wird, jede Musik nach ihrer eigentlichen Geschwindigkeit, und jedesmal nach dem Sinne
ihres Verfassers auszuführen e); er kostet 60 Livres.
Herr Johann Gottfried Weiske, Dom- und Stadt-
cantor in Meissen, hat 1789 einen neuen Taktmesser
erfunden, wodurch nicht nur der Compositeur das Tempo seines Stücks genau und bestimmt angeben kann,
sondern auch andere dasselbe nach dieser Angabe finden
können. Dieser Taktmesser besteht aus einem auf

einem Gestelle, ruhenden fünf viertel Ellen langen und 2 Zoll breiten Bretgen, an dessen einer schwächeren Kante man zwey Kerbgen macht, die einen Zoll weit von einander stehen. Aus den Winkeln der Einschnitte zieht man zwey Linien, die mit den Seiten des Brets parallel laufen und eine Dresdner Elle lang sind. Diese Elle theile man nach einer Schmiege in ganze, halbe und viertels Zolle, und numerire sie am Rande so, daß 24 an die Kante kommt, wo die Einschnitte sind. Ferner zieht man einen starken Faden durch eine in der Mitte durchbohrte Bleykugel, man nehme die Ende des Fadens, lege jedes in einen Einschnitt, ziehe sie ganz bis an den letzten Zoll, daß die Bleykugel zwischen beyden Einschnitten hart anliegt, befestige nun die beyden Enden an einem Klötzchen von unten hinauf und zwar da, wo die Linie hinzeigt; um soviel Grade man nun den Halter oder das Klötzchen auf dem Pendulmesser hinunterschiebt, um so viel wächst der herabhängende Perpendikel; man schiebt alsdann den Halter so weit, bis die Schwingungen des Penduls der Geschwindigkeit des Takts in einem Stücke gleich kommen, und sieht bey welchen Graden das Klötzchen steht, wonach man dann den Takt in der Ueberschrift des Stücks angiebt f). Im Jahre 1790 beschrieb Herr Abel Bürja, Prof. der Math. zu Berlin, einen von ihm erfundenen musikalischen Zeitmesser, welcher der Hauptsache nach in einem Pendul besteht, welches nach Belieben verlängert oder verkürzt werden kann, und in einer langen Scale, wonach sich die Länge des Penduls für jedes Tempo einrichten läßt g). Herr Johann Georg Prasse, Kunstuhrmacher

cher in Zittau, hat ebenfalls einen Entwurf zu einem
musikalischen Zeitmesser bekannt gemacht h).

 a) D'ons Eubray Description et usage d'un metromètre
ou machine pour battre les mesures et les tems de toutes
sortes d'air, in den Mém de l'Acad. des sciences de Paris.
1732. S 181. b) Dion. Diderot Mém. sur differens
sujets de mathem. Haye. 1748. 8. c) Lichtenbergs Magazin für das neueste in der Physik 1782. 1 B. 3. St.
S. 146. d) Iournal Encycl. 1784. Monat Jun S. 534.
e) Allgem. Lit. Zeitung 1786. Nr. 11. f) Zwölf geistliche prosaische Gesänge mit Begleitung des Klaviers
und Beschreibung eines Taktmessers, zum Besten der
Armenschule in Meissen, von Johann Gottfried Weiske,
Dom- und Stadt-Cantors zu Meissen. Leipzig. 1789.
g) Abel Bürja Beschreibung eines musikalischen Zeit-
messers mit einer Kupfertafel. Berlin bey Petit und
Schöne. 1790 h) Reichs-Anzeiger 1793. N: 114.
S. 972. Allg. deutsche Biblioth. 3. B. 2 St. 5-8 Heft.
S. 555.

Zeitrechnung, Chronologie, Zeitkunde, ist die Wissenschaft, die Maaße der Zeit recht zu bestimmen, die
mancherley Zeitrechnungen mit einander zu vergleichen
und die Begebenheiten darnach zu ordnen. Die vorzüglichsten Zeiteintheilungen wurden durch die Natur
veranlaßt; die Tage entstanden durch Umdrehung der
Erde um ihre Axe, die Jahre durch den Umlauf der
Erde um die Sonne. Ich verweise hier auf die Wör-
ter Jahr, Kalender, Monat, Stunden, Tage, Wochen. Diejenigen Völker, die noch keine Zeitrechnung
kannten, bedienten sich andrer Mittel, um die Zeit zu
bestimmen, z. B. eines Stricks mit einer Anzahl Knoten, wovon man täglich einen auflösete. Als Darius
gegen die Scythen zog, gab er den Joniern, welche
die

die Brücken über die Donau bewachten, eine Schnur mit 60 Knoten, und sagte zu ihnen; löset alle Tage ei= nen Knoten auf, sind sie alle aufgelöset und ich bin noch nicht zurück, so kehret in euer Land zurück a). Die Römer schlugen alle Jahr am 13ten September einen Nagel in die Mauer des Tempels der Minerva ein und nach der Zahl dieser Nägel zählten sie die Jah= re der Republik zusammen b): diese Gewohnheit kam im Jahre 391 n. E. R. auf; der Consul mußte diese Ceremonie, welche wider die Pest helfen sollte, verrich= ten c).

Die Erfindung der Zeitrechnung schreiben sich die Egyptier, die Chaldäer und Chineser zu, welche letz= tern nicht, wie wir, nach Jahrhunderten, sondern nach einem Zeitraum von 60 Jahren zählen, den sie Ven nennen. Die egyptische und chaldäische Zeitrechnung ist die älteste, von der wir Nachricht haben. Die Egyptier sollen schon 1690 Jahre vor Christi Geburt ein Sonnenjahr von 360 Tagen gehabt haben; unter der Regierung ihres Königs Aseth, etwa 1322 Jahre vor C. G. vermehrten sie, wie Syncellus berichtet, ihr Jahr mit fünf Tagen, und noch vor dem Jahr 3638 n. E. d. W. thaten sie auch noch die Stunden hinzu, so daß ihr Jahr nur um einige Minuten größer war, als unser astronomisches Jahr; vermuthlich schalteten die egyptischen Priester den Ueberschuß, wenn er einen Tag betrug, richtig ein.

Wahrscheinlicher ists aber, daß man die richtigere Zeitbestimmung den Chaldäern zu verdanken hat; denn die Babylonier hatten unter der Regierung des Nabo= nassars, der um das Jahr 3200 n. E. d. W. ein neu=

Zeitrechnung.

es regierendes Haus im Babylonischen Reiche stiftete, durch Hülfe der Astronomie das Jahr schon auf 365 Tage gesetzt. Mit der Regierung dieses Nabonassars etwa 747 Jahre vor Christi Geburt, fieng sich die Nabonassarische Zeitrechnung an, da man die Jahre von der Regierung dieses Königs zählte; selbst Ptolemäus in seinem Almagest zählt noch vom Nabonassar an. Auch hält man die Chaldäer für die ersten, die zu den 365 Tagen noch etliche Stunden zusetzten, um die Dauer des Jahres der Dauer des Sonnenlaufs näher zu bringen. Vergl. Jahr.

Die Griechen, welche schon über 700 Jahre vor Christi Geburt nach Olympiaden zu zählen anfiengen, hatten erst ein Mondenjahr, wofür Thales von Mileto das Sonnenjahr von 365 Tagen einführte; Eudoxus von Cnidus setzte noch etliche Stunden hinzu, und Hipparch suchte das Jahr der Griechen noch mehr zu berichtigen. Zu den ältesten griechischen Schriftstellern in der Chronologie gehören Harpalus und Euctemon; auch Cleostratus, ein Tenedier, suchte um die 61 Olympiade die Zeitrechnung der Griechen zu verbessern d). Die Griechen suchten auch zuerst Perioden oder Reihen von Jahren zu erfinden, nach deren Verlauf eben dasselbe Zeitmerkmal wiederkehren sollte; eine gewisse Anzahl Sonnenjahre sollten nemlich zugleich eine gewisse Anzahl Mondenmonate ausmachen, um so das Sonnenjahr und Mondenjahr mit einander zu vergleichen. Man nannte eine solche Periode annum magnum lunae solarem oder das große Mondsonnenjahr. Cleostratus, Harpalus, Oenopides Chius, Demokrit von Abdera, Meton, Euctemon, Calippus

Q 4 und

und Hipparch bemüheten sich, solche Perioden zu erfinden (siehe Kalender), aber man hält ihre Erfindung nicht für möglich.

In Italien hatten die Albaner ein Jahr von 304 Tagen, das in 10 Monate und 4 Tage abgetheilt war; dieses Jahr fieng sich mit dem März an und Romulus führte dasselbe bey den Römern ein, die ihre Jahre von Roms Erbauung an zählten. Numa Pompilius führte ein Mondenjahr von 355 Tagen bey den Römern ein und theilte das Jahr in 12 Monate. Julius Cäsar verordnete endlich, daß man nach einem Sonnenjahre von 365 Tagen und 6 Stunden rechnen möchte; (Vergleiche Jahr, Kalender). Mit dieser Verbesserung des Jahrs nahm die Aera Hispanica oder Aera Cæsaris, also etwa 38 Jahre vor Christi Geburt, ihren Anfang, indem man in Spanien die Jahre von der Einführung des Julianischen Kalenders an, zählte.

Bey den Hebräern ist Moses der älteste Schriftsteller, bey dem man Spuren von der Zeitrechnung findet. Die Juden, die ihre Jahre von Erschaffung der Welt an zählen, hatten zu allen Zeiten bürgerliche Mondenmonate, welche mit 29 und 30 Tagen abwechselten; allein die Jahresform war bey ihnen nicht zu allen Zeiten gleich. Die neujüdische Jahresrechnung ist weit verworrener und zeugt von der Unwissenheit ihres Urhebers, des R. Hillél, der dieselbe 358 n. C. G. bekannt machte.

Die Aera der Seleuciden nahm 12 Jahre nach Alexanders Tode, 312 Jahre vor Christi Geb. im Jahr der Welt 3672 oder zu der Zeit ihren Anfang, in welcher Seleucus ganz Medien eroberte. Die Verfasser

der

der Bücher der Maccabäer bedienen sich der Seleucidischen Jahresrechnung.

Im Jahr 636 nach C. G. führte der Chalife Omar die Jahresrechnung von der Flucht Mahomeds ein; diese Flucht von Mecca nach Medina erfolgte im J. 614 n. C. G. aber 8 Jahre brachte Mahomed mit der Einrichtung seines Tempels und Lehrgebäudes zu, also kommt 622 heraus, von welchem Jahre sich die Zeitrechnung der Türken anfängt.

Bey den Persern fieng man im Jahre 637 nach C. G. an, die Jahre nach dem letztern König Yezdegerd zu zählen.

Unter den Christen wird Hippolytus, der im Jahr 230 n. C. G. getödet wurde, und dessen Schriften verloren gegangen sind, für den ersten Chronologen gehalten. Die älteste chronologische Schrift, die auf unsere Zeiten gekommen ist, ist das Chronicon des Eusebius; Eusebius, der im Anfange des vierten Jahrhunderts lebte, hatte die Chronographie des Julius Afrikanus, aus dem dritten Jahrhundert, sehr benutzt und auch einige Fragmente von diesem verloren gegangenen Buche erhalten. Hieronymus hat das Chronicon des Eusebius ins Lateinische übersetzt und bis aufs Jahr 180 fortgeführt; Joseph Scaliger gab es 1658 zu Amsterdam mit Anmerkungen heraus.

Im Jahr 302 und 303 verfolgte der Kayser Diocletian die Christen, und gebot zugleich durch ein Edikt, daß man die Jahre nicht mehr nach den römischen Consuln rechnen, sondern von dem Anfange seiner Regierung an zählen solle. Der Anfang seiner Regierung geschah mit dem 29ten August, 284 nach C. G., welches nun die Diocletianische Epoche wurde, nach der man im ganzen römischen Gebiete zählte und die auch die Christen annahmen, weil sie ihnen durch die Verfolgung der Christen so merkwürdig geworden war. Gregorius Turonensis rechnet auch einmal die Jahre vom Tode des heiligen Martin, der i. J. 400 nach C. G. starb. Im Jahre 525 nach Christi Geburt lehrte der römische Abt Dionysius exiguus oder Dionysius der Kleine († 536), der von Geburt ein Scythe war, die Christen zuerst, ihre Jahre von der Geburt Christi an zu zählen. Dionysius setzte die Geburt Christi ins Jahr 754 nach Erbauung Roms. In Italien wurde diese Zeitrechnung im Jahr 590, in Holland seit 620, und in Frankreich seit dem Jahre 780 in öffentlichen Acten eingeführt. Bonifacius brachte in Deutschland die Zeitrechnung von Christi Geburt in Gebrauch, Beda der Ehrwürdige, ein Angelsachse, der 735 starb, war der erste, der in Schriften die Begebenheiten nach der Zeitrechnung von Christi Geburt an bestimmte und dieselbe in England allgemeiner machte. Karl der Große war unter den Deutschen der erste, der sich dieser Zeitrechnung in seinen Urkunden bediente.

Julius Cäsar Scaliger verbesserte i. J. 1558 die Zeitrechnung in Rücksicht des Mathematischen.

David Chyträus schrieb im Jahr 1573 chronologische Anmerkungen über den Herodot und Thucydides.

Joseph Justus Scaliger, der 1540 zu Achen geboren war und 1609 zu Leyden starb, machte sich besonders um die Chronologie verdient und erhob sie zur Wissenschaft, indem er 1583 zuerst sein mühsames

Werk

Werk de emendatione temporum, zu Paris herausgab, welches 1598 zu Leyden vermehrter, und dann, nach Scaligers Tode, 1629 wieder zu Cöln gedruckt wurde. Joseph Justus Scaliger führte auch den Gebrauch der Julianischen Periode ein; diese ist eine Reihe von 7980 Jahren, nach deren Verlauf das Julianische Jahr wieder einerley Zahlen im Sonnen-Mond- und Indictionscykel bekomt. In der That ist auch der Gebrauch dieser Periode sehr bequem zur Vergleichung der Zeitrechnungen verschiedener Völker, weil sie einen so großen Zeitraum begreift, in welchem sich doch jedes Jahr durch bestimmte Merkmale unterscheidet, indem in der ganzen Periode niemals Jahre vorkommen, welche übereinstimmende Zahlen in allen drey Cykeln hätten. Der Sonnencykel besteht aus 28, der Mondcykel aus 19, und der Indictionscykel aus 15 Jahren; das Produkt dieser drey Zahlen giebt die ganze Periode von 7980 Jahren.

Fast zu gleicher Zeit mit Scaligern bemühete sich Abraham Buchholzer, geboren zu Schönau bey Dahme, gestorben 1584. um die Verbesserung der Chronologie, indem er einen Indicem chronologicum herausgab, den seine Söhne, Gottfried und Abraham Buchholzer, mit dem berühmten Scultetus fortsetzten. Nachher machten sich Gerhard Mercator, der 1594 eine Chronologie herausgab, wie auch Sethus Calvisius, ein Thüringer, der 1615 starb, besonders aber der Jesuit, Dionysius Petavius (geb. zu Orleans 1583. † 1652), um die Chronologie verdient; Petavius verbesserte den Scaliger, schrieb ein Buch, welches unter dem Titel Doctrina temporum 1627 zu Paris

ris herauskam, und ein Rationarium temporis, welches als ein Compendium der Chronologie dient. Der Franziscaner Antonius Pagi (geb. 1624. † 1699) erfand nach Art des Scaligers eine neue Periode, die Jahre zu zählen, die er periodum græco-romanam nannte, um dadurch alle Epochen mit einander zu vergleichen. Riccioli ließ die Julianische Periode fahren und zählte die Jahre vor Christi Geburt zuerst so, daß sie von der christlichen Zeitrechnung an immer zurück giengen. Usserius verbesserte die Assyrische Zeitrechnung, indem er die Dauer des Assyrischen Reichs nicht mit dem Diodor von Sicilien auf 1400, sondern mit dem Herodot nur auf 500 Jahre setzte. Der Ritter Marsham zeigte in seinem Chronico zuerst, daß die 30 egyptische Dynastien nicht hinter einander folgen, sondern neben einander gesetzt werden müßten. Freret brachte die Lydische und Chinesische Zeitrechnung in bessere Ordnung g). Im Jahr 1687 brachte De la Loubere aus Siam eine ganz besondere, daselbst gewöhnliche Art mit, die Bewegungen der Sonne und des Mondes auszurechnen, wodurch die Zeitrechnung mit zwey Epochen, die in Indien sehr berufen sind, bereichert wurde, deren eine die bürgerliche Zeit bestimmt, und in das Jahr 544 vor Christi Geburt fällt, die andere aber die astronomische Zeit angiebt, und sich mit dem Jahre 638 nach Christi Geburt anfängt.

a) Herodot. IV. Nr. 91. b) Livius. VII. 3. c) Allgemeines Historisches Lexicon von Buddeus. Leipzig. 1790. IV Th S. 497. a. d) J. A Fabricii Allgemeine Hist. der Gelehrs. 1752. 2 B. S. 193. e) Pütters Hand-

Zeitungen. 253

Handbuch der deutschen Reichshistorie. Göttingen. 1762. I.
S. 46. b). f) Ebendaselbst. S 121. ff. g) Juvenel
de Carlencas Geschichte der schönen Wissenschaften und
freyen Künste, übersetzt von Joh. Erh. Kappe. 1752.
2 Th V Kap. S. 80 ; 82. h) Ebendaselbst S. 68.

Zeitungen werden in politische und gelehrte eingetheilt,
unter denen die politische Zeitungen die ältesten sind.
Die älteste Spur von politischen findet man in China,
wo seit undenklichen Zeiten die Pekingsche und Chinesische Zeitung existirte. Die Pekingsche Zeitung ist eigentlich eine Hofzeitung, in welche nichts eingerückt werden darf, was nicht vorher dem Kayser
überreicht, oder von ihm selbst eingeschickt worden ist.
Niemand darf es wagen, etwas hinzuzusetzen; einst
wurden zwey Secretäre desjenigen Tribunals, dem
die Besorgung dieser Zeitung übertragen ist, am Leben gestraft, weil sie etwas in diese Zeitung eingerückt hatten, das nachher falsch befunden wurde.
Die Pikingsche Zeitung wird täglich gedruckt, und ist
jedesmal 60 bis 70 Seiten stark. Die übrigen chinesischen Zeitungen fassen sich kürzer und liefern nur Auszüge aus der Pekingschen. Nachrichten von den öffentlichen Angelegenheiten und Vorfällen des Landes,
Memoriale an den Kayser, Bittschriften, die ihm
überreicht worden sind, die Antworten des Kaysers
darauf, Nachrichten von Gnadenbezeugungen, die er
den Mandarinen oder dem Volke angedeihen läßt
u. s. w.

Wenn und wo in Deutschland die Zeitungen zuerst
entstanden sind, läßt sich nicht bestimmen; alles
was man sagen kann, ist dieses, daß vor dem 16ten
Jahr-

Jahrhundert keine daselbst bekannt waren und daß ihre periodische Erscheinung zu festgesetzten Zeiten erst in die letzten Jahre des 16ten Jahrhunderts fällt. Auf jeden Fall sind aber die deutschen Zeitungen älter, als die venetianischen Gazetten, die überhaupt mehr unsern heutigen Intelligenzblättern geglichen haben mögen. Daß im 16ten Jahrhundert Zeitungen in Deutschland geschrieben wurden ist ausser Streit a), sie waren aber anfangs noch nicht periodisch, sondern bestanden aus einzelnen fliegenden Blättern, die man nur bey unruhigen wichtigen Zeitperioden, zur Befriedigung der Neugier des Publikums lieferte, und Zeitung, sonderlich neue Zeitung nannte, welche Bedeutung dieses Worts man in den Wörterbüchern des 15ten Jahrhunderts noch nicht findet. Am meisten lagen den Deutschen die Kriege und Schlachten, besonders die Türkenkriege, am Herzen, wegen des Contingents, welches die deutschen Stände dem Kayser geben mußten, und von dessen Schicksalen und Thaten man bald unterrichtet seyn wollte, daher man dem besorgten und neugierigen Vaterlande durch eine gedruckte Zeitung zu Hülfe kam. Dergleichen einzelne Zeitungsblätter sind bey merkwürdigen Vorfällen besonders zu Nürnberg mehrere gedruckt worden; z. B. Newe Zeitung: wie und welchergestalt Kayserliche Majestät, mit sampt den Königen von Hungern un Polen Am Sechzehenten Tag Julii Tausend fünfhundert funfzehn zu Wien eingeritten ist, un was sich also verlouffen hat. 1 1/2 B. 4. b). Auch kam zu Nürnberg heraus: Newe Zeitung vom Türken, so ein gut Freund, der damit und dabey gewest ist, von

Wien

Zeitungen

Wien herauf gehn Nürnberg geschrieben 1529. — Ferner: Newe Zeitung wie die Stadt Münster erobert worden 1535. — Mehrere Aehnlichkeit mit unsern jetzigen Zeitungen hat das Frankfurter Blättlein, worinn alles gedruckt wurde, was sich von einer Messe zur andern in der Welt neues zugetragen hatte. Die Nachrichten dazu erhielt man von den fremden Kaufleuten, die nach Frankfurt kamen, und jedermann kaufte dieses Blättlein, um es seinen Freunden mitzubringen. Im Jahr 1571 wurden Zeitungen in Nürnberg gedruckt c); auch befinden sich in der Ebnerischen Bibliothek zu Nürnberg geschriebene Zeitungen von den Jahren 1582 bis 1591 d). Die halbjährlichen, vierteljährlichen und monatlichen Zeitungen sind in Deutschland die ältesten und man findet dergleichen in den letzten zehn Jahren des 16ten Jahrhunderts e); dahin gehören die historischen Relationen, die Michael Aitzinger 1594 zu Cöln, in 3 Bänden, in 4. herausgegeben hat, welche Suite von Zeitungen mit unter die ältesten gehöret f). Im Jahr 1618 gieng der dreyßigjährige Krieg an, der zu einer Menge Zeitungen Veranlassung gab, welche den Titel Chroniken, Postreuter, Tagebücher, Relationen u. s. w. führten; auch die Gründung der Post, die den Briefwechsel so sehr beförderte und Neuigkeiten schnell in Umlauf brachte, hatte Einfluß auf die Beförderung des Zeitungswesens. Christoph August Heumann bekam von einem Freunde einen halben Bogen Zeitungen zugeschickt mit der Aufschrift: Num. XLVI. Anno 1628. Ordentliche wöchentliche Postzeitungen; dieß ist die älteste Spur von wöchentlichen Postzeitungen; doch

mel-

meldete eben jener Freund dem Heumann, daß er schon vom Jahre 1626 ähnliche politische Zeitungen gesehen habe g). Zu Augsburg gaben Georg Kotendreher 1631, und Georg Gebhard 1648, geschriebene politische Zeitungen heraus; aber im 17ten Jahrhundert wurden sie von Jacob Koppmaier und August Sturm gedruckt ausgegeben, worüber jener 1690, dieser 1695 ein Privilegium vom Kayser Leopold erhielt h). Zu Nürnberg wurde im Jahr 1674 eine politische Zeitung, unter dem Titel: der deutsche Kriegscurier, gedruckt i). Ein Theolog ließ im Jahre 1679 Betrachtungen „über die unzeitige neue Zeitungssucht und vorwitzige Kriegsdiscursensucht„ drucken, auch war ein Rechtsgelehrter übel auf die Verbreitung der Zeitungen zu sprechen, aber beydes hinderte ihre Aufnahme nicht. Mit dem 1. May 1769 erschien in Nürnberg eine neue politische Zeitung unter dem Titel: Sammlung der neuesten und merkwürdigsten Weltbegebenheiten; sie hörte aber bald wieder auf k).

In Frankreich war ein Arzt in Paris, Theophrast Renaudot, der Stifter der politischen Zeitungen; er spürte unermüdet allen Neuigkeiten nach, gieng fleißig aus, zog überall Kundschaften ein, um seine Patienten mit Anecdoten unterhalten zu können. Jedermann wollte ihn nun zum Arzt haben und er bekam so viel Zulauf, daß er nicht alle Patienten annehmen konnte; um ihnen aber doch die Neuigkeiten mittheilen zu können, kam er im May 1631 auf den Einfall, dieselben drucken zu laßen und dieses waren die ersten wöchentlichen politischen Zeitungen in Frankreich, welche so vielen Beyfall fanden, daß sich Renaudot schon beym

sechs

sechsten Blatt mit einem Privilegio versah, welches er auch vom Cardinal Richelieu erhielt 1); der erste Jahrgang ist dem König Ludwig XIII. zugeeignet, und der erste Band führt den Titel; Recueil des traités nouvelles, relations et autres choses mémorables de toute l'année 1632, dedié au Roi par Theophrast Renaudot, conseiller et medecin de sa majesté, intendant general des bureaux d'addresse de France; à Paris au bureau d'addresse, rue de la Calandre, au grand Coq. MDCCXXXIII. Theophrast Renaubot starb 1653. Die ganze Sammlung seiner Zeitungen von ihrem Anfange an, nebst der Fortsetzung bis zum Jahre 1694, befindet sich in 54 Bänden auf der Königl. Bibliothek zu Hannover; der erste Artikel darinn handelt vom Taback. Renaudot nannte einige seiner Blätter Gazettes, allein seine Landsleute nannten sie Fagots oder Reißig-Wellen, wozu folgender spaßhafter Vorfall Veranlaßung gab: als der Zeitungsträger auf den Straßen in Paris Gazettes ausrief, ermangelte ein Holzhändler, der in der Nähe war, nicht, unmittelbar hinterher seine Fagots oder Reißig-Wellen auszurufen. Dieser Wettstreit belustigte einige Spötter und Fagots blieb von dem Augenblicke an die Benennung der ersten französischen Zeitung; ja es wurde so gar zum Sprüchwort, zweifelhafte Geschichtchen und unverbürgte Nachrichten des Fagots zu nennen. Die ganze Sammlung der Renaudotschen Zeitungen enthält übrigens vortrefliche Denkwürdigkeiten für die allgemeine Geschichte von Europa und besonders für die von Frankreich. Der Verfasser besaß die Geschicklichkeit, die Grenzen seines Entwurfs nicht zu überschreiten

ten; man trift bey ihm keine ermüdende Ausschweifungen, keine alltägliche Bemerkungen, auch keine unnütze oder boshaft hingeworfene Stellen an. Er erzählt mit Ordnung, Einsicht, und sein lebhafter Styl giebt seinen Schriften viel Annehmlichkeit.

In Italien war Venedig der erste Staat der eine Zeitung hatte. Wahrscheinlich hatten die Venetianer, vermittelst ihrer Schiffahrt und Handlung, Nachricht von der chinesischen Zeitung, die sie nachahmten; auch konnten sie durch ihre Schiffart und Handlung, wie auch durch ihren ausgebreiteten Briefwechsel viele Nachrichten aus den entferntesten Ländern erhalten, welche die Kaufleute dem Senat mittheilten. Dieser kannte die Nengierde des Volks, und um dessen Aufmerksamkeit von den einheimischen Angelegenheiten abzulenken, ließ der Senat auf dem Rathhause diese Neuigkeiten aus fremden Ländern auf Blätter schreiben und unter das Volk vertheilen. Für ein solches Blatt bezahlte man eine kleine italienische Münze, die Gazetta hieß, und am Werth einen Dreyer betrug. Von dieser Münze bekamen diese Blätter den Namen Gazetten und noch jetzt werden die Zeitungen in mehreren Sprachen Gazetten genannt, wie denn auch Renaudot seine Blätter Gazettes benennen wollte. In Venedig hebt man ganze Stöße solcher geschriebener Gazetten in einem Behältniße auf. In der Folge wurden diese Blätter nicht mehr geschrieben, sondern gedruckt ausgetheilt. Das Format der ältesten Deutschen Zeitungen, wie auch der Renaudotschen und Venetianischen Gazetten war Quart-Form, welche die

mei

Zeitungen. 259

meisten Zeitungen beybehalten haben, aber die Engli＝
schen Zeitungen sind in Folio-Format gedruckt.

Die gelehrten Zeitungen sind eine Nachahmung der
politischen. Schon 1682 kamen zu Hamburg Nova
literaria Germaniae aliorumque Europae regnorum her＝
aus. Die jetzt noch gewöhnlichen gelehrten Zeitungen
gab Johann Gottlieb Krause, aus Wohlau in Schle＝
sien gebürtig, im Jahr 1715, in Leipzig zuerst heraus,
unter dem Titel: Neue Zeitungen von gelehrten Sa＝
chen, Leipzig, 1715. Auch erschienen: Wöchentliche
Postzeitungen von gelehrten Neuigkeiten, Leipzig,
1715. 4. m). In eben diesem Jahre erschienen: Ge＝
lehrte Zeitungen aus dem Französischen der Nouvelles
literaires. Frankfurt. 1715 n). Nachher hatte Arn＝
stadt im Schwarzburgischen eine der ersten gelehrten
Zeitungen, unter dem Titel: Wöchentliche Nachrich＝
ten von gelehrten Sachen, Arnstadt 1719. 8. o).
Die meisten sind der Meynung, daß die gelehrten Zei＝
tungen in Frankreich erst 1723 ihren Anfang genom＝
men hätten; wenn aber schon 1715 zu Frankfurt ge＝
lehrte Zeitungen aus dem Französischen der Nouvelles
literaires gedruckt wurden, so müssen die gelehrten Zei＝
tungen in Frankreich wohl auch ins Jahr 1715 gesetzt
werden. Die nächstfolgenden gelehrten Zeitungen wa＝
ren: Niedersächsische neue Zeitung von gelehrten Sa＝
chen. Hamburg. 1729 — Gelehrte Anzeigen, Halle.
1730. — Hamburgische gelehrte Zeitungen, heraus＝
gegeben von Josias Peter Kohl, 1731. — Christian
Democriti gelehrte Zeitungen, 1733. — Frankfur＝
tische gelehrte Zeitungen, 1736. — Göttingische
gelehrte Zeitung, 1738. p). Holmische gelehrte Zei＝

tungen, in Schwedischer Sprache, 1743. — Altonaische gelehrte Zeitung, 1745. — Braunschweigische gelehrte Zeitung, 1745. — Dreßdener gel. Zeitung und Erlanger gel. Zeitung, 1749. — Jenaische gel Zeitung, 1749 Im Jahr 1754 gab Herr Professor Will zu Altdorf die erste Nürnbergische gelehrte Zeitung unter dem Titel heraus: Nachrichten aus dem Reiche der Kunst und Gelehrsamkeit q). Im Jahr 1777 nahm die noch fortdaurende gelehrte Nürnbergische Zeitung ihren Anfang r). Im Jahre 1784 zählte man allein in Deutschland über 30 gelehrte Zeitungen Mit dem Anfange des Jahres 1797 änderte die Erfurtische gelehrte Zeitung ihre Ueberschrift und führt nun den Titel: Nachrichten von gelehrten Sachen; herausgegeben von der Akademie nützlicher Wissenschaften zu Erfurt. Diese gelehrte Zeitung zeichnet sich vor allen andern dadurch aus, daß die Recensenten sich mit ihren Namen unterzeichnen.

a) Hortleder de bello Germanico, in mehreren Kapiteln. b) Panzers Annalen der deutschen Literatur. S. 381. c) Bibliotheca Norica Williana. P. IV. p. 246. 247. d) Merkwürdigkeiten der Stadt Nürnberg. S. 438. e) Johann Christoph Köchers Programm, 1738. zu Osnabrück herausgegeben. f) J. A. Fabricii Allgem. Hist. der Gelehrs. 175.. 3 B. S. 233 g) Christoph. Aug. Heumanni Conspectus Relpubl. litterar. V. '46. h) Kunst- Gewerb- und Handwerksgeschichte der Reichsstadt Augsburg. 1788. II Th. S. 13. i) Kleine Chronik Nürnbergs. Altdorf. 1790. S. 88. k) Ebendas. S. 97. l) Caroli Sorelii Bibliotheca gallica. u. Hist. Acad. regiæ inscriptionum Tom. V. 1729. in dem Leben des Eusebius Renaudot. m) J. A. Fabricii Allgem. Hist. der Gelehrs. 1752. 1 B. 15 Haupst. n) Ebendas. o) Ebendas. p) Ebendas. q) Kleine Chronik Nürnbergs. S. 96. r) Ebendas. S. 98.

Zei-

Zellerie kam am Ende des vorigen Jahrhunderts durch die Italiener zu uns.

Zelt. Da sich ein Theil der Menschen schon vor der Sündfluth mit der Viehzucht beschäftigte und der guten Weide nachziehen mußte, aber nicht überall bequeme Höhlen zum Aufenthalte fand: so mußte man aus Noth eine Art Wohnungen erfinden, die man mit sich nehmen und überall aufschlagen konnte; dieß gab die Veranlassung zur Erfindung der Zelte. Jabal, ein Nachkomme Kains, erfand die Zelte etwa 1000 Jahr nach Erschaffung der Welt a). Anfangs wurden die Zelte blos mit zusammengenäheten Thierhäuten bedeckt. Die Zeltbewohner hießen Sceniten, auch Nomaden.

a) 1 Mose 4, 20.

Zeltner (David) s. Kanone, Wasserketten.

Zenagoras s. Schiffsbaukunst.

Zent (Nicol. u. Andreas) s. Neubrittanien, Terra di Labradore

Zeno von Cittium s. Philosophie.

Zeno von Elea s. Dialektik, Logik, Philosophie, Physik.

Zeolith ist ein Stein, den Cronstädt in den Schwedischen Abhandlungen zuerst bekannt gemacht und beschrieben hat. Bauer nennt ihn fadigten Federspath. Er ist bis jetzt an zwey Orten gefunden worden, nemlich in der Kupfergrube Schwappawari in Tornea Lappmark, und in Island. Jener hat eine lichtgelbe Farbe und besteht aus runden, wellenförmigen Trümmern, die aus strahlichten Pyramiden zusammengesetzt sind, welche ihre Spitzen in einem Mittelpunkte vereinigen. Der Isländische aber ist weiß, theils undurchsichtig, theils halbdurchsichtig, und fällt in verwirrte concen-

trische Keile. Beyde Arten schmelzen vor dem Löth‑
rohr und schäumen wie Borax. Herr J. C. F. Mey‑
er hat 1774 besonders den dichten untersucht, der im
Bruche strahlicht ist. Aus seinen Versuchen folgt,
daß der rohe strahlichte Zeolith etwa aus der Hälfte
Kieselerde, zwey Sechstheilen Alaunerde und einem
Sechstheile Kalkerde besteht. Der krystallische Zeo‑
lith ist aus andern Bestandtheilen zusammengesetzt,
wie auch Herr Gerhard glaubt.

Jacobson technol. Wörterbuch. IV. S. 692.

Zerdusht s. Philosophie.

Zergliederungskunst s. Anatomie.

Zestermann s. Hobel.

Zethus s. Musik

Zeug Gekieperte Zeuge waren schon den Egyptiern be‑
kannt, denn die Mumie, welche der König von Dän‑
nemark der Universität Göttingen schenkte, war mit
gekieperten Zeugen umwickelt a).

Leroux will eine Art Zeug erfunden haben, der so
dicht seyn soll, daß er wider Säbelhiebe und Flinten‑
kugeln sichert: der National‑Convent hat diesen Zeug
ins Große fabriciren und einige Truppen damit kleiden
lassen b); man hat aber nicht gehört, ob er seinem
Zweck entsprach.

a) Beckmanns Anleit. zur Technologie. Göttingen.
1787. S 74. 2 b) Gothaische polit Zeitung. 1792.
Nr 33. v. 17 August. Frankfurter Käys. Reichs‑Ober‑
Post‑Amts Zeitung. 1793. Nr. 75.

Zeullen (Rudolph von) s. Zirkel,

Zeuxis s. Malerkunst.

Zick (David) s. Dreyfaltigkeitsringe, Kunstauge.

Zick (Lorenz) s. Contrefaitbüchsen.
Zick (Stephan) Dreyfaltigkeitsringe, Foetus. Kunstauge, Kunstrohr.

Ziegel, Ziegelsteine; Sanchoniaton schreibt ihre Erfindung der siebenten Generation zu, also wären sie schon vor der Sündfluth bekannt gewesen; der Sage nach sollen die Kinder Seth eine Säule von gebackenen Steinen errichtet haben; man kennt aber keinen gültigen Beweis dafür. Die älteste sichere Spur von Ziegeln und vom Ziegelbrennen findet sich zur Zeit des Assur und Nimrod, wo der Thurm zu Babel aus Ziegelsteinen erbaut werden sollte a). Die Egyptier kannten auch die Bereitung der Ziegeln und hielten die Israeliten zu dieser Arbeit an b). Auf der Insel Cypern erfand der dasige König Cinyra oder Cinyras, zur Zeit des trojanischen Kriegs, die Ziegeln c). Zu Athen errichteten die beyden Brüder Euryalus und Hyperbius die ersten Ziegelhütten d). Die Formen zu den Hohlziegeln soll Byzas oder Byzes, Beherrscher der Insel Naxos erfunden haben e).

a) 1 Mose XI, 3. vergl. Kap. X, 11. b) 2 Mose I, 14 c) Plin. VII. 56. d) Ibidem. e) Universal-Lex. IV. p. 2065.

Ziegenbalg (Bartholom.) s. Grammatik.

Zieglerklingen sind eine Art Degenklingen, die mit der Figur eines halben Wagenrads und mit den Buchstaben G. Z. bezeichnet sind. Sie sind leicht, zum Hiebe und Stoße gehärtet, nicht sehr breit, wie ein Scheermesser tief ausgeschliffen, lang und vierkantig. Sie wurden zuerst in der Fabrik des ehemaligen Sächsischen Ministers Ziegler in Dresden verfertiget, von dem sie auch ihren Namen haben.

Ziehbrunnen. Brunnen oder Cisternen zu graben, in denen sich das Regenwasser sammelte, war im Orient von den ältesten Zeiten her bekannt; wahrscheinlich gaben diese Cisternen Veranlaßung zu den Ziehbrunnen, indem man nur tiefer grub, bis man auf Wasser stieß. Die Kunst, Brunnen zu graben, soll Danaus aus Egypten mit nach Griechenland gebracht und zuerst zu Argos Dipsion in Ausübung gebracht haben, daher man ihm die Erfindung der Ziehbrunnen beylegt a). Strabo b) schreibt dieses den Töchtern des Danaus zu.

a) Plin. VII. 56.   b) Strabo Geogr. Lib. VIII.

Ziehmaschine s. Bleyzug.

Ziehplatten zum Dratziehen s. Drat.

Zimmermann (J. J.) s. Sternkugel.

Zimmermann (Matth.) s. Journal.

Zimmermannshandwerk. Noah mußte Kenntniße davon haben, wie der Bau der Arche beweiset a). Die Sidonier verstanden das Holz wohl zu fällen und gut zu behauen, daher sich Salomo an sie wandte b). Bey den Griechen führte Dädalus das Zimmermannshandwerk ein und erfand zu dessen Behuf verschiedene Instrumente z. B. den Bohrer, die Bleyschnur u s. w c). Daß die Römer frühzeitig Kenntniß davon hatten, beweiset die hölzerne Brücke, die Ancus Martius über die Tiber bauen ließ.

a) 1 Mos. 6, 14.   b) 1 Kön. 5, 6.   c) Plin. VII. 43. u. 56

Zink s. Notendruck, Schriftgießerey.

Zink. Zinn.

Zink ist ein Halbmetall, das mit Kupfer vermischt, Messing giebt. Man lernte dieses Halbmetall erst im 12ten oder 13ten Jahrhundert kennen, denn Albertus Magnus, der im 13ten Jahrhundert lebte, ist, soviel man weiß, der erste, der den Zink beschrieb und ihn marcasitam auream nannte. Der deutsche Name Zink kommt zuerst beym Basilius Valentinus und Theophrastus Paracelsus († 1541) vor. Im Jahr 1555 gedachte Matthesius auf der Kanzel eines rothen und weissen Zinks, den man in Freyberg finde. Daß Galmey die Erde dieses Halbmetalls sey, ist eine neuere Entdeckung, obgleich der Galmey schon in frühern Zeiten bekannt war; Henkel sagte zuerst, daß man aus Galmey, durch Hülfe einer Fettigkeit, Zink erhalte, welches hernach der Schwedische Bergrath Brand, Pott und Marggraf durch Versuche bewiesen.

Beckmanns Anleit. zur Technologie. Göttingen. 1787. S. 462. 463.

Zinkvitriol s. Vitriol.

Zinn war den Egyptiern und Israeliten schon zu Mosis Zeit bekannt a) und kam vermuthlich durch den Handel mit den Phöniziern in ihre Hände. Wo es die Phönizier zuerst kennen lernten, ist ungewiß. Goguet glaubt, daß sie es zuerst aus Spanien und Portugal erhalten hätten b), weil Plinius meldet, daß in Spanien und Lusitanien Zinn und Bley gefunden werde; in Spanien gewann man diese Metalle theils aus einem Sande, worinn sie nahe an der Oberfläche lagen und von dem man sie durch Waschen und Schmelzen reinigte, theils in den Goldgruben aus schwarzen Steinchen, welche die Schwere des Goldes hat-

hatten und durch aufgelassenes Wasser gewaschen und von dem Golde im Feuer geschieden wurden c). Strabo meldet indessen, daß es auch bey den Drangern in Asien, nemlich in Ariana Zinn gab d), und jetzt findet man auch Zinn in Afrika e), daher die Phönizier das Zinn auch in Asien, wo sie wohnten oder in Afrika, wohin sie frühzeitig schifften, zuerst kennen lernen konnten. Da man aber hier das Zinn nicht in Menge fand, so ist leicht zu schliessen, daß es die Phönizier bald in andern Ländern z. B. in Spanien, Portugal und Brittannien aufsuchten. Besonders lockte sie das englische Zinn, von Cadix aus nach Brittannien zu segeln, wie denn auch in der Folge die Neugierde der Römer dadurch gereizt wurde f). Die Phönizier holten ihr Zinn von den Cassiteridischen Inseln, die aus den Sorlinger Inseln und einem Theil der Küste von Kornwallis bestanden g); wie frühzeitig die Phönizier dahin fuhren, läßt sich daraus schliessen, daß das Zinnerz, welches auf den Cassiteridischen Inseln gegraben wurde, schon dem Homer h) bekannt war. Die Kornwallier hatten einen allgemeinen Ruhm in der Gewinnung des Zinnerzes. Sie zogen es aus den Adern der felsichten Schichte und reinigten es durch Schmelzen, worauf sie das Zinn in zwey Reihen von Würfeln brachten und nach der Insel Iktis (jetzt Wight) brachten; von hier aus wurde es nach der Gallischen Küste geschifft, und nachher auf Pferden, 30 Tagreisen weit, an die Mündung der Rhone nach Marseille und Narbonne gebracht i). Ueberhaupt suchte man in ganz England Zinn und Bley mit vorzüglicher Sorgfalt auf, welches nicht

nur

nur die Nachrichten der Alten, sondern auch die in England an vielen Orten noch vorhandene zurückgebliebene Schlacken und geschmielzte Metalle dieser Art beftättigen. Die hier gefundene Bleyklumpen haben eine regelmäsige Gestalt und bestehen aus Stücken von 152 Pfund; sie sind also 2 Pfund schwerer, als diejenigen Stücken Bley, die man jetzt noch in England findet. Ihr Alter, welches ins zweyte Jahrhundert fällt, wird an einer aus denselben hervorragenden Capitalschrift erkannt k). Das Schmelzen des Zinnes verrichteten die Britten nach einem sehr einfachen Prozesse; sie brachten das Erz in ein Loch, das sie in die Erde gegraben hatten, und legten Holz dazwischen und zur Seiten, dann zündeten sie das Holz an, und so brachten sie das milde und weiche Zinn- und Bleyerz hinlänglich zum Schmelzen. Die Scheidung von den Schlacken geschahe dadurch, daß man das geschmolzene Metall aus der ersten Höhlung vermittelst einer schmalen Rinne in eine zweyte Höhlung fliessen ließ. Solcher Schlackenheerde, wo auch die Schlacken zuweilen mit Kohlen vermischt sind, findet man noch viele in England.

Polybius verspricht in seiner Geschichte l) eine umständliche Beschreibung von der Zubereitung des Brittischen Zinns zu geben, aber diese Beschreibung ist verloren gegangen.

Fabricius meldet, daß Melchior Koch, ein Zinngießer in Nürnberg, im 16ten Jahrhundert den Vortheil erfunden habe, das Zinn dauerhaft gelb zu färben, als ob es vergoldet wäre m); neuere Schrift-
stel-

Zinn. Zinnober.

steller der Nürnbergischen Kunstgeschichte erwähnen aber nichts hiervon.

Daß Arsenik in dem Zinne steckt, haben Henkel und Marggraf zu erst entdeckt; aber Bayen und Eherlard haben i. J. 1781 dargethan, daß die darinn befindliche Quantität des Arseniks zu gering sey, als daß sie schädlich werden könne.

a) 4 Mose 31, 22. b) Goguet über den Ursprung der Gesetze l. Th. S. 261. c) Plin. XXXV. 47. d) Strabo XV. p. 1055. e) Goguet I. p. 152. f) Strabo III p. 265. g) Bochart. Can. I. c, 39. p. 722. 724. h) Homer. Iliad. XI. 4, 25. u. 34. i) Diodor. p. 209. 218. Edit. Wichel. 1604. k) Pennant T. I. p. 50. 54. l) Polyb. III. 57. m) J. A Fabricii allgem. Hist. der Gelehrs. 1754. 3. B. S. 190. n) Gehler physikal. Wörterbuch IV. S. 874.

Zinnober endeckte Callias von Athen, einer der reichsten Grubenbesitzer in Griechenland; er lebte in der 72 Olympiade und war der Sohn des Phänippus und der Vater des Hipponicus. Er hoffte aus dem rothen Sande im Silbererze das seiner Meynung nach darinn befindliche Gold zu scheiden und bekam dafür Zinnober a). Isidor erzählt b), daß der Berg-Zinnober zu Ephesus entdeckt worden sey. Plinius giebt auch ein Destillirgefäß an, um aus dem Zinnober das Quecksilber zu bekommen: er sagt c): man thut Zinnober in eine irdene Schüssel, diese in ein eisernes Gefäß, das mit einem Deckel bedeckt und verlutirt wird; dann wird unter dem Gefäße Feuer angemacht, das man durch das Gebläse verstärkt, so setzt sich am Deckel ein silberfarbiger Schweiß an, der so flüßig, wie Wasser, ist.

a)

Zinnsolution. Zirkel.

a) Theophrast. d lapid. p. 400. Plin. XXXIII. 7. b) Isidor. Orig Lib. XIX. c. 17. c) Plin XXXIII. 8.

Zinnsolution s. Scharlach.

Zirkel ist eine flache Figur, die von einer einzigen krummen Linie, welche überall gleichweit vom Mittelpunkt entfernt ist, umschlossen wird. Thales entdeckte schon mehrere Eigenschaften des Zirkels; die Veranlassung dazu gab ihm die Entdeckung, daß ein Winkel an der Peripherie, dessen Schenkel durch beyde Ende des Diameters gehen, allemal ein rechter Winkel sey. a) Archimedes von Syrakus suchte schon das Verhältniß des Zirkels zum Quadrat des Diameters und das Verhältniß der Peripherie zum Diameter zu bestimmen b. Peter Metius, ein Holländer, fand im 16ten Jahrhundert, daß sich der Durchmesser zur Peripherie des Zirkels wie 113 zu 355 verhalte; die Veranlassung hierzu gab ihm Simon a quercu oder van Eick, der die Quadratur des Zirkels erfunden zu haben glaubte c). Ein anderes Verhältniß zwischen der Peripherie und dem Durchmesser des Zirkels ersand der Holländer Ludolph van Ceulen oder Zeulen, der 1610, im 71. Jahre seines Alters, starb. Den küssenden Zirkel, das ist, einen solchen, der einer andern krummen Linie in einem gegebenen Punkte so nahe kommt, daß zwischen ihm und jener Linie kein andrer Zirkel beschrieben werden kann, der die krummen Linie in eben demselben Punkte berühre, erfand Leibnitz und machte solches 1686 bekannt d); nachher hat Jacob Bernoulli mehrere solche Zirkel entdeckt e). Daß der Zirkel unter allen krummlinichten Figuren, die gleichen Umfang mit ihm haben, den größten Raum

ein=

einschließe, gab Jacob Bernouille 1697 seinem Bruder Johann Bernoulli zu erfinden auf und versprach ihm für die Auflösung f) dieser Aufgabe 50 Rthlr. Johann Bernoulli leistete noch mehr, als sein Bruder gefordert hatte, und theilte seine Erfindung 1698 dem Leibnitz, und am 1sten Febr. 1701 der Akademie der Wissenschaften zu Paris mit; man giebt seiner Auflösung den Vorzug vor derjenigen, welche Jacob Bernoulli 1701 bekannt machte g).

a) Juvenel de Carlencas Gesch. der schönen Wiss. und freyen Künste, übers. von J. E. Kappe. 1749. 1. Th. 2. Abschn. 13 Kap. S. 268. b) J. A. Fabricii allgem. Historie der Gelehrs. 1752. 2. B. S. 196. c) Nachrichten von dem Leben und den Erfindungen berühmter Mathematiker. Münster. 1788. 1. Th. S. 199. d) Acta Erudit. 1686. p. 290. e) Act. Erudit. 1692. p. 110. 1694. p. 262. f) Act. Erudit. 1697. p. 214. g) Act. Erud. 1701. p. 213.

Zirkelinstrument, oder das Werkzeug, womit man die Zirkel beschreibt, erfand Talus, ein Schwestersohn des Dädalus a). Eine Maschine, womit man Zirkel beschreiben kann, die so groß sind, daß nicht einmal die ordentlichen Stangenzirkel zu ihrer Beschreibung hinreichend sind, erfand Perrault und beschrieb sie in seiner französischen Uebersetzung des Vitruvs. Sie besteht aus einer runden, in Grade, Ruthen oder Schuh abgetheilten Stange und zwey Rädern, wovon das eine am Ende ganz fest gemacht ist, das andere aber an der Stange sich auf und abschieben und durch eine Stellschraube feststellen läßt b). Barabelle der jüngere, ein geschickter Mechaniker in Paris, hat einen sehr einfachen und sinnreichen Zirkel erfunden, um

Ovale damit zu ziehen c). Den Reductionszirkel erfand Herr Mechanikus Schulze in Breslau d). Christian Friedrich Krull, geboren zu Hessen im Fürstenthum Wolfenbüttel, den 11 April, 1748, gestorben zu Braunschweig 1787. erfand einen Zirkel, um den innern Rand der Medaillen, den der Graveur sonst in den Stempel drechseln läßt, selbst einzuschneiden e). Vergl. Proportionalzirkel.

    a) Ovid. Met. VIII. v. 247. 248. b) Bion mathematische Werkschule. Weitere Eröfnung v. J. G. Doppelmayr. 1741. S. 1. c) Lauenburgischer geneal. Kalender.. 1782. S. 48. d) Reichsanzeiger 1796. Nr. 234. S. 6099. e) Neues Museum für Künstler und Kunstliebhaber von J. G Meusel. 1794. 2 St. S. 196.

Zither s. Cyther.
Zitrone s. Citronenbaum.
Zits, Zitz, so nennt man den feinsten und dichtsten Kattun, er sey nun gedruckt oder zum Theil gemahlt; der Zitz hat mehrere Blumen, als der Kattun, auch sind sie mit schöneren Farben gemalt oder gedruckt. Der ostindische Zitz, der besonders in dem Lande des großen Moguls, auf der Küste Koromandel und zu Surata verfertiget wird, hat den Vorzug vor dem europäischen; die schönsten Zitze kommen aus dem Königreich Golkonda von Masulipatan. Auch wird ein vorzüglich schöner Zitz, Namens Lagias, im Königreich Pegu gemacht a). Im Jahr 1758 legte Johann Heinrich Edler von Schüle die erste Zitzfabrik in Augsburg an b). Im Oestreichischen hat man in den Zitz und Kattunfabriken die Farbebehälter, worinn die Farbe zum Bestreichen der Forme gehalten wird, der

der Feuchte wegen, nicht mehr in Dragant stehend, sondern in einem wohlfeilen Schleimwasser, welches aus gekochter Gerste gemacht wird; diese Erfindung ist von Wichtigkeit weil die Erhaltung der Feuchtigkeit auf eine bessere Art erzielt wird, auch erhält sich der Farbebehälter, der meist von Leder ist, dabey am längsten, zumal wenn er Abends, am Schluße der Arbeit, zur Trocknung etwas ausgehoben wird c).

a) Jacobson technol. Wörterb. II. S. 550. b) Journal für Fabrik, Manufactur, Handlung u. Mode 1795. September S. 171. c) Reichs-Anzeig. 1794. Nr. 6.

Zitteraal, Zitterfisch, Drillfisch, ist ein Fisch aus Surinam und Cayenne, der, so lang er lebt, eine besondere sehr starke Electricität besitzt, durch welche er Menschen und Thieren, die sich ihm nähern, einen betäubenden Schlag beybringen kann. Richer, der 1671 nach Cayenne gieng, hatte schon in seinem Tagebuche bemerkt, es gebe daselbst einen 3 bis 4 Fuß langen Fisch, der mit dem Finger oder mit einem Stabe berührt den Arm erstarren mache und Schwindel errege, welches Duhamel a) anführt. Von Berkel machte aber zwischen 1680 und 1689 diesen Fisch zuerst bekannt b). Der erste, der Electricität hierbey vermuthete, war Adanson im Tagebuche seiner Reise 1751 c). Endlich ward durch Seba, Artedi, Gaubius, Allamand und Gronov die Beschreibung des Fisches selbst und seiner Eigenschaften bekannter. Hynter zergliederte zuerst einen Zitteraal und fand, daß die erschütternden Werkzeuge darinn an Größe vielleicht mehr, als ein Drittel des Thieres ausmachten. Wälsh und Ingenhouß bemerkten zuerst, daß die Electricität des

Zitteraal. Imilus.

des Zitteraals mit einem sichtbaren Funken begleitet werde. Bryant beschreibt einen andern electrischen Aal, der nach Willkühr die Schläge stärker oder schwächer mittheilen konnte. Zu den electrischen Fischen gehört ferner der Krampfroche im mittelländischen Meere, von dem schon die Alten erzählen, daß er Thiere, die sich ihm nähern, betäube, und die Arme derer, die ihn berühren, steif mache. Um 1773 ward es durch Walsh außer Zweifel gesetzt, daß die Eigenschaften dieses Thieres ganz von der Electricität abhängen d). Der dritte electrische Fisch ist der Zitter-Wels, der sich im Nil und einigen andern afrikanischen Strömen findet, und schon von Forskål, wiewohl unvollkommen, deutlicher aber von Broussonet e) beschrieben worden. Den vierten electrischen Fisch entdeckte der englische Schiffslieutenant Paterson auf seiner Reise nach Ostindien, da er sich bey der Insel St. Juan, einer von den Comorren, zwischen der Küste von Zanguebar und der Insel Madagascar aufhielt; der Fisch schien zu den Stachelbäuchen zu gehören. Der fünfte electrische Fisch ist Trichiurus indicus, anguilla indica, der in den indischen Meeren lebt g).

a) Hist. regiæ scient. Acad. p. 168. b) Sammlung seltener u. merkwürdiger Reisegeschichten. Memmingen. 1789. S. 220. c) Rozier Obs. sur la phys. T. V. 1775. May p. 444. d) Philos. Transact vol. LXIII p. 461. e) Mém. de Paris. 1781. Rozier Obs. sur la physique. Aout. 1785. f) Phil. Transact. vol. LXXVI. P. II. num. 29. Gehler physikal. Wörterb. IV. S. 875-883. g) Gmelins Ausgabe von Linnés Natursystem. T. I. P. III. p. 1142.

Imilus s. Labyrinth.

Zodiakallicht.

Zodiakallicht, Zodiakalschein, Thierkreislicht, ist ein weisses, der Milchstraße ähnliches Licht, welches man kurz vor Aufgange oder kurz nach dem Untergange der Sonne, besonders im Frühjahre und Herbste, bey dem Orte oder Stande der Sonne erblickt Dieses Licht geht von der Sonne abwärts, am Horizonte schief aufwärts, nach der Richtung der Ekliptik oder vielmehr im Thierkreise fort, und läuft an seinem obern Ende spitzig zu; es erhebt sich in Form einer Pyramide, 50 bis 100 Grad hoch, und ist bald schmäler bald breiter. Zodiakal- oder Thierkreislicht heißt es, weil es sich niemals anders, als im Thierkreise zeigt und eine Strecke in denselben hinaufreicht. Es kommt allemal von dem Orte, wo die Sonne auf- oder untergeht, bald ist es nördlicher, wenn die Sonne dem Scheitel näher kommt, bald südlicher, wenn sie sich davon entfernt. Der Stand der Erde und die in der Erdluft vorgehende Veränderungen machen, daß man es nicht allezeit sehen kann Unten am Horizont, wo es aufzusitzen scheint, ist es am breitesten, oben läuft es in eine leuchtende Spitze aus. Selten hat es unter 45 und selten über 103 Grad Höhe oder Länge; die Breite ist von 8 bis 20 Grad.

Childre in England war der erste, der 1656 das Zodiakallicht beobachtete a); Cassini sahe es am 18 März, 1683 zuerst und machte es bekannter b); er vermuthet, daß diese Erscheinung eben dieselbe sey, welche die Alten durch den Namen der Balken (δοκοι, trabes) andeuteten. Nach ihm beobachteten Fatio de Duillier zu Genf, dann Kirch und Eimmart, und später noch Herr von Mairan das Zodiakallicht. Herr von Mairan brachte die Meynung auf, daß das Zodiakallicht entweder die selbst leuchtende oder von der Sonne erleuchtete Atmosphäre der Sonne sey, welche uns in einer ansehnlichen Höhe über dem Gesichtskreise erscheine, wenn gleich die Sonne schon untergegangen sey c). De la Caille sahe auf seiner Reise nach Afrika den Zodiakalschein senkrecht auf dem Horizonte d).

a) Gothaischer Hof=Kalender. 1787. Antipandora I S. 471. b) Decouvertes de la lumiere celeste, qui paroist dans le zodiaque par M. Cassini, in den Anciens memoires. Tom. VIII. p. 119. c) Mairan Traité physt. et hist. de l'aurore boreale, Sect. I. Ch. 1 = 8. in den Mem. de paris. 1731. und 1732. Wittenbergisches Wochenblatt. 1774. 17tes Stück. d) Gehler phys. Wörterb. IV. S. 372.

Zodiakus s. Thierkreis.

Zollmannische Scheibe, ist ein Instrument, welches die Gestalt einer Scheibe hat und deßen man sich zum Feldmeßen bedient. Schon Speckle hat in seinem Festungsbau, gleich zu Anfange, wo er vom Aufnehmen und Aufstecken eines Platzes redet, sich dieser auf eine vollkommene Congruenz der Winkel gegründeten Meßart mit der Scheibe bedient; auch Dillig hat in seiner Kriegsschule Tab. 24. fig. 2. u. 3. dasselbe Verfahren ganz deutlich vorgestellt. Seit dem aber Zollmann, der 1744 zu Halle eine Anleitung zur Geodäsie herausgab, den Gebrauch der Scheibe durch seine lange Praxis verbessert hat, bedienen sich alle Praktiker bey Hauptmeßungen dieses Werkzeugs, welches auch von ihm den Namen der Zollmannischen Scheibe führt a). Herr Johann Laurentius Julius von

Gerstenbergk in Jena hat der Zollmannischen Scheibe eine noch vortheilhaftere Einrichtung gegeben b)

<blockquote>
a) Ausführliche Beschreibung einer neuen und bereits praktizirten Methode, Gegenden zum militairischen Gebrauch aufzunehmen und zu zeichnen u. s. w. von Joh. Laurent. Julius von Gerstenbergk. Jena 1796. S. 97. b) Ebendas. S. 98. 99.
</blockquote>

Zonen, Erdstriche, Erdgürtel, sind diejenigen fünf Theile, in welche die Fläche der Erdkugel durch die beyden Wendekreise und Polarkreise getheilt wird. Thales soll die Zonen in der mathematischen Geographie eingeführt haben a); nach andern theilte Pythagoras die breite Erdscheibe, wie die Himmelskugel, in fünf Zonen, nemlich die arktische, sömmerliche, tagaleichende, winterliche und antarktische b). Die heiße Zone hielten die Alten für unbewohnbar c), nur die gemäßigten Erdstriche hielten sie für bewohnbar d).

<blockquote>
a) J. A. Fabricii allgem. Hist. der Gelehrf. 1752. 2 B S 192. b) Plutarch. de Placitis Philof. Lib. III. c. 14. c) Plin. II. 70 Horat. Od. I. 22. d) Plin. l. c.
</blockquote>

Zoroaster der ältere s. Götzendienst, Goldmacherkunst.
Zoroaster der jüngere s. Mathematik, Philosophie, Schule, Zauberey.

Zucchi (Peter) s. Jupiter.

Zuchthaus. Die Römer hatten schon eine Art von Zuchthäusern, welche Lapidicinae genannt wurden, weil die Züchtlinge in den Steinbrüchen arbeiten mußten. Zu Amsterdam wurde das erste Zuchthaus für Mannspersonen 1595, aber auch 1596 eins für Weibspersonen angelegt. Hamburg hatte ein Zuchthaus seit 1609, Bremen seit 1617; bald hatte
auch

Zuchthaus. Zucker.

auch Lübeck, Frankfurt und Nürnberg vergleichen. Unter den Fürsten legte Ernst der Fromme 1666 das erste zu Wachsenburg an, worauf 1670 zu Wien, 1676 zu Lüneburg, 1687 zu München, Spandau und Magdeburg Zuchthäuser angelegt wurden. In Deutschland giebts jetzt mehr als 60 Zuchthäuser.

Ueber Zuchthäuser und Zuchthausstrafen von C. E. Wächter. Stuttgart. 1786. Kap. I.

Zucker ist ein wesentliches süsses Salz aus einigen Pflanzen, welches sich crystallisiren läßt. Der meiste wird aus dem gepreßten und eingekochten Safte des Zuckerrohrs erhalten. Den alten Griechen und Römern war unser Zucker noch nicht bekannt; diese bedienten sich dafür, an Speisen und in Arzneyen, des Honigs. Theophrast in dem Fragment vom Honig beschreibt dreyerley Arten des Honigs; eins, das von den Blumen kommt oder das Honig; eins, das seiner Meynung nach, aus der Luft käme, oder das Manna; endlich ein süsses Salz, welches sich von selbst aus einer rohrartigen Pflanze erzeugte, die viele für unser heutiges Zuckerrohr halten wollen. Plinius nennt diesen Zucker Sal Indum, aber Dioscorides und Galenus nennen ihn σακχαρ. Zu ihren Zeiten war er noch sehr rar. Dieses Rohrhonigs (mel arundinaceum) soll Paulus Aegineta, ums Jahr 625, zuerst gedacht haben a.) Lange ward es zur Versüssung der Arzeneyen und zu eingemachten Sachen gebraucht. Zur Arzney soll es der griechische Arzt Johann Actuarius, der im 12ten oder 13ten Jahrhundert lebte, zuerst angewandt haben b.) Unter den Arabern scheint der Zucker frühzeitig und häufig gebraucht worden zu
seyn;

seyn; einige sind auch der Meynung, daß sie den
Gebrauch des Zuckers in den Arzneyen zuerst eingeführt
hätten, wobey man sich vorher des Honigs bediente
e). Als der Chalife Mastadi Bemrillah i. J. 1087.
n. C. G. sein Beylager hielt und die Prinzessin, mit
der er sich vermählte, in Bagdad einzog, geschah
solches mit ausserordentlicher Pracht. Auf dem Ta-
felaufsatz waren 80,000 Pfund Zucker, à 12 Unzen,
aufgegangen d); wenn auch diese Angabe übertrieben
ist, wie sie mir es denn zu seyn scheint, so beweiset sie
doch so viel, daß die Araber bey festlichen Gelegenheiten den Zucker nicht schonten. Die ältesten Nachrichten vom Zucker unter den Christen finden sich bey den
gleichzeitigen Schriftstellern der Kreuzzüge. Noch gegen das Ende des vorigen Jahrhunderts war der Zuk-
ker in Deutschland so theuer, daß sich die meisten
mit Moscovade oder mit Syrup, oder nach alter Sitte,
mit Honig behalfen.

Der Zucker wird nicht blos aus dem Zuckerrohr,
Saccharum officinarum (siehe Zuckerrohr), sondern
auch aus andern Gewächsen gewonnen, die zum Theil
einen brauchbaren Syrop geben, der in vielen Stükken
statt des Zuckers gebraucht werden kann. In Ceylon
wird aus dem Säfte des Baums Ketula ein Zucker
bereitet, den man Jaggori nennt. Er ist braun,
kann aber so weiß gemacht werden, wie der beste Rafi-
nat e). Auch der Sycomorus, der starke Baumwol-
lenbaum in Quebeck, und der wilde Pomeranzen-
baum geben Zucker f). Nach dem Zuckerrohr giebt
der Zuckerahorn, Acer Saccharinum, den weißen
Zucker; aus dem Maßholderbaum, acer campestre,
läßt

läßt sich zwar auch ein Zucker ziehen, aber nicht in solcher Menge g). Die große Wohlthätigkeit dieses Baums lernten die Kolonisten des nordamerikanischen Freystaats zuerst von den Wilden in Canada kennen, die den Saft des Zuckerahorns mit Maismehl vermengen, und einen Teich davon machen, der ihnen auf Reisen zur Nahrung dient. Der Zuckerahornbaum, den der Ritter Linné zuerst beschrieben hat, wächst besonders häufig in Pensylvanien und in den Waldungen von Nordamerika. Der Saft des Zuckerahornbaums fließt im März, und ein Baum giebt 15 bis 20 Maas, zuweilen aber auch, nach Beschaffenheit seiner Größe, 50 bis 60 Schoppen helles süßes Wasser, welches letztere bey fünf Pfund Zucker giebt. Die Wilden in Canada nennen den Zucker aus dem Safte des weißen Ahornbaums — Ahornzucker, hingegen den Zucker aus dem Safte des rothen Ahornbaums nennen sie Maßholderzucker. Gegen Ausgang des Winters machen die Wilden in Canada einen Schnitt in den Stamm dieser Bäume, etwa zwey Fuß über den Boden, wovon der Baum keinen Schaden leidet; dann setzen sie ein Gefäß unter, in welches der Saft mit dem Anfang des Märzes zu laufen anfängt, welches 4 bis 5 Wochen fortdauert. Aus dem abgelaufenen Safte bereiten sie durch Gährung einen angenehmen Liquor oder Zucker, indem sie denselben bis zur Syrupsdicke ausdunsten lassen. Wenn der Saft aus den Bäumen kommt, ist er so klar, wie durchgeseihetes Wasser, sehr kühl, hat einen Zuckergeschmack, und geht sehr schnell durch den Urin ab. Wird er durch Ausdünstung concentrirt, so giebt er einen bräunlichten, beynahe durchsichtigen, ziemlich angenehm schmeckenden Zucker. Der gesammelte Saft wird in eisernen Kesseln so lange gekocht, bis er so dick wird, daß sich das zähe Wesen nicht mehr herumtreiben läßt, wobey es fleißig abgeschäumt werden muß. Um die Ausdünstung zu befördern und das Anbrennen zu verhüten, rührt man den Saft, wenn er dick wird, mit einem hölzernen Stabe um, dann gießt man ihn in Formen von Erde oder von Birkenrinde, wodurch man, wenn er verhärtet ist, Täfelgen, Brode oder Hüte bekommt. Um ihn zu verbessern klärt man ihn mit Eyweiß ab. Dieser Zucker ist hart, braunroth, etwas durchsichtig, von lieblichem Geruch und schmeckt sehr süße. Einige schütten auch zwey bis drey Pfund Weitzenmehl auf zehn Pfund eingesottenen Syrup, wodurch der Zucker weisser wird, aber an Süßigkeit und Geruch verliert h). Das Sieden des Saftes muß gleich nach 24 Stunden geschehen. Es giebt aber auch noch andere Arten, wie man aus dem Safte des Ahorns Zucker bereiten kann; man setzt ihn z. B. so lange der Kälte aus, bis er sich zu dicken Körnern verdickt hat, oder man überläßt ihn seiner eignen Verdünstung. Der Saft des Ahorns, der zuletzt fließt und nicht mehr zum Zucker zu brauchen ist, dient zu einem Syrup und zu sehr gutem Eßig. Eine Familie von 4 bis 5 Personen kann in drey bis vier Wochen 1300 Pfund Ahornzucker bereiten. Herr Drinker in Philadelphia ließ i. J. 1789 über 60 Tonnen Ahornzucker, jede zu 300 Pfund gerechnet, fabriciren, und schrieb auch eine Abhandlung über die Bereitung des Ahornzuckers.

Das

Das Pfund dieses Zuckers kam auf 8 1/2 Kreuzer i). Auch Herr Rusch in Paris hat eine Beschreibung geliefert, wie man aus dem Ahorn (Acer Sachar. L.) mit Vortheil Zucker gewinnen kann. Herr Arthur Noble, Esq. aus Neu-York, gewann aus zwey schwarzen Ahornbäumen, in Zeit von 24 Stunden, 23 Gallonen Saft; eine Gallone hält 4 unserer Maaße. Dieser sämtliche Saft gab 4 Pfund und 26 Loth rohen Zucker k.)

Marggraf in Berlin bereitete Zucker aus der Zuckerwurzel, aus rothen Rüben, aus weißen und rothen Mangold, aus Quecken, Möhren, Pastinatwurzel, indem er den Saft derselben sott und läuterte; aus einem Pfund Wurzeln bekam er ein Loth Zucker. Auch bereitete er aus gemeinem Rohr einen Zuckersyrup l). Besonders giebt die gemeine Quecke (Triticum repens L.) einen süßen, lieblichen, angenehmen Saft, der sich viele Jahre hält, wenn er auch nicht allzu dick gesotten wird. Herr Apotheker Carl August Ulitzsch, in Torgau, erbietet sich, die Anweisung zur Bereitung dieses Queckensafts mitzutheilen. Muskatentrauben, die man am Stocke zu Rosinen reifen läßt, geben einen dicken Syrup, womit man im Jahr 1781 eine Probe machte; man vermischte ihn nemlich mit gleichem Wein und erhielt aus 150 Pfund Syrup, 50 Pfund Zucker m). Auch aus der Birke (Betula alba L.) gewinnt man Zucker, aber nicht so viel, als aus dem Ahorn. Ferner erhält man noch Zucker, oder wenigstens einen Syrup, aus der Hickerynuß (Iuglans alba), aus dem Mays oder türkischen Weitzen (Zea), aus Agave americana, aus dem Fucus saccharinus. Die

Sacharathenbirn giebt einen Saft, der dem Honig gleich kommt. Aus Veilchen und Isop hat man schon längst in den Apotheken einen Zucker bereitet. Herr Bouchney zeigte, wie man aus der Melisse einen so süßen, reinen und ächten Zucker, als aus dem Zuckerrohr, bereiten könne, womit er vor der Akademie der Wissenschaften eine Probe machte, und dann ein Privilegium darüber erhielt. Herr Lowitz lehrte, wie man Honig in Zucker verwandeln könne n). Herr Holzen aus Hamburg bedient sich statt des Zuckers des weissen Honigs, das er aus Ungarn, der Wallachey und aus Spanien bekommt. Er schmelzt und schäumt es, läßt es gehörig klären, wirft 5 bis 6 mal einen grossen Nagel oder Stück Eisen, welches recht glühend gemacht ist, hinein, und schüttet zugleich auf jedes halbe Pfund Honig einen Löffel Brandwein, wodurch sich der Honiggeschmack verliert. Mit 12 Unzen Honig reicht er soweit, als mit 16 Unzen Zucker o). Herr D. Ruckert verdickte den Saft der Melonen und fand, daß er alle Dienste des besten Zuckersyrups leistete p). Im Jahre 1775 q) wurde ein Syrup aus Luftmalz, oder von dem auf englischen Darren gedörrten Malze von Gerste und Weitzen, sowohl zur Fütterung der Bienen, als auch zum Gebrauch in der Küche, bereiten gelehrt; auch meldete der Herr Kriegscommissarius Rieben zu Köttwitz bey Dohna, daß er diesen Malzsyrup ganz von dem Malzgeschmack befreyen könne. Bey der Zubereitung im Kleinen kam das Pfund von diesem Syrup 1 Sgr. 10 Spf. r).

a) Universal-Lex. I p. 1500. b) Beckmanns Anleit. zur Technol. 1787. S. 423. 424. c) J. A. Fabricii Allgem. Hist.

Hist. der Gelehrs. 1752. 2 B. S. 803. d) Marigny
Geschichte der Chalifen. 3 Th. S 415. e) Jablons
kie Allgem. Lex. Leipz. 1767. S. 645. f) Universal-
Lex. I. p 1499. g) Beckmanns Grundsäße der Land-
wirthschaft. S. 359. h) Frankfurter Kaiserl. Reichs-
Ober-Post-Amts-Zeitung, vom 28 Februar, 1792.
Nr. 34. i) Journal für Fabrik, Manufaktur, Handlung und Mode. 1796. März. S. 231. folg. k) Ebendas. 1796. May. S. 348. l) Marggraf chemische
Schriften. II Th. S. 70 m) Halle Magie IV. S. 85.
n) Allgem. Lit. Zeitung. Jena. 1790. Nr. 189 S. 52.
o) Anzeiger 1792. 2. Quartal. Nr. 117. S. 956. p) Almanach der Fortschritte in Wiss. Künsten u. s. w. von
G. C. B. Busch. Erfurt. 1797. S 82. q) Fundamen-
talgeseße der Bienenpflege von Riem. 1775. S. 307.
r) Reichs-Anzeiger. 1796. S 157.

Zuckerbrod s. Marzepan.

Zuckerpapier. Das blaue oder violette Zuckerpapier
wurde zuerst in Holland verfertiget und die Nachahmung desselben wollte in Deutschland nicht gleich ge-
lingen. Zuerst wurde es in Hamburg seit dem Jahre
1758 nachgemacht a). Auf der Papiermühle des H.
Partels bey Hamburg kostet der Ballen 5 Rthlr. Die
Ingredienzien zur Farbe sind: Brasilienspähne, Fer-
nambuckholz, Psillium, Alaun und Salmiakgeist b).
Herr de la Vieville in Marseille will ebenfalls, nach
vielen vergeblichen Versuchen, ein Mittel entdeckt haben, womit er dem Papier die Azurblaue Farbe eben
so gut geben kann, als es die Holländer thun c).
Herr Steinberg, ein Chymiker in Hannover, bemerkt,
daß durch das Kochen des Kohls (vermuthlich des
Blau-Kohls) mit Alaun eine dunkelblaue Farbe erhalten werden könne, die zum Färben des blauen Zuk-

kers

terpapiers und zum Bläuen des Schreibpapiers dienen könnte.

a) Wehrs vom Papier und den Schreibmassen. Erste Auflage. 1789. S. 360. 361. b) Beckmanns Anleit. zur Technol Göttingen. 1787. S. 131. 132. c) Notice de l'Almanach sous Verre des Associés. Paris. 1796. p. 517.

Zuckerrohr ist ein Rohrgewächse, dessen Blätter aber, welche oben in einer Krone beysammen stehen, länger als beym gemeinen Rohr, und so scharf sind, daß man sich hineinstechen kann. Der Stengel wird 7 bis 10 Schuh lang, und ist oben 10 bis 15 Linien, am Strunck aber 1 Zoll dick. Das Rohr hat Knoten, die Daumensbreit von einander entfernt sind; die Rinde sieht gelblich aus und ist inwendig mit einem weißlichten Mark angefüllt, aus dem ein süßer, durststillender Saft gepreßt wird, woraus man den Zucker kocht.

Das Vaterland des Zuckerrohrs ist Asien, besonders Ostindien; in China ist die Landschaft Suchuen vorzüglich reich an Zucker. Aus Asien kam das Zuckerrohr zuerst nach Cypern, dann nach Sicilien, wo es wenigstens im Jahr 1148 schon in Menge gebaut wurde; man vermuthet, daß es die Saracenen aus Indien mit dahin brachten. Aus Sicilien ließ der portugiesische Prinz Heinrich, Herzog von Visco, Zuckerrohr bringen und ließ es im Jahr 1419 auf Madera und Porto Santo pflanzen. Von da wurde das Zuckerrohr auf die übrigen Kanarischen Inseln, und entweder von diesen, oder von Angola, auf der Afrikanischen Küste, durch die Portugiesen zuerst nach Brasilien gebracht. Dempster hat also geirrt, wenn er schrieb, man habe das Zuckerrohr zuerst auf der Pi-
thy-

Zuckerrohr. Zuckersiederey. 285

thyrrhischen Ivica oder Iviza gefunden b). Von den Kanarischen Inseln kam das Zuckerrohr nach Europa, wo es besonders in Spanien, Neapel und Provence gut fortkam c). Im Jahr 1643 fiengen die Engländer zu St. Christoph und Barbados an, Zucker zu bauen, und die Franzosen ahmten dieses auf St. Christoph bald nach. Als die Holländer von den Portugiesen aus Brasilien vertrieben und in Guadeloupe aufgenommen wurden, legten sie daselbst im Jahr 1648 die erste Zuckerplantage an. Von den Holländern kam das Zuckerrohr zu den Franzosen, die es auf den antillischen Inseln, z. B. in Martinique, und seit 140 Jahren in Domingue (auf Hispaniola) pflanzten. Im Jahre 1789 wurde gemeldet, daß man auch in Pensylvanien den Bau des Zuckers mit gutem Erfolge angefangen habe d).

a) Schroeckhs Allgem. Weltgesch. für Kinder. IV Th. 1 Abschn. b) Beckmanns Technol. 1787. S. 424. c) Jablonskie Allgem. Lex. 1767. II. S. 1841. d) Frankfurter Kais. Reichs-Ober-Post-Amts-Zeitung. 1789. S 152.

Zuckersiederey ist eine Anstalt, worinn der rohe Zucker gesotten, gereinigt, und in Brode oder Hüte geformt wird. Die Kunst, den Zucker einzusieden, soll nach einigen von den Arabern zu uns gekommen seyn, welche dieselbe aus Indien nach vielen von ihnen eroberten Ländern brachten; besonders soll Avicenna, der um das Jahr 1033 lebte, den Zucker recht einzusieden und zur Arzney anzuwenden gelehrt haben a); andere sind aber der Meynung, daß das Zuckersieden erst gegen das Jahr 1450 erfunden worden sey b). Die erste

ste Zuckersiederey in Augsburg errichtete Conrad Roth im Jahr 1573 c); man vermuthet, daß dieses die erste Zuckersiederey in Deutschland gewesen seyn könnte.

Die Kunst, den Zucker zu raffiniren, ist noch später, als das Zuckersieden, von einem Venetianer erfunden worden, der sich dadurch einen Reichthum von 100000 Kronen erworben haben soll d). Anfangs wurde aller Zucker mit Eyweiß gekläret; aber zu Ende des 17ten Jahrhunderts erfand man das Abklären des Zuckers mit Ochsenblut. Man kam hernach auf den Gedanken, daß das Blut den Syrup verderbe und eckelhaft mache, daher der Magistrat zu Amsterdam in den Jahren 1704. 1714. 1721 und 1732 das Abklären mit Blut verbot. Jetzt wird nur zu den feinern Sorten des Zuckers Eyweiß gebraucht e). Die Krystalle der Salze pflegen mit dem klebrigen Wesen, in welchem sie sich gebildet haben, überzogen zu seyn; um sie hiervon zu reinigen, wäscht man sie in Wasser ab. Da dieses aber bey sehr schmelzbarem Zucker nicht angeht, so ist man darauf gefallen, die noch weichen Brode mit einem Thon zu belegen, über den man Wasser gießt, damit dieses sehr langsam, gleichförmig und in kleinen Theilen den ganzen Hut durchdringen, und durch die Oefnung der Form, mit dem abgespühlten klebrigen Wesen ablaufen könne. Den hierzu schicklichen Thon hat man an mehreren Orten gefunden. Um das Jahr 1775 entdeckte ein Bauer, Hanns Heinrich Bremer, in Bremerode, einem Dorfe im Kirchspiel Kircherode, unter dem adelichen Gerichte der Herren von Grevemeier, eine halbe Stunde von Hannover, auf seiner Wiese, eine sehr weisse Erde, die

Herr

Zuckersiederey.

Herr Winkelmann in Hannover mit Nutzen in seiner Zuckerraffinerie brauchte f). In Berlin ließ Herr Splitgerber, durch Engländer, die er kommen ließ, eine Zuckersiederey anlegen g). Die beträchtliche Rafsinerie in Stockholm brachte Herr J. C. Kramer zu großer Vollkommenheit h). Die K. K. Zuckerraffinerie zu Königssal in Böhmen hat ihre Fabrick seit 1788 mit vier Kesseln vermehrt. Eine Gesellschaft französischer Kaufleute hat eine neue Art den Zucker zu bereiten erfunden. Man läßt nemlich die Rohre bis zu kleinen Blasen kochen und bedient sich dann einer viel größern Anzahl von Kühlfäßern dabey, als vorher. In dem Mittelpunkt eines jeden Kühlfasses bringt man eine Röhre an, die man, so bald die Krystallisation geschehen ist, herausnimmt, welches verursacht, daß der Zuckersyrup abfließen kann. Hernach läßt man den Zucker wiederaufkochen, welches macht, daß er von allem Zuckersyrup gereinigt und viel schöner wird. Die Krystalle sind dick und der Gefahr zu zerfließen weniger ausgesetzt, und die Rohre geben auf diese Art eine viel größere Menge Zucker. Ein Engländer, der diese Methode von jener Gesellschaft lernte, hat solche bereits zu Jamaika in Gang gebracht i).

a) J. A. Fabricii Allgem. Histor. der Gelehrs. 1752. 1 B. S. 213. b) Beckmanns Anleit. zur Technol. 1787. p. 424. c) Herrn Paul von Stetten des jüngern Erläuterung der in Kupfer gestochenen Vorstellungen aus der Geschichte der Reichsstadt Augsburg. 1765. S 77. — Kunst- Gewerb- und Handwerksgeschichte der Reichsstadt Augsburg. 1788. II Th. S. 114. d) Beckmanns Anleit. zur Technol. 1737. S. 424. e Ebendas. S. 429. f) Ebendas. S 435. g) Ebendas S. 431. h) Ebendas.

288 Zuckerwerk. Zünfte.

Daſ. S. 434. i) Notice de l'Almanach Sous Verre des Aſſociés. Paris. 1790. S. 190. 191.

Zuckerwerk. Die Spanier und Portugieſen, als die erſten abendländiſchen Nationen, die Zucker bauten, waren auch die erſten mit, welche Zuckerwerk und Eingemachtes verfertigten a); (vergl. Marz... Im Jahr 1592 erhielten die Zuckerbecker in Nürnberg gewiſſe Ordnungen b).

a) Pandora oder Kalender des Luxus und der Moden. 1788. b) Kleine Chronik Nürnbergs. Altdorf. 1790. S. 75.

Zugwerke ſind Maſchinen, die dazu dienen, große Laſten in die Höhe zu bringen. Elias Holl in Augsburg, geboren 1573, geſtorben 1636. erfand ſehr künſtliche Zugwerke, womit er die Glocken auf den Perlachs thurm brachte.

Kunſt- Gewerb- und Handwerksgeſchichte der Reichsſtadt Augsburg von Paul von Stetten d. j. 1779 S. 100.

Zünfte ſind Geſellſchaften mehrerer Menſchen, die einerley Gewerbe treiben und durch gewiſſe Ordnungen untereinander verbunden ſind. In den älteſten Zeiten begnügte man ſich, das Volk in Klaſſen einzutheilen; ſo theilte Seſoſtris, etwa 1659 Jahre vor C. G. ſeine Unterthanen in Klaſſen, die ihre Namen von den verſchiedenen Gewerben empfiengen, die ſie trieben: man zählte in Egypten ſieben ſolcher Klaſſen a). Die Griechen ahmten dieſes nach; Cecrops, der 1582 Jahre vor C. G nach Athen kam, theilte die Athenienſer in ſolche Klaſſen b). Auch der Athenienſiſche Fürſt Jon, der auf den Erechtheus folgte, theilte die
Athe-

Zünfte. 289

Athenienser, nach ihrem Gewerbe in vier Klassen, nemlich in Ackersleute, Künstler, Diener der Religion, und Kriegsleute c). Andere schreiben dieses dem Erechtheus selbst zu. Theseus theilte die Einwohner Athens nur in drey Klassen, in Edle, Künstler, und Ackersleute; die Edlen verrichteten die Opfer und sprachen Recht d). Solon theilte die Athenienser wieder in vier Klassen e). Daß diese Volksklassen aber noch keine Aehnlichkeit mit unsern Zünften haben, sieht jeder leicht ein. Einzelne Handwerksleute gab es unter den Griechen; sie kamen durch phönizische und egyptische Kolonien nach Griechenland. Indeßen findet man, daß diese Handwerker von den Griechen, die ein Heldengeist beseelte, wenig geachtet wurden. Zu Sparta wurden alle Handwerke blos durch Sclaven getrieben. In Athen hingegen wurden diejenigen Bürger des Staats, die ein Handwerk trieben, zuletzt schon darinn privilegirt, daß kein Fremder dort dasselbige Handwerk treiben durfte.

Bey den Römern findet man unter den Handwerkern nicht eher etwas innungsartiges als zu der Zeit, wo Rom ein Freystaat wurde; zu des Cicero Zeit findet man deutliche Spuren von innungsmäßigen Verfassungen. Im Justinianischen Gesetzbuche finden sich schon einige Reichsgesetze, welche die Handwerker und deren Innungen angehen.

Auch bey den Deutschen mußten anfangs nur die Kriegsgefangenen, welche man zu Leibeigenen machte, Handwerke treiben. Indeßen dauerte es doch sehr lange, ehe man in Deutschland Zünfte erhielt. Im Jahr 919 n. C. G. kam Heinrich I. oder der Vogler zur Regierung, der mehrere Ortschaften und Flecken mit Mauern umgab, und neue Städte baute, um Deutschland gegen die Einfälle wilder ausländischer Völker zu sichern. Allein diese Städte waren im Grunde nichts weiter, als unfreundliche Caseruen für zusammengelaufene Invaliden, unter denen man schwerlich viele geschickte Handwerksleute finden konnte. Zur Zeit des Kaysers Heinrichs I. findet sich in der Geschichte der Deutschen blos Spuren, daß auch freye Leute Handwerke trieben, aber von eigentlichen Innungen wußte man damals noch nichts. Einige Hundert Jahre später sieht man die meisten Cavaliere in den Orden der fahrenden Ritterschaft verbunden; auch die Gewerbe standen jetzt in größerem Flor und fiengen in den Zeiten der schwäbischen Kayser auch an, sich durch enge Verbrüderungen und Innungen zu verbinden.

Jener Orden der fahrenden Ritterschaft und die Verbrüderungen unter den Handwerkern kamen so vortreflich neben einander fort, daß beyde wohl näher mit einander verwandt seyn mögen, als man anfangs geglaubt hat. Mehrere wackere Edelleute stifteten einen Orden, dessen Mitglieder sich bald sehr vermehrten und gewöhnlich die fahrenden oder irrenden Ritter genannt wurden. Dieser Orden wurde so sehr geachtet, daß sich Könige und Kayser zu Rittern schlagen ließen; wer aber nicht von Adel war, wurde nicht angenommen. Indeßen hielt sich der Bürger doch auch für besser, als der Bauer und es verdroß ihn, daß er nicht auch manchmal so mit herumreiten durfte. Endlich kamen die Bürger auf den Einfall, unter sich selbst

auch

auch einen solchen Orden, Gilde oder Zunft zu errichten. Wie nun die Ritter keinen unadelichen mit ein-
kommen ließen, so nahmen auch die Bürger, mit Aus-
schluß der Bauern, nur bürgerliche Handwerker auf.
Bey den Rittern mußte einer seinen Adel wenigstens
mit vier Ahnen erproben, daher auch die Handwerker
eine Art der Ahnen=Probe annahmen; wer nemlich
bis ins vierte Glied hinauf von einem Abdecker, Huf-
beschlager, Schergen u. s. w. herstammte, dessen Zunft-
adel war nicht giltig; ja, weil bey der Ritterschaft
uneheliche Kinder nicht für ächt adelich und vollbürtig
galten, so ahmten die Handwerker auch dieses nach
und hielten die unehelichen Kinder ebenfalls nicht für
zunftmäßig. Wie der Ritter von andern Rittern zum
Ritter gemacht wurde, so wurde auch ein Meister von
andern Meistern dazu gemacht. Ein Ritter hielt seine
Knappen, so auch ein Meister seine Gesellen; selbst
die Benennung Knappe, Page, ist bey manchen Handwerkern noch gewöhnlich, und gleichen Ursprungs ist
auch das von Handwerkern gebrauchte französische
Wort Bachelier, welches so viel, als das Chevalier
heißen soll. Der Ritterknappe mußte mehrere Lehr-
jahre ausstehen, so auch der Geselle. Der Ritter
war verbunden in fremde Länder zu ziehen, daher auch
jeder Handwerksgeselle wandern mußte; man sagt, daß
besonders unter den fränkischen Kaysern das Wandern
der Handwerker nach Italien aufgekommen sey. Die
Zünfte sind also wahrscheinlich ein getreues Nachbild
der alten Ritterschaft, ja in mehreren Reichsstädten
gelang es ihnen so gar, sich selbst noch mit dem von
ihnen nachgeahmten Ritteradel zu affiliiren und eben

dadurch die Regierung zum Theil oder gänzlich an sich zu ziehen, welche der Adel ursprünglich allein in den Händen hatte f).

Die ersten Innungen, von denen man Nachricht hat, scheinen die Innungen der Tuchscheerer und Krämer zu seyn, die Im Jahr 1152 zu Hamburg, vom sächsischen Herzog, Heinrich dem Löwen, und zu Magdeburg in den Jahren 1153 und 1195 von den Erzbischöffen Wichmann und Ludolph bestätiget wurden. Wenn in Nürnberg und Augsburg die Zünfte entstanden sind, weiß man nicht gewiß; gegen das Ende des 13ten Jahrhunderts kommen in den nürnbergischen Gesetzbüchern schon viele Handwerker vor g); im Jahr 1349 erregten die meisten Zünfte in Nürnberg einen Aufstand gegen den Rath h). Im Jahr 1368 gab es Zünfte in Augsburg. Die Handwerks-Mißbräuche wurden 1731 am 22 Januar durch ein Reichsgutachten verboten; die Veranlaßung dazu gab ein 1726 zu Augsburg entstandener Aufstand der Schuhmachergesellen i).

a) Aristot. Polit. VII. 10. b) Pollux Lib. VIII c. 9. Segm 109. c) Strabo VIII. p. 588. d) Plutarch. in Toef. e) l. l. Hofmanni Lex. univers. Continuat. 1483. unter Theseus. f) Journal von und für Deutschland. 1788. 7tes Stück. S. 23 folg. und Oettingisches Wochenblatt. 1786. Nr. X g) Kleine Chronik Nürnbergs. 1790. S 12. h) Ebendaselbst S. 17. 18. i) Pütters Handbuch der deutschen Reichshistorie. S. 1087. III. und Europäische Fama. 337ter Theil. p. 70 bis 94.

Zürner s. Wegmesser.

Zumbach (Lothar.) s. Jovilabium, Lunalabium, Planetolabium.

Zum

Zumbo. Zwankstuhl.

Zumbo (Gaëtano Giulio) s. Anatomische Wachsfiguren.

Zumpff s. Siegellack.

Zunebe (Karl) s. Bohren des Gesteins.

Zwangmühlen, Bannmühlen, auf denen die Unterthanen ihr Getreide zu mahlen gezwungen wurden, gab es schon im eilften Jahrhundert. Fulbert, Bischof von Chartres und Kanzlar von Frankreich beklagte sich in einem Briefe bey dem Herzoge von der Normandie, Richard, darüber, daß man die Unterthanen eines Theils dieser Provinz zwinge, auf einer Mühle, die fünf französische Meilen entfernt war, zu mahlen.

Antipandora I. S. 447.

Zwangstuhl für Rasende wurde vom Herrn Risch, Verwalter des Polizeyhauses zu Erfurt erfunden. Der Stuhl ist so eingerichtet, daß die Rasenden ohne Tollriemen und Ketten, auch bey dem stärksten Anfall der Wuth, dennoch darinn still sitzen müssen, niemanden schaden, auch so gar nach und nach zur Vernunft gebracht werden können, ohne daß ihnen der Zwang dieses Stuhls am Körper einigen Schaden zufügt. Der Stuhl hat die Gestalt eines Lehnstuhls oder so genannten Großvaters-Stuhls und im Sitz eine Oefnung; er kann auch, ohne den Rasenden los zu lassen, in ein Bette verwandelt werden. In Waldheim ist aber ein noch älterer Stuhl dieser Art, dessen Erfinder unbekannt ist. Herr Risch ist jedoch wenigstens der Verbesserer desselben. Die Beschreibung dieses Stuhls findet man in der

Deutschen Zeitung 1785. 43tes Stück. S. 349.

Zwirn

Zwirn; an deßen Stelle bedienten sich die Alten der Sehnen und dünngeschnittener Därme der Thiere, auch der Haare der Thiere, der Zasern von Pflanzen und Bäumen.

Hesiod. Op. v. 544.

Zylinder. Das Verhältniß des Zylinders zur Kugel fand Archimedes, und befahl, zum Andenken dieser Erfindung einen Zylinder mit einer Kugel auf sein Grab zu setzen. Cicero fand dieses Grabmal des Archimedes in Syracusa wieder.

Cic. Quæst. Tuscul. Lib. V. cap. 23.

Ende des achten oder letzten Theils.

www.ingramcontent.com/pod-product-compliance
Lightning Source LLC
Chambersburg PA
CBHW031328230426
43670CB00006B/272